기독교와 불교의 대화와

대화를 넘어서

기독교와 불교의 대화와 대화를 넘어서

펴낸곳 / 이문출판사
발행인 / 지경원
지은이 / John B. Cobb Jr.
옮긴이 / 이경호

변경 등록 / 1994년 6월 3일 제7-20호
초판 발행일 / 2010년 8월 15일

주 소 / 122-010 서울시 마포구 성산동 114-15
전 화 / 02) 359-8250, 053) 624-3113
팩 스 / 02) 359-8251
홈페이지 / www.yimun.com

값 14,000 원
ISBN 978-89-7334-148-1 93230

Beyond Dialogue

기독교와 불교의 대화와

대화를 넘어서

-기독교와 불교의 상호 변혁을 지향하여-

John B. Cobb Jr. 지음
이 경 호 옮김

이문출판사

역자 서문

본서는 미국의 저명한 과정 신학자요 과정 종교 철학자인 존 캅(John B. Cobb Jr.) 선생의 <Beyond Dialogue: Toward a Mutual Transformation of Christianity and Buddhism, 1982>를 우리말로 완역한 것이다. 본서는 여러 종교들 가운데 기독교와 불교 양 종교의 대화 문제를 다루는 종교다원주의 도서로 분류될 수 있으며, 화이트헤드의 과정 철학 체계가 그 배경에 놓여 있다. 그러나 이 책은 무엇보다도 종교 간 대화와 관련하여 하나의 독특한 관점을 제공함으로써 다른 관점들과의 차별화를 시도한다는 점으로써 우선적으로 주목되어야 한다. 역자는 아래의 몇 단락을 통해 그 관점을 약기하면서 본 역자서문을 대신하겠다.

본서는 저자 존 캅이 동양의 뛰어난 불교도(학자)들과 실제적인 대화를 경험한 후 불교적 실재의 빛에서 기독교 전통을 비판적으로 <조명·변형·극복>하려는 대화 이후의 모험의 여정을 담고 있다. 또한 저자는 불교도들도 기독교 실재의 빛에서 그들의 전통을 비판적으로 <조명·변형·극복>하는 동일한 모험을 대화 이후에 감행해 줄 것을 간곡히 제안하기도 한다. 물론 그런 모험은 자기 종교의 역사 속에서 계승돼온 방식과 깊은 관계가 있다. 저자에 따르면, 기독교는 이런 모험들을 통해 계승되고 왔고 불교와의 만남은 20세기적인 사례를 제공하는 것뿐이다. 그래서 불교와의 만남은 기독교 전통 속의 요소를 창조적으로 적용하고 수행하는 것이 된다. 즉 불교라는 아주 이질적인 종교를 만나더라도 기독교의 정체성을 상실하지 않는 길을 찾아야 한다고 보는 것이 본서의 저자가 다원주의에 임하는 태도이다. 그리고 이 점이 본서의 대전제이다.

본서는 그 내용 구조상 단계적으로 구성되는 두 부분으로 크게 나누어 이해되어야 한다고 생각된다. 첫째, 불교라는 동양 종교와 적극적으로 만나게 된 20세기까지 서양의 기독교가 타종교에 대해 표방했던 다양한 핵심적 태도들을 요약하면서 저자는 <타자들을 변형시키는 주체>로서의 지위를 넘어서 이제는 기독교도 <변형의 객체>, 즉 타자들에 의해 변형될 수 있는 대상의 자리에까지 세워져야 한다고 본다. 이 후자는 본서의 제1장과 제2장을 통해 저자가 의도하는 잠재적인 목표요 주지이며, 종교간 대화를 시작하는 시발점으로 제시될 수 있는 것이다. 예를 들어, 저자가 보기에 타종교들에 대한 우호적 태도의 지속적 증가만(예를 들어, 가톨릭의 제2차 바티칸 공의회나 개신교의 판넨버그 등에서 예증되듯)으로는 종교간 진정한 대화적 관계가 성립되기는 어렵다. 이 점이 저자의 독특한 부분으로 대화 이전의 전제로서 특별한 주목을 받을만한 가치가 있다. 위 단락에서 말한 기독교적 정체성도 이런 관점에서도 확보될 수 있는 것으로 저자는 본다.[1] 또한 종교간 차이를 줄이는 방향으로

1) 이런 요지를 최상으로 예증하는 저자의 저서는 그리스도를 <창조적으로 변형되는 원리>로 일관되게 제시하지만 해당 대상들의 정체성을 상실시키지는 않는 내용을 제시하는 다음의 저서를 참조하라: John B. Cobb Jr., *Christ in a*

가는 다수의 현대 신학자들(스미스, 힉, 니터 등)에 대한 저자의 비판(제2장 3절)도 이런 관점으로 나아가는 과정 중에서 다루어진다는 점도 중요하다.

둘째, 본서의 제3장에서 제6장까지가 두 부분 중 뒷부분에 해당한다고 생각된다. 이 부분은 종교들 간 핵심적 진리(또는 궁극적 진리나 궁극적 실재)에서의 뿌리 깊은 차이가 적극 도입되며, 그런 차이에 대한 인식이 온갖 증거들에 대해 보다 정직한 것으로 제안되며, 서로 간의 정직한 대화로부터 <타 전통의 실재가 다루는 주제들로의 개방성>을 지향해 쌍방간 상호-차이와 상호-배움과 상호-변화에 대해 심도 있게 다룬다. 저자는 불교적 실재와의 첫 만남을 본서에서 '충격'이란 용어로 표현하였고, 이런 충격은 그로 하여금 열반(涅槃, 무아나 공도 동일한 의미로)에 대한 서양의 해석의 역사를 검토하도록 만들었다(3장). 그래서 제3장을 정독해 보면 알게 되듯이, 열반에 대한 저자의 검토는 종교들 간(기독교와 불교) 차이를 부각시키는 저자의 고유한 의도를 충족시키고 강화시킨다고 생각된다.

그리고 저자는 이 제3장으로부터 일정한 판단, 즉 서양의 다각적인 사상적 범주들로는 불교의 실재 체험과 그 사상들에 대한 정확한 상응자를 찾을 수가 없고, 그런 시도는 대체로 환원주의적 편견이나 엄밀성이나 세부적 차원에서 상위점(相違點)들이 존재한다는 판단을 이끌어낸다. 저자는 이런 판단 하에서 종교 간 대화를 진행시키는

Pluralistic Age (Philadelphia: Westminster Press, 1975). 특히 제1부 제2장 참조.

하나의 명확한 방법을 사용하는데, 그 방법은 저자가 존 던(John Dunne)의 제안에서 차용한 '건너가기'(passing over)의 용어가 의도하는 방법이다. 일반적으로는 연기(緣起), 공(空), 무아(無我), 전의(轉依) 같은 불교의 핵심적 진리들(특수하게는 열반)을 전통적인 서양의 범주들로는 이해가 불가하기 때문에 '타 전통을 그 내부로부터 더욱 철저히 이해하기 위해' 타 전통의 내부로 들어가 타 전통의 목소리를 사심 없이 그대로 듣고 그대로 익혀서 기독교적 진리와 나란히 대비시켜 그 차이를 있는 그대로 식별한다(제4장 제5장).

그 결과로 저자가 도달한 결론은 소위 '복수의 궁극자들' 또는 (본서의 문맥에만 한정하여 잠정적으로 말한다면) '두 개의 궁극자들'에 관한 이론이다. 저자가 본서에서 이런 용어들을 직접 사용하지는 않지만 본서의 제5장 3절과 제6장 2절 등에서 등장하는 '궁극적인 실재'(ultimate reality)와 '궁극적인 현실태'(ultimate actuality)는 이 '복수의 궁극자들'을 지시한다. 이 두 궁극자들은 서로를 강력히 필요로 하기 때문에 상보적인 동등성의 관계에 놓인다. 그리고 바로 이 점에 불교와 기독교의 관계에 대해 저자가 다양한 다른 다원주의자들과 불일치하는 독특한 관점이 존재한다. 그리고 또한 바로 이 점이 본서 전체가 하나의 핵심적 포인트를 향해 수렴되는 정점을 형성하는 지점이다. 자아나 시간 등과 같은 본서가 다루는 다른 모든 주제들에서의 차이들은 이 궁극자들에 대한 관점에 종속적으로 관계할 것이다. 저자의 제자이자 동료인 데이빗 그리핀(David R. Griffin)에 따르면, '정확히 이해된다면 저자의 이 입장은 이전의 서양 세계에서는 한 번도 철저하고 명백하게 표현된 적이

없는 입장을 제안하는 것이다.'

그럼에도 불구하고 저자의 모든 사상들이 그러하듯이, 저자의 이런 종교 다원주의적 입장도 하느님과 창조성(creativity)에 관한 화이트헤드의 포괄적인 개념적 체계를 십분 활용한 것이다. 역자가 화이트헤드의 철학과의 관련성을 언급하는 이유는 그 <복수의 궁극자들>의 상호 밀접한 연관성들이 그의 철학적 체계에서 상세히 논증되었고, 본서의 제6장 2절과 3절은 화이트헤드의 개념을 불교의 삼신론(三身論)과의 유사적 연관성으로 설명하였기 때문이다. 저자는 본서보다 약 10년 후 출간된 골든 카우프만(Gordon D. Kaufman)을 기념하는 논문집에 기고한 글의 마지막 단락에서 이렇게 말한 적이 있다.

> 나는 화이트헤드가 나에게 지적해주지 않았던 또 하나의 확증적인 사실을 발견하게 되었다. 화이트헤드에게는 '제한의 원리'(하느님- 옮긴이 주)와 '창조성'을 구별하는 것이 중요했었다. *화이트헤드는 창조성도 인간의 종교적 경험과 삶에서 중요한 역할을 수행한다는 점에 주목하지는 못하였다. 하지만 내가 불교도들과 긴밀히 교류를 가지게 되면서, 나는 불교도들이 그들의 궁극적 실재(또는 연기 - dependent origination) 에 대해 말할 때 화이트헤드가 자신의 궁극자인 창조성에 대해 묘사했던 방식과 많이 동일하다는 점을 깨닫게 되었다.* 화이트헤드가 창조성을 하느님으로 보지 않았듯이 대다수의 불교도들도 연기를 하느님으로 보지 않는다 …… 우리가 창조성(또는 연기)의 사례들이라는 점을 깨닫는 것이 의미하는 바는 성서적 신앙들이 상상하지 못했고 화이트헤드도 예상하지 못했던 엄청난 풍성함 속에 발전하게 되리라는 점이다. 이런 문제들에 관해 성찰하면서 …… 나는 하느님에 관한 실재론적 사고를 포기할 마음이 없다.[2)]

이렇듯 저자의 '복수의 궁극자들'에 관한 이론은 화이트헤드의 형이상학적 체계를 활용한 것으로서 이런 관점으로부터 불교와 기독교는 상호 보충적으로 양 궁극자의 양립 가능성, 더 나아가 적극적으로 조화와 결합이 가능한 실재의 궁극적 두 차원의 가능성을 제안함으로써[3] 현재까지의 종교로서의 각 종교는 지속적인 변형의 과정에 놓여 있음을 인식할 수 있게 된다. 저자는 한 사례로 정토불교(신란의 정토진종)를 매우 길게 분석적으로 다룬다. 정토불교에는 궁극자들의 양 차원이 어느 정도 모두 구현되어 있다고 보기 때문이다. 저자는 양 종교간 변형의 과정과 그 변형을 요청하는 사항들로서 본서의 제5장과 제6장의 내용을 창조적으로 구성하였다. 독자들은 자신들의 종교적 경험과 이론적 학습과 비교하기 위해 본서를 정독하고 그 내용적 함의가 창조적인지를 판단하여 긍정적으로 수용하거나 비판적으로 거부할 권리를 가지고 있다.

본서의 원저는 이미 1980년 말 <한국화이트헤드학회> 회장을

---

2) John B. Cobb Jr., "In defense of Realism", in *Theology at the End of Modernity*, edited by Sheila Greeve Davaney, Trinity Press International, Philadelphia, 1991, 198-99(강조는 역자에 의한 것임).

3) 하지만 본서의 후기 속의 저자의 진술에서 보듯이, 저자는 화이트헤드 철학 속에 불교가 포함되어 있지 않다고 명확히 선언하듯 말한다. 그리고 화이트헤드 철학과 저자 본인은 아직 불교로부터 많이 배워야 한다고도 말한다(특히 언어에 관한 견해에서). 다만 저자는 본서의 여러 곳에서 화이트헤드의 철학이 불교를 이해하도록 자신(서양인들)을 도와 줄 수 있다고 말한다. 따라서 저자가 화이트헤드의 철학(특히 창조성)이 불교 사상에 완전히 일치하는 것으로 확신하고 있다기보다는 특수한 불교적 실재 경험과 그 사상을 그나마 이해할 수 있도록 접근시킬 수 있는 가교로서 이해하고 있는 것으로 보아야 할 것이다.

역임하신 바 있는 김상일 교수님에 의해 <과정신학과 불교>란 표제로 우리말로 옮겨진 적이 있다. 그 번역본을 자세히 훑어보지는 않았지만 그 번역본과 상관없이, 역자는 중요하다고 간주하는 저작들은 개인적으로 우리말로 번역하여 주기적으로 반복적으로 읽는 습관이 있는 터에, 그렇게 번역해 놓은 것을 출간까지 하게 되었다. 김상일 교수님께 죄송한 일이 되었는데, 양해를 구합니다. 또한 불교공부를 지도해 주셔서 이 책을 무난히 소화할 수 있게 해주신 장왕식 교수님과 여러 선생님들께 감사를 드린다. 또한 나의 가족들, 특히 진하와 선하가 건강하게 잘 자라주는 것도 매우 고맙고, 멋진 책으로 출간해주시는 이문출판사에도 감사를 드린다. 모쪼록 이 번역서가 이 땅에서 종교다원주의 문제와 기독교 신앙의 문제를 두고 진지하게 고민하고 나름의 답을 구하는 사람들에게 하나의 신선한 자극과 통찰을 불러일으키는 관점을 제공한다면 더할 나위 없이 좋겠다.

2010년 6월 15일

이 경 호

차 례

도 입

현재, 기독교의 자기-이해의 불가피한 특징은 타종교 전통들과 세계를 공유하고 있다는 점을 인식하는 것이다. 실제로 이 점은 기독교 운동의 최초창기 동안에도 매우 분명한 것이었다. 그런데 기독교는 지금으로부터 거의 2세기 전부터 이 점에 다시 크게 주목하지 않을 수 없게 되었다.

이에 대한 기독교의 가장 일반적인 반응은 우리와 다르다는 이유 때문에 그들을 우리 보다 열등하다고 추정하는 것이었다. 우리가 소유한 구원의 진리를 저들은 소유하지 못했으며, 따라서 기독교의 과제는 저들을 개종시키는 것뿐이었다. 일반적으로 기독교인들은 설득의 방식으로 개종시키려 했지만, 언제나 그랬던 것은 아니며 부끄러운 줄도 모르고 제압하는 방법들을 동원하기도 하였다.

20세기 이후, 특별히 제2차 세계 대전 이후, 기독교의 자기 진리의 탁월성에 대한 확신은 무너져왔다. 점차 타 전통들을 높은 수준에서 이해하게 되었고, 기독교의 오만함과 제국주의가 상시적으로 비판받아 왔다. 이것은 신앙을 위해서는 위대한 증진이라고 할 수 있다. 그러나 신학적 혼동이 따라붙고 있었다.

이 혼동의 중심에 그리스도론(Christology)이 있었다. 우리는 예수 그리스도 외에 하늘 아래 우리의 구원을 위한 다른 이름을 찾을 수 없다고 믿어왔다. 이런 확신으로 인해 우리는 다른 사람들을 예수에 대한 신앙으로 인도하기 위해 온갖 노력을 다해 왔다. 그러나 이제는 우리가 이룩한 것들이 여러 방식으로 불분명해졌음을 깨닫는다. 이런 깨달음은 예수 그리스도의 보편적이고 배타적인 구원의 능력에 대한 신념이 옳지 않았음을 의미하는가? 만약 그렇다면, 예수 그리스도의 신학적 의미와 실재는 무엇인가? 이제 우리는 믿지 않는 자들에게 예수를 선포하려는 모든 시도들을 포기해야만 하는가? 아니면, 다른 구원자들을 통해 구원의 만족스런 다른 진리들을 가진 자들과 아직 그런 진리를 갖지 못한 자들을 구별하는데 주력해야 하는가? 만일 그렇다면, 그런 다음에는 어떻게 해야 하는가?

불행하게도, 기독교의 탁월성에 대한 신념을 이어가면서 거기에 기초해 행동하는 것과 예수를 여러 구원자들 가운데 하나로만 이해하는 것 가운데 하나를 선택할 수밖에 없게 되었다는 여론이 현재 폭넓게 공유된다. 전자는 그리스도를 우리의 오만함을 드러내는 도구로 변질시키는 것이며, 후자는 우리의 역사적 신앙에 지극히 핵심적인 그리스도의 보편적인 의미와 진리를 포기하는 것이다. 과연, 이것들 외에 다른 선택은 있을 수 없는가?

확실히 다른 선택도 있을 것이다. 로마가톨릭교회(Roman Catholic Church)도 세계교회협의회(World Council of Churches)도 저 딜레마에 빠져들지 않았다. 이 양자는 제국주의(imperialism)와 상대주의(relativism)를 모두 피해가는 그리스도론을 향해 수고를 아끼지 않았다. 본서도 이런 상황 속에 자리를 잡는다.

로마가톨릭교회와 세계교회협의회는 '증언과 대화'에 동시에 관여한다. 그러나 이 두 가지가 서로 어떤 연관성이 있는지는 어려운 문제로 남아 있다. 증언은 다른 사람들도 참여할만한 가치가 있는 진리를 보유했음을 전제한다. 또한 대화는 상호간 '들려줄 가치가 있는 것'과 '들을 가치가 있는 것' 두 가지를 모두 전제한다. 이 둘 사이에는 모순이 존재하지는 않지만, 긴장은 존재한다.

본서의 제목은 '대화를 넘어서'(Beyond Dialogue) 이다. 이 제목은 대화를 부적절한 것으로 폄하하려는 의도를 내비친 것이 아니다. 대화를 넘어가는 것도 오로지 대화를 하고 난 후에야 가능한 것이다. 그러나 넘어갈 의도가 없는 대화는 고인 물과 같다고 하겠다. 사람들은 대화를 통해 서로를 더 잘 이해하게 되고 더 잘 협력하게 되는 것을 배우게 된다. 심지어 대화를 통해 사람들은 서로로부터 배우게 되어 자신들의 진리들을 보다 풍요롭게 만드는 생각과 통찰을 얻을 수 있게 된다. 그러나 기독교인이 대화를 통해 그리스도를 증언할 때, 신통치 않은 통찰이나 제공하는 것을 소망할 수는 없다. 그리스도는 삶의 중심이 될 때에만 이해될 수 있기 때문이다. 이와 유사하게, 다른 진리의 옹호자도 자기 진리에서 결정적으로 중요한 것을 말해 줄 수 있을 때에만, 그도 인간의 삶을 보다 완전하게 하는데 전적으로 불가결한 것을 말해 주게 되는 것이다.

대화의 목적은 상대방을 개종시키는 것이 아니라는 점이 종종 강조된다. 다른 종교적 진리의 사람들은 기독교의 목적이 자신들을 기독교로 개종시키는 것이라면 대화에 나서지 않을 것이다. 대화의 설치부터 지속적으로 문제가 되는 것은 너무나 많은 사람들이 대화가 개종을 위한 숨겨진 도구가 아니냐 하는 의혹의 눈길을 보낸다는 점이다. 그래서 대화는 한쪽 편의 깊은 의도를 성취하는 것이 아닌, 의견을 교환하는데 한정되어야 한다. 정확히 바로 이런 이유로 인해 우리는 대화를 넘어가야만 한다. 만약 우리가 예수 그리스도에 관해 진지한 사람들이라면, 다른 사람들도 그리스도의 진리를 배울 수 있다는 희망을 가져야만 한다. 그러나 이것은 대화로부터 대화 경험이 없는 증언으로 후퇴하는 것을 의미하지 않는다. 우리는 다른 사람들이 우리에게 진실 가운데 가르쳐 줄 수 있는 진리를 들을 수 있도록 반드시 대화를 경험해야만 한다.

다른 사람들이 우리에게 가르쳐 줄 수 있는 진리를 신뢰하며 듣는 것은 그 진리에 의해 우리가 변형될 수 있는 것을 의미한다. 우리가 이슬람교의 진리에 대해 듣는다면, 우리의 기독교적 증언은 과거의 것과 동일한 것으로 남아있을 수 없다. 그리고 우리 시대에는 이슬람교의 진리를 실제적으로 들어온 사람만이 그들로부터 진지하게 들었던 것에 가치를 부여할 수 있다. 나아가, 다른 종교적 진리들에서 발견되는 보편적 진리를 자기 것으로 만들어 변형되는 기독교인들만이 거짓된 제국주의는 털어버리고 예수 그리스도의 보편적 진리는 선포할 수 있게 된다. 기독교 운동 전체가 새롭고도 더욱 충실한 수준에서 예수 그리스도의 보편적 진리를 충분히 이해하게 되는 것은 다중적인 대화들을 넘어서 다중적인 변형들을 이루어가는 과정 속에서 가능한 것이다.

매우 특별한 하나의 사례는 유대교(Judaism)와의 대화이다. 기독교는 유대교의 자식이고, 부모에게 무례를 범해 온 것을 말하는 것은 자기 얼굴에 침을 뱉는 행위이다. 우리 기독교인들은 너무도 자주 유대교가 현재 우리에게 제공하는 모든 것들을 이미 초창기부터 가지고 있었다고 전제해 왔다. 따라서 우리는 현재 우리들 곁에서 살아 있는 종교적 운동이 내뿜는 진리와 실재를 무시해 왔다. 살아 있는 유대교의 진리와 실재에 깊은 고마움의 마음을 가지면서 예수 그리스도에 관해 말하는 방식을 체득하기 전까지, 우리는 기독교인들의 범죄들 중 가장 추악한 범죄(유대인들에 반대하는 우리의 범죄)를 이어가는데 일조하고만 있을 것이다.

그런데 다른 운동들로부터 배우려는 패턴은 기독교인들에게 새로운 것이 아니다. 기독교 역사의 최초창기 동안 교회는 헬레니즘 세계에서 자신의 주요한 경쟁자였던 신플라톤주의(Neoplatonism)로부터 많은 것들을 자기화 하였다. 만약 기독교가 신플라톤주의의 진리를 자기화하지 않았다면, 기독교가 이룩해낸 폭넓은 수용을 이끌어낼 수 없었을 것이다.

현대 서구 세계 사람들의 정신에서 기독교에 가장 위대한 도전이 되는 상대는 과학이었으며, 과학이 고무시킨 사고 양식들이었다. 근대 유럽의 교회가 게토에 처박히는 것을 면할 수 있었다면, 그것은 과학의 지혜에 스스로를 동화시킨 결과였으며, 그 지혜로 자기 변형을 이룩해 낸 결과였을 것이다. 그러면서도 또 다른 한편에서 보자면, 교회가 근대 과학이 제공하는 보편적 진리를 자기화하지 못하고 저항했던 것은 과학 식자층에서 기독교에 대한 확신을 쇠퇴시키고 현대 사상을 형성하고 안내해야할 자신의 역량을 약화시키는 주요한 요소가 되어왔다.

물론 교회는 신플라톤주의 요소들을 무비판적으로 자기화하여 고통을 경험하기도 하였다. 그리고 일반적으로 교회가 현대 과학과 결합된 어떤 측면들에 대해서 행한 거부는 정당했다고 할 수 있다. 그럼에도 불구하고, 교회의 건강함은 접촉 중인 다른 전통들의 진리를 수용하려는 개방성과 밀접하게 관련된다. 우리는 기독교인들과 다른 종교적 진리의 참여자들의 지속적인 만남 속에서 기독교인들이 점점 비기독교인의 진리, 즉 그들이 우리에게 가르쳐 줄 수 있는 새로운 통찰을 거치면서 자발적으로 변화될 채비를 갖추는 등의 두 가지 진리에 유념해마지 않기를 간절히 소망해야 한다.

물론 대화를 통해 모든 이질적인 운동들과 적합한 관계를 맺을 수 있는 것은 아닐 것이다. 대화는 기본적인 존중에 근거한다. 즉 지혜와 성실함에 근거한다. 기독교인들에게 필요한 지혜와 성실함을 인식할 수 없는 나치주의나 KKK(인종 차별주의 단체 – 옮긴이 주) 같은 운동들이 있다. 우리가 확신을 가질 수 없는 많은 운동들도 있다. 그러나 민감한 기독교인들이 적절히 존경할 만하고 배울 필요마저 있는 다양한 이질적인 운동들이 세계에 존재하는지에 대해 의문부호를 던질 수 있는 시대는 과거로 지나갔다. 대화를 적합하게 하는 것은 바로 이런 운동들과의 관계 속에서일 것이다.

대화 상대자가 말해주는 해당 종교 전통에 관한 이전의 전문 지식들도 대화에 유익하게 사용될 수 있다. 하지만 그 점에 너무 많은 것을 요구 하는 것은 잘못이다. 기독교인인 이슬람연구 분야의 학자들만이 이슬람교도들과의 대화에 참여할 수 있다면, 대화의 보다 심오한 목적들은 실현되기 어려울 것 같다. 이 나라(미국-- 옮긴이 주)에서는 이주 자주 다른 전통의 대표자들과의 대화가 이렇게 종교사가들에게 맡겨져 왔는데, 그들 가운데 대다수는 기독교 신앙과 그 참신한 표현에 헌신하지 않는 사람들이다. 불교와의 대화는 불교 학자들의 분야가 아니라 오히려 대개는 불교에 관해 조금밖에 알지 못하더라도 기독교 신학자들의 분야인 것이다.

물론, 대화에 참여하는 기독교 신학자가 불교학자들의 연구로부터 배우도록 고무되지 않는다면, 불교도들과의 대화는 실패하게 될 것이다. 기독교 신학자는 불교의 모든 분파들을 죄다 대변할 수 있는 대화 파트너는 존재할 수 없다는 점 정도는 이해할 수 있도록 충분히 알아야 한다. 기독교 신학자가 기독교의 모든 지류들을 모조리 대변할 수 없듯이 말이다. 대화의 목적은, 학문적 연구와는 좀 다르게, 하나의 이질적인 종교적 진리의 활력 있는 대표자를 만나는 것이다. 이 대표자는 자기의 진리가 구원을 제공하기에 충분하다는 점을 발견한 사람들이자 항상 변화하는 상황 속에서 그 진리를 이해할 수 있는 지속적인 과정과 관련될 수 있는 사람을 의미한다. 중요한 의미에서 학자들이 연구한 텍스트들은 정적(靜的)인 것으로 남게 되는 반면, 성공적인 대화의 두 파트너들은 참신한 생각과 관련될 수 있는 것이다. 이와 같은 대화가 자극해야만 하는 전통들로의 탐색은 현재 상태의 관계성에 보다 효과적으로 참여하는 것을 좇아할 것이다.

나는 이 분야에 대한 나의 참여를 부분적으로 정당화하여 나의 논지를 이해시켰다. 나는 종교사가가 아니며, 나의 분야를 일부 제외한다면 어떠한 전통에 대해서도 학자적 수준의 지식을 소유하지 못했다. 나의 접근은 다원주의적 상황에서 기독교 신앙의 이해를 추구하는 기독교 신학자의 접근이다. 나는 대화를 통해 그들의 지혜가 나의 기독교 이해에 있어서의 어떤 함축적 의미를 알게 하도록 다른 전통들에 관해 충분히 배우게 되리라고 믿는다. 내가 대화에 참여코자 한 것은 바로 이런 이유 때문이었다.

기독교는 대화를 하기도 전에 자신들이 무엇을 배우게 될지를 미리 결정할 수는 없다. 대화는 제각기 모두 다양하며 우리에게 중요한 배움을 제공할 수 있고 제공해야만 하는 잠재적인 대화 파트너들은 무한히 많다. 이 대화들에 모두 관여할 수 있는 기독교인은 존재할 수 없다. 대화의 선택은 언제나 그에 대해 임의적인 요소를 가질 수밖에 없다.

나의 제한된 대화는 대승불교(Mahayana Buddhism), 특히 일본의 선불교와 정토진종 불교와의 대화였다. 따라서 본서는 기독교인들이 이와 같은 특정한 종교적 진리와 관련해 대화를 넘어가는 것이 무엇을 의미하는지를 탐색하게 될 것이다. 유대인들, 무슬림들, 힌두교인들, 마르크스주의자들, 그리고 아프리카의 원시 신앙의 옹호자들과의 대화들을 거치고 결국 그 대화들을 넘어가는 결과물들은 언제나 제각기 각양각색일 수밖에 없다. 각 대화가 감행하는 모험들 사이의 상관관계는 미래로 넘겨질 과제인 것이다.

본서는 다른 종교의 진리들과 그 진지한 옹호자들과의 관계성 속에서 이해될 수 있는 교회의 선교와 연관성이 있다. 이런 연관성에서 본서는 하나의 목표로서 개종을 추구하는 것에는 반대하는 논증을 펼친다. 그럼에도 불구하고, 만일 나의 논증이 우리 사회와 세계 도처의 다른 사회의 대단히 많은 사람들--세계의 위대한 종교 전통들의 지혜에 참여하고 있지 않거나 진지한 목적을 지닌 공동체들에 참여하고 있지 않은 사람들-- 을 교회로 오도록 설득하지 못하는 진보 기독교인들의 현재의 실패를 지원하는 것처럼 취급된다면, 불행한 일이다.

이런 사람들은 일본에서도 발견되고 미국에서도 발견된다. 이 사람들 중 많은 사람들이 이곳에서는 명목상의 기독교인들인 것처럼 일본에서도 명목상의 불교인들이다. 이곳이든 저곳이든 이 사람들 대다수는 자기들의 전통들을 미신적이고 우상 숭배적인 형태들로만 구현하고 있을 뿐이다. 불교인들이 그런 명목상의 기독교인들을 불교로 개종시키는데 성공한다면, 우리는 그리스도의 이름으로 기뻐해야 한다. 만일 기독교인들이 일본에서의 명목상의 불교인들을 기독교 공동체로 끌어들인다면, 우리는 그리스도의 이름으로 좋아해야 한다. 다만 우리는 대화가 구원의 말과 생명이 필요한 자들을 교회로 통합하려는 수고를 위축시키는 모양새를 취하고 있음을 악용하지는 말아야 할 것이다. 이런 종류의 복음주의는 본서의 주제가 아니다.

본서의 제1장은 다른 종교적 진리들의 추종자들의 관점에서 기독교 가르침의 역사를 개괄한다. 이 장은 최근에 대화의 양상이 어떻게 부각되고 있는지를 보여줄 것이다.

제2장은 우리의 다원주의 상황이 기독교 신학에게 어떤 의미를 지니는지를 최근의 신학적 토론을 통해 요약하고, 다음에 비판적인 평가와 구성적인 신학적 진술로 나아간다. 이 장은 특정한 대화 파트너들을 구체적으로 다룰 필요가 있음을 지적한다. 그리고 본서의

나머지 부분은 대승불교에 초점을 모은다.

제3장은 열반(Nirvana)이라는 불교의 핵심 개념을 이해하기 위해 서구 세계가 시도한 역사를 개괄하면서, 학문적이고, 철학적이며, 그리고 경험적이고 종교적인 접근들을 구별해낸다.

제4장은 대화를 통해 형성된 나의 고유한 열반 이해를 제공한다. 나의 이해는 기독교의 기존 사고 양태와의 날카로운 대비 속에서 주어진다.

제5장은 구성적 신학으로 돌아가, 하나의 변형된 기독교 안에서 불교의 지혜를 자기화한다.

제6장은 불교와의 만남을 통해 변형된 기독교가 실재주의적으로 유용한 방식으로 불교에게 예수 그리스도를 제공할 수 있다고 제안한다.

비록 본서에서는 알프레드 노드 화이트헤드에 관한 명시적 토론이 지극히 제한적이지만, 그의 개념 체계는 불교적 진리의 자기화를 선도하는데 매우 커다란 역할을 한다. 간단한 후기는 화이트헤드 철학을 활용하여 대화를 넘어가자는 나의 제안에 의문을 던지는 자들을 지향한다.

본서의 여러 장들의 배후에 놓인 많은 작업들은 1976년 '우드로 윌슨 국제 학자 센터'(Woodrow Wilson International Center for Scholars)의 멤버로서 워싱턴 D.C.에서 반년간 체류하는 동안 이루어졌다. 나는 그 기간 동안 세 개의 강의안을 집필했는데, 그 강의들은 당 해에 칼라마주 대학(Kalamazoo College)의 암스트롱 강좌에 사용되었다. 그 자료의 많은 것들이 본서, 특히 제3장, 제4장, 그리고 제5장 속에서 발견된다.

입교 대학(Rikkyo University)의 초청으로 성사된 1978년 일본에서의 6개월의 체류는 기독교와 대승불교의 관계성에 대한 관심을 추구하도록 만들어 주었다. 본서의 제6장의 많은 부분이 당시에 집필되었다. "기독교인도 불교인이 될 수 있는가?"와 "불교인도 기독교인이 될 수 있는가?"라는 제하에 잡지 <일본 종교들>(Japanese Religions)은 제5장과 제6장의 많은 자료들을 출간하였다. 제3장에서 제6장까지는 1979년에 있었던 게렛 복음주의 신학교(Garrett-Evangelical Theological Seminary)의 롤 강좌(Rall Lectures)에 밀접하게 상응한다. 본인은 "열반과 기독교 신앙"이라는 제목으로 이것들을 강의한 바 있다. 1981년의 퍼시픽 종교 학교(Pacific School of Religion)에서의 얼 강좌(Earl Lectures)는 나에게 본서의 논증을 초록의 형태로 요약할 기회를 제공하였다.

나는 본서에서 표현된 불교에 관한 이해를 위해 류코쿠 대학(Ryukoku University)의 류세이 다케다 교수와, 최근 나라 대학(Nara University)에서 은퇴하고 현재는 클레어몬트 대학원에서 가르치는 마사오 아베 교수와의 대화에 힘입었다. 제안과 비판적 반응으로 내게 유익한 도움을 준 사람들로는 제이 맥다니엘, 프랜시스 쿡, 도널드 스웨러가 있다. 나는 출판을 위한 원고의 준비에서도 장 리짜우, 로버트 플라어티, 그리고 항상 내게 유익함을 선사하는 클레어몬트 신학교의 비서진들의 도움을 받았다. 나는 진심으로 이 모든 사람들에게 감사하며, 특히 메더라인 맥레이놀즈에게도 감사한다. 또한 색인을 준비해준 테레사 쇼에게도 특별한 은혜를 입었다.

제 1 장
대화로 가는 길

현대의 상황 속에서는 많은 것이 새롭다. 기독교인들은 다른 종교 전통들이나 진리들을 깊은 차원에서 의식하고 있으며, 이 진리들이 기독교의 자기-이해에 끼치는 중요성은 신학의 핵심적 관심사로 부상해 왔다. 19세기 이전에는 다른 진리들과 그 진리들이 기독교 신학에 끼친 의의를 주제적으로 고찰하는 일이 드물었으나, 오늘날에는 불가피한 현실이 되었다.

그럼에도 불구하고, 기독교인들은 역사 속에서 줄곧 다른 진리들에 반응을 보여 왔었다. 그 반응들은 다양하게 차별화 되어 있다. 가장 적합한 반응이 우리에게서 점차 더 결정적인 것으로 나타날수록, 우리는 그런 반응을 배우기 위해 과거에만 단순히 호소할 수는 없다. 실제로 우리가 다른 종교들의 위대함과 선량함에 개방적인 시각으로 우리의 과거를 되돌아본다면, 우리의 오만함을 회개할 수 밖에 없게 된다. 다른 진리들에 대한 기독교의 가르침이 가장 충분히 발전된 곳에서도(가령, 유대교와의 관계에서처럼), 우리는 가장 진중한 회개의 필요성을 느끼게 된다. 하지만 우리가 현명하고 적절하게 회개하고자 한다면, 즉 새롭고 더욱 적합한 다른 진로로 옮겨가고자 한다면, 우리의 과거를 단순히 무시해 버릴 수만도 없을 것이다. 우리는 우리의 과거를 이해하여 비판하기도 하지만 동시에 거기에 근거를 둘 수도 있어야만 한다.

이번 장은 다른 진리들과 관련해 자기 신앙을 이해해 보려는 기독교의 고군분투의 역사를 개괄한다. 이번 장은 두 소절들로 나뉜다. 첫째 소절은 9세기까지에 대한 간략한 스케치를 제공하고, 두 번째 소절은 최근의 발전들을 조금 더 상세하게 다룬다. 특히 다른 진리들과의 대화의 관계성을 폭넓게 수용해온 내력을 다룬다. 세계교회협의회와 로마가톨릭에도 주목하고, 그런 논의와 긴밀히 연관된 기독교의 개별 사상가들의 이론들도 고찰한다.

1. 20세기로 가는 기독교의 가르침

기독교의 자기-이해의 가장 중요한 원천은 단연코 성서(the Bible) 이다. 따라서 이스라엘과 초기 기독교가 다른 종교 공동체들과 가졌던 관계성과 다른 종교 전통들에 관한 성서의 이해는 기독교인들에게 극도로 중요한 상관성을 지닌다. 하지만 여태까지 성서 연구자들은 이 문제를 광범위하게 다루지 못하였다. 성서의 견해에 관한 몇 가지 일반적인 평가들만이 제공될 수 있을 뿐이다. 앞으로

머지않아 신·구약 성서학자들이 더 선명히 보여주게 될 것이라는 희망을 가져본다. 우리의 경전으로 발전된 전통들은 가나안, 이집트, 바벨로니아, 페르시아, 그리고 그리스 등의 종교 전통들로부터 온 자료들에 대규모로 동화된 특징을 지닌다. 그럼에도 불구하고, 성서 저자들의 의식을 지배했던 요소는 이스라엘의 신앙을 이방의 종교적 실제나 신념과 대비시키거나 상반되도록 만드는 것이었다. 이런 이중적 태도는 신·구약성서 모두의 특징이라고 할 수 있다.

확실히 대비와 대립에 대한 감각은 허상이 아니었다. 이스라엘은 시간이 경과할수록 더욱더 독특해지는 자신만의 고유한 삶의 방식을 갖고 있다. 또한 타 문화들로부터의 이스라엘의 자료 채용은 자신을 변형시키는 것과도 관련되었다. 비록 유대 공동체가 당시의 지배적인 문화들에 동화되어 위험에 처해질 때도 있었지만, 자신의 독특한 지위와 역할을 상실하지 않으려는 저항은 언제나 충분히 지속되었다.

나사렛 예수에게서 하느님의 약속이 성취되었다고 믿었던 유대인들도 자신들이 최상으로 중요하고 독특한 메시지를 가졌다는 점을 분명히 하였다. 이들은 자신들의 정체성에 위협을 받지 않고 이방 문화들로부터 자유롭게 차용해 올 수 있었다. 예수 안에서 유대 신자들의 그와 같은 정체성은 첫 세기를 거치면서도 유대적인 것으로 남아 있었다. 그들은 예수의 십자가와 부활의 빛에서 자기들의 정체성의 참되고 적합한 형태를 명확히 하기 위해 씨름하였다. 이 씨름은 예수를 메시아로 받아들이기를 거부하였던 유대인들에 맞선 거친 논쟁과 관련될 수밖에 없었다. 그런 논쟁은 유대교를 기독교와 반대편에서 맞서는 종교로 보는 것과 관련되지는 않았다. 바울은 로마서 9-11장에서 하느님의 섭리가 유대인들의 메시야 수용을 지연시키고 있으며, 그래서 이방을 위한 공간이 열려졌다는 견해가 그들의 정체성을 위해 필요해졌음을 보여주었다.

비록 단기간이었지만, 기독교인들이 자신들을 유대인으로 이해하고 있었다는 점은 이방 지역 출신 기독교인들도 유대 민족의 율법을 온전히 준수해야만 하는지에 관한 논쟁으로 비약되었다. 결정적인 문제는 할례(circumcision)였는데, 이 문제는 기독교의 주장과는 별개로 유대교에 매력을 느꼈던 이방인들마저 유대 공동체와 온전히 하나가 되지 못하게 한 요구 사항이었다. 바울은 그리스도께서 오심으로써 율법에 복종할 필요성이 끝났음을 보여주려고 고심한 핵심적인 인물이었다. 이제 참 이스라엘은 그리스도를 신앙하고 최종적인 종말의 때를 기다리는 자들의 종말 공동체였다. 모든 사람들은 하나하나의 개인들로서 이 공동체에 들어오도록 초대되었다. 바울은 유대인과 이방인의 차이에 대해 섬세하고 심오하게 다루었지만, 대안적인 이방 전통들의 관련된 장점들을 주제적으로 식별할 필요성을 보지는 못하였다.

비록 바울이 구원을 예수 그리스도를 통해서만 임하는 것으로 이해했지만, 그는 이방 세계의 모든 것들을 단순히 악한 것으로 배척하지는 않았다. 그는 이방의 많은 수사학적 형태들과 윤리적 가르침들을 자신의 것으로 만들었다. 그는 양심이야말로 율법이 유대인들 사이에서 기능하고 있는 방식과 유사하게 이방인들 사이에서 기능하고 있는 것이라고 분명히 가르쳤다. 그가 로마서 1장 20절("그가 만드신 만물에 분명히 보여")에서 표현한대로 하느님은 유대인에게는 물론이요 이방인들에게서도 확실히 현존하신다. 바울이 이방 문화들을 특징짓는 우상적 왜곡들을 공격하긴 했지만, 그의 논법은 그를 우상숭배를 정죄하는데 참여한 다른 이방인들과 같은 편에 세웠다. 확실히 바울은 모든 이방적인 삶과 사상의 형태를 전면적으로 탄핵했던 것은 아니었다.

바울의 견해에서 이방의 신들은 참되신 하느님이 왜곡된 형태들이거나 인간의 상상력의 산물이었지만, 실재적인 존재들이기도 하였다. 바울은 그 신들을 경멸적으로 "약하고 천박한 초등학문"(갈라디아서 4:9)이라고 지적하였다. 이방인들은 그리스도에 대한 신앙을 통해 참되신 하느님을 올바로 알게 되었다. 이 하느님은 이미 유대인들에게 알려져 있던 바로 그 하느님이었다.

누가(Luke)는 바울을 아덴에서 에피쿠로스주의와 스토아주의 철학자들에게 설교한 인물로 묘사한다(사도행전 17:16-31). 바울의 입에서 나온 설교에서 그는 이방의 저자들을 인용하면서 그들이 말했던 진리를 인식하고 있다. 바울은 자신의 메시지가 이방의 청중들이 알지 못했지만 이미 예배하고 있었던 그 하느님에 관한 진리임을 제시하였다. 일반적으로 누가는 기독교를 이미 존재하는 신념과 실제를 밝게 비추고 순수하게 하는 것으로 묘사하였다.

기독교와 이방의 문화 사이의 초지일관된 대비는 한편에 있는 신앙과 다른 편에 있는 신성에 관한 왜곡된 시도들 사이의 구별 속에서 발견된다. 신앙은 우리에게 하느님의 의지로 향하게 하고 그 의지를 신뢰하도록 한다. 이방의 실제들은 신약 성서에서 지각된대로 하느님의 의지와 상관없이 인간이 원하는 신들을 얻으려는 방식을 추구한다. 예를 들어 예수는 다음과 같이 말한 것으로 인용된다. "또 기도할 때에 이방인과 같이 중언부언하지 말라. 그들은 말을 많이 하여야 들으실 줄 생각하느니라."(마태복음 6:7)

요한복음은 복음서들 가운데 가장 '그리스도중심주의'적인 복음서이고, 이 복음서의 많은 언어들은 유대교를 포함하여 기독교 외의 다른 종교 전통들을 근원적으로 부정적으로 보는 견해를 제출한다(참조. 요한복음 8:42-44). 그럼에도 불구하고, 그 서두는 영원한 말씀 또는 로고스가 언제나 모든 사람들을 비추고 있다고도 가정한다. 이 로고스 교리는 유대교와 기독교의 궤도 밖에 있는 사람들과 종교적 운동을 적극적으로 평가하는 길을 열어준다. 그러나 요한복음은 유대인들을 예수의 대적자들로 제시한다. 요한복음에서의 십자가에 관한 설명도 다른 복음서들에서처럼 "유대인들"을 호되게 비난하는 것이다. 이것은 수세기에 걸쳐 모든 유대인들에게 무차별적으로 적용되었던 "그리스도 살해자"(Christ-killer)라는 모욕적 별칭을 안겨주면서, 그리스도 교회의 집단적인 삶을 뿌리 깊게 채색시키고 타락시키게 된 다수의 반-유대 가르침과 행동을 단단히 결속시켰다.

그래서 신약 성서는 다른 종교 전통들이나 진리들에 대해 한 가지 견해만을 보유하지 않았다. 이 토픽은 주제적으로는 결코 논의되지 않았다. 대신에 주목할 사항은 그리스도가 사람들을 위해 무엇을 했는지를 지향하고 있다. 유대인과 이방인의 구별이 전제되었고 가끔은 논의되기도 하였다. 주된 핵심은 이런 구별이 그리스도 안에서 극복되었다는 것이다. 유대 사람들이 전체적으로 예수를 메시아로 받아들이는데 실패한 것을 이해해 보려는 지속적인 노력이 있다; 이방인들 사이에서 이제 점차 성장하고 있고 성공하고 있는 선교가 있게 된다; 이방인들의 종교적 실제들에 관한 신념들을 지적하는 것들이 이곳저곳에 산재한다. 이방 전통들 사이의 독특성들은 어떤 통찰들과 관념들이 자유롭게 차용될 수 있는 한, 암묵적으로 기독교에 내재해 있다. 반면에 우상적인 것은 일관되게 경멸된다. 그러나 그런 독특성들은 반성적으로 고찰되지는 않았다. 흩어져 있는 다양한 평가들은 폭넓게 다양한 기독교의 입장들을 지지하기 위해 이후 세대들이 사용할 수 있는 것들이다.

2세기까지 기독교는 자기-이해를 확립하기 위해 유대교에서 스스로를 분리시켰다. 유대교는 이제 기독교인들에게 다른 공동체이자 다른 종교 전통이 되었다. 유대 전통은 자기 문헌들을 잘못 이해하였고 약속된 메시야를 부정하여 근본적으로 부당한 것으로 선언될 수 있어야만 했다. 유대교에 대한 태도는 거칠게 논쟁적이었는데, 이는 기독교 역사의 많은 부분을 두드러지게 하였고, 타락시키기도 하였으며, 기독교인들이 유대인들을 박해하는 길을 닦은 셈이 되었다. 물론 이것은 기독교가 유대인들을 멀리했다는 것을 의미하지 않는다. 반대로 기독교인들은 유대인들과 동일한 하느님을 예배하였고 동일한 성서를 읽었다. 싸움은 가족 내에도 있었고 이 때문에 더욱 많은 쓰라림이 있었다. 반-유대교 논쟁은 기독교의 이단으로 간주된 영지주의나 다른 이단들에 맞서는 격렬함에 의해서만 겨우 능가될 수 있는 정도였다.

2세기 동안 이방의 종교적 실제들과 종교-철학 학파들 사이의 구분은 더욱 분명해졌다. 저스틴 마르티(Justin Martyr)는 이방의 신들을 악마들로 조명하였지만, 그리스 철학과 조우했을 때에는 칭송하고 채택할만한 많은 것들을 발견하였다. 그는 이런 유사성을 로고스의 역사로 귀속시켰다. 로고스가 그리스의 저자들로 하여금 많은 단편적인 진리를 파악할 수 있도록 했지만, 오로지 기독교만이 완전한 진리를 가지고 있었다. 왜냐하면 로고스는 그리스도 안에서만 완전함에 도달했기 때문이었다. 그래서 그리스도는 우상숭배와 사탄 숭배에는 맞서시지만, 이방의 사상계의 단편적 진리는 완성해 주신다.

알렉산드리아의 클레멘트(Clement of Alexandria)는 그리스 철학이 이방 세계에서는 교사의 역할(율법이 유대 세계에서 했던 역할)을 하는 것으로 확인하면서 더욱 정교하게 다듬었다. 그렇다면, 그리스 철학은 진리를 단편적으로 파악한 것에 그치는 것이 아니라, 복음으로 가는 필수적인 준비가 되는 것이다. 소크라테스나 플라톤뿐 아니라 페르시아, 인도, 그리고 이집트 사상가들도 로고스를 증언했었다. 이레니우스에 따르면, “처음부터 마지막까지 다양한 섭리들에 의해 인류를 구원하러 오신 오직 한 분의 동일한 하느님만이 계실 뿐이다.”[4] 성(st.) 어거스틴은 다음과 같은 결론을 제시하여 이레니우스를 따랐다. “인류의 처음부터 [그리스도]를 믿었고 그리스도 표상들을 따라 경건하고 올바른 방식으로 살았던 사람이라면 누구나 의심의 여지없이 그리스도에 의해 구원을 받았다 … 참된

4) Irenaeus, *Adversus Haereses,* III: 12, 13.

종교는 그리스도가 나타나기 전이나 후에나 모든 시기들에서 하나로 동일한 것이다. 비록 그리스도가 나타나기 이전에는 다른 이름들과 다른 상징적 의례들을 통해 보여 졌으며 그런 실제를 따랐다고 하더라도 말이다."[5]

그래서 로고스로서의 그리스도에 관한 학설은 기독교 이전 사람들의 사상(종교 전통을 포함해)도 적극적으로 비추도록 고무시킨다. 나아가 이런 적극적 견해는 교회의 지도적인 사상가들이 그리스 철학을 자기화하는 것도 격려하였다. 오리겐의 영향력 있는 저술들에서 많은 기독교의 가르침들은 신플라톤주의의 범주들을 통해 해석되었다. 기독교와 이방의 신플라톤주의자들은 알렉산드리아에서 협력하여 일했고 그들 간의 학설상의 불일치들은 침묵 속에서 감추어졌다.

이방 지성인들의 대규모적인 기독교로의 개종은 그들의 고전적 유산에서 가장 확신을 가졌던 것을 기독교로 동화시킬 필요성을 낳았다. 여기에는 그들의 시(詩)와 과학도 포함되었다. 가이사랴의 바실(Basil of Caesarea)은 기독교인은 이교 문헌 속에서 "영혼을 살아 있게 하는"[6] 것을 발견할 수 있다고 선언하였다. 나아가, 이런 동화는 특히 이방의 철학과 관련되는데, 교부들의 시대까지 이 이방의 철학은 신플라톤주의의 발전을 통해 해석되었다. 고대의 신들에 대한 전통적인 사원 예배를 포기하고자 했던 많은 사람들은 자신들의 철학적 전통을 통해 도달해 있었던 통찰들로부터 스스로를 분리

5) Augustine, *Epistola,* 102: 12.
6) Robert Lawson Slater, *Can Christians Learn from Other Religions?* (New York: Seabury Press, 1963), p. 13. 슬레이터는 바실을 인용하고 있다.

시키지 않았다. 심지어 교회에 합류한 사람들은 자기들의 통찰들과 갈등하는 기독교 학설들을 일반인들을 위해서는 적합한 것이라고 해석해 주기도 하였다. 교회가 이방의 문화에 대해 거둔 승리는 부분적으로 "이교도들은 기독교의 관념들을 자기화하지 않은 반면에 기독교인은 이교적 관념들을 동화시켰던 역할"[7]에 힘입은 것 같아 보인다.

또 다른 기독교인들은 지배적인 문화적 전통들에 대항하여 기독교적 사고의 독특성을 주장하는데 더욱 관심을 가졌다. 터툴리안(Tertullian)이 가장 주목할 만한 사례이다. 터툴리안의 주요한 관심은 기독교적 삶의 순수성을 지키는 것이었고, 그의 윤리적 엄격함은 그로 하여금 몬타누스파와 합류하게 만들어 결국 자신의 종파를 창설토록 하였다. 이것은 영지주의와 적응주의(accommodationism) 일반에 맞서는 논쟁과 관계하였다. 터툴리안은 다음과 같이 묻는다. "아덴과 예루살렘 사이에 무엇이 공통으로 존재한다는 말인가? 아카데미아와 교회 사이에 무엇이 공통으로 존재한다는 말인가? … '스토아주의자,' '플라톤주의자,' 또는 '변증적인' 기독교를 위한 모든 제안들은 집어치워라."[8] 그럼에도 불구하고 터툴리안도 기실 많은 고전 문화를 수용하였고, 이교 사상에 대한 그의 탄핵은 선별적으로 이루어졌다.

---

7) Arnoldo Momigliano, "Pagan and Christian Historiography in the Fourth Century A.D.," in *The Conflict between Paganism and Christianity in the Fourth Century*, ed. Arnoldo Momigliano (Oxford: Clarendon press, 1963), p. 87.

8) Tertullian, *De Praescriptione Haeriticum*, vii.

4세기에 콘스탄틴 황제의 개종과 기독교의 국가종교로의 공인은 다른 종교적 운동들을 대하는 기독교의 태도를 공식 정책들로 다루게 하였다. 기독교가 이전에는 국가에게 관용을 베풀어 달라고 요구했지만, 이제 그런 관용이 기독교의 원리로는 채택 되지 않았다. 오히려 기독교 지도자들은 기독교를 대적하는 자들에게는 불리한 조치가 내려지도록 국가에 압력을 행사하였다. 기독교인 황제는 이교도인 황제들 때보다 유대인들에게 더 관용적이지 못했으며, 암브로시우스 같은 지도적인 기독교 설교자들은 황제들에게 압력을 넣어 더욱 억압적인 정책들을 채택하도록 하였다. 또한 교회는 이단으로 간주된 자들을 박해하기 위해 국가를 활용하기도 하였다.

4세기까지 이교와 관련해 삼중적인 구별이 발전하였다. 특히 아덴과 알렉산드리아에서 가르쳐진 그리스 철학이 있었다. 그리스 로마의 신들과 동방에서 들어온, 가령 소울(Sol) 같은 신들에 대한 공식적인 예배를 위한 사원들이 있었다. 그리고 큰 범위에 걸쳐있는 주술적이고 제의적인 실제들이 있었다. 기독교 황제들은 이 세 가지를 매우 차별적인 방식들로 다루었다. 그들은 세 번째 것에게 극히 엄격한 잣대를 들이댔다. 마법사들에게는 죽음을 판결하기도 하였다. 기독교 황제들은 이교의 사원들의 공식적인 의식들에 얼마 동안은 관대하였다. 심지어 경우에 따라서는 참여하기도 하였다. 그 황제들은 철학이 마술과 분명하게 구분된다는 조건에서만 철학 학파들을 지원하였다. 불행하게도 아덴에서의 철학은 제의와 깊은 관련을 맺고 있었는데, 이 때문에 아덴 학파는 억압을 받게 되었다. 반면 알렉산드리아 학파에게는 지원이 계속되었고, 그 교사들 사이에서는 기독교인들도 포함되어 있었다.

주변부 지역들에서는 이교가 기독교와 수세기 동안 경쟁자로 남아 있었지만, 지적(知的)이고 문화적인 지도력을 상실함에 따라 기독교에 더 이상 주요한 위협이 되지는 못했다. 이교의 이런 역할은 이슬람교의 등장에 자리를 내주게 되었다. 7세기와 8세기를 지나면서 기독교세계였던 많은 지역이 무슬림들에 의해 정복되었다. 수세기 동안 이슬람교는 기독교 서구의 생명력을 멀찌감치 뛰어넘었고, 적어도 비잔티움과 대등할 정도의 지적이고 문화적인 생명력을 대표하였다. 따라서 기독교인들이 자신들의 태도들을 공식화해야만 했을 무렵 이슬람교는 기독교에 가장 뿌리 깊은 위협으로 경험되었다. 기독교세계는 포위되었고, 공격자들의 종교에 맞서 격렬한 반응을 보였다. 이슬람교에 대한 적대감은 서양 기독교가 십자군전쟁(시기적으로 11세기말부터 13세기말까지의 기간-- 옮긴이 주)으로 "이교도들"을 공격할 때까지도 움츠러들지 않았다.

무슬림 세계는 유대인들에게는 기독교인들이 했던 것보다 훨씬 호의적이었다. 기독교인들은 유대인들에 대해 살려는 두지만 가장 비참한 삶의 조건 속에 가두어야 한다고 명시적으로 가르쳤던 것이다. 유대인들은 무슬림 스페인(Muslim Spain, 대략 8세기 초부터 16세기 이전까지 이슬람세력의 지배를 받던 스페인을 지칭하는 용어-- 옮긴이 주)에서 번영을 구가하였고 무슬림인들과 손잡고 함께 위대한 문명을 건설하기도 하였다. 이같이 무슬림과 유대인의 친밀한 연합은 기독교인들이 유대인들을 더욱 나쁘게 대우하는 결과로 이어지게 했다. 기독교인들이 무슬림에 반대하여 외친 슬로건이었던 "이교도"란 용어는 유대인들에게도 동일하게 적용되었다. 무슬림으로부터 성지(聖地)를 되찾기 위해 소집된 군대는 서유럽 내의 유대인들과 십자군 경로를 따라 무방비 상태에 있던 유대인들을 자주 살육하기도 하였다. 무슬림인들이 스페인에서 추방되었을 때, 유대인들은 추방이냐 기독교로의 개종이냐의 선택의 기로에 서게 되었다. 개종을 수락하면서도 자기들의 유산의 요소들을 계속 실행하였던 사람들은 심문자들에 의해 무자비한 고문으로 징벌을 받아야만 했다. 유럽의 곳곳에서 세례를 거부했던 유대인들은 훨씬 사악한 방식들로 교회 법 아래서 제한과 박해를 받았다.

십자군은 이슬람에 대한 기독교의 유일한 대응이 아니었다. 스페인의 발전된 문화는 기독교 학자들의 관심을 끌었고, 특히 아베로이스(Averroës) 같은 무슬림 철학자들을 통해 아리스토텔레스에 관한 새로운 관심과 이해가 기독교의 배움을 자극하였다. 성(st.) 토마스 아퀴나스는 이런 방식으로 이슬람에 깊은 은혜를 입었다. 이슬람에 합리적 신학이 있음을 인식한 아퀴나스는 하느님에 관한 다수의 지식에 도달하기 위해 이성의 힘이라는 자신의 개념을 발전시켰다. 그럼에도 불구하고 그는 기독교의 계시도 역시 필요한 것이라는 점을 강조하였다.

보다 근본적인 정신의 소유자들은 특수한 기독교의 학설들에 헌신하는 것에서 스스로를 분리시켰고, 유대인들과 무슬림인들과의 보다 친근한 관계 속에서 더욱 많은 가망성을 발견하였다. 시칠리아의 프레드릭 2세의 왕실은 관용과 회의주의를 위한 안식처였다. 물론 기독교세계는 일반적으로 충격적이었다.

보다 중요한 것은 선교적인 반응이었다. 이것은 특별히 라몬 룰(Ramon Lull)에 의해 촉진되었다. 기독교 선교는 이슬람교는 잘못된 종교라는 전제 위에서 기대되던 것이었다. 그러나 실제로 룰은 이슬람을 이해하는 것도 중요함을 인식하고 있었다. 그리고 이슬람교를 연구했을 때 그는 거기서 칭송할만한 많은 것들을 발견하였다. 룰은 이슬람교의 가르침을 공정하게 제시하였고, 많은 기독교인들의 미적지근한 신앙과 비교되는 이슬람교 추종자들의 열성에 주목하였다.

하지만 룰과 기독교 선교사들이 무슬림의 기독교로의 개종을 추구하였던 반면에, 니콜라우스 쿠사(Nicholas of Cusa)는 기독교인과 유대인과 이슬람인들 사이의 일치를 통한 평화를 추구하였다. 콘스탄티노플이 쇠망하던 1453년 쿠사는 <신앙의 평화에 대하여>(De Pace Fidei)를 출간하였다.[9] 그는 모든 사람들은 동일하신 하느님을 예배하는 것이고 가르침과 예배의 형태에 있어서의 차이들은 수용이 가능하므로, 세 종교들은 반드시 하나가 되어야 한다고 주장하였다. 비록 사실상 하느님에 대한 그의 용어들이 기독교의 몇 가지 근본적 가르침을 받아들이는 것과 관련되어 있었으나, 이 책은 평화주의적이고 관용적인 색조가 두드러진 특징을 보여주었다. 쿠사의 견해에서 보면, 기독교의 가르침과 실제를 받아들이는 것은 기독교 교회에 합류해야 하거나 교황의 권위를 인정할 것을 요구할 필요는 없다!

9) Nicholas of Cusa, "De Pace Fidei," *Unity and Reform: Selected Writings of Nicholas de Cusa,* ed. John Patrick Dolan (Notre Dame, Indiana: Universoty of notre Dame Press, 1962).

그럼에도 불구하고, 몇 년 앞서 대부분의 기독교인들에 의해 오랫동안 지속되었던 배타주의(exclusivism)는 교회의 도그마로 확립되어 있었다. 1438년에서 1445년 까지 열렸던 플로렌스 공의회는 다음과 같이 선언하였다. "가톨릭교회 내에서 살지 않는 자들, 즉 이교도, 유대인, 이단자, 그리고 종파주의자는 영원한 생명의 참여자가 될 수 없다. 만약 저들이 생명이 끝나기 전까지 하느님의 자녀의 무리에 들지 않는다면, 그들은 '마귀와 그 사자들을 위해 준비된 영원한 지옥 불에 들어갈 것이다.'[마태복음 25:41]"10)

자신에 대해 저런 자신감으로 말할 수 있는 교회도 속내로는 분열의 문지방에 서 있었다. 그리스의 고전적인 사고 양태와 이교도의 정신을 정복했었던 성서적 사고 양태의 종합은 그 종합 속의 각 원천들의 뿌리 깊은 차이들을 오랫동안 보지 못하게 했었지만, 15세기까지 학자들은 이 원천들의 독특한 본래적 모습을 재발견하기 시작하였고 그 원천들을 중세적 종합의 형태와 대비시키기 시작하였다. 르네상스는 스콜라주의를 불신할 정도로 이교도의 예술과 사상을 찬양하는 것과 관련된다. 개신교 종교 개혁자들은 성서 텍스트의 고결함을 새롭게 재평가하는 견해에 기대어 스콜라주의를 공격하였다.

이것은 독특한 성서적 신앙에 대한 높아진 감각과 그 신앙과 뒤섞여져온 그리스 철학을 경시하는 태도로 나아간다. 종교 개혁자들은 많은 이교의 문화들에 동화되어 도입된 왜곡된 기독교를 정화시키

---

10) Heinrich Denzinger, *The Sources of Catholic Dogma* [Enchiridion Symbolorum] trans. Roy J. Deferrari from the 30th ed. (st. Louis: Herder, 1957), p. 230.

기를 원하였다. 이 과정에서 그들은 타 종교의 진리들을 보다 부정적으로 보는 태도들을 발전시켰다. 그들은 하느님의 계시와 인간의 이성을 대비(또는 하느님의 은총과 자기-정당화로서의 인간의 노력의 대비)시키는 관점에서 기독교 신앙과 타 종교의 진리의 관계성에 대해 생각하였다.

루터는 계시만이 스스로의 노력으로 자신을 구원하려는 인간의 끝없는 시도로부터 우리를 자유롭게 해주리라는 점을 강조하였다. 따라서 루터와 그의 추종자들에게는 타종교의 사상이나 윤리가 탁월한지를 관찰하도록 타종교에 대해 경청해볼 근거는 없는 것이다. 캘빈은 하느님이 창조하신 세계를 통해 무언가 알려질 수 있다는 점을 부정하지는 않았지만, 타락한 인간들의 외고집적 맹목성을 강조하였다. 따라서 캘빈주의 전통에 서있는 신학자들은 타종교가 진리에 대해 기독교와 파악을 공유하고 있다거나 그들의 상대적 가치나 정당성을 보여주기 위해 그들의 진리를 바라보지는 않는다.

어떤 사람들은 이교도의 철학적 해석으로부터 성서가 정화되어 성서의 독특한 사고 양태로의 복원이 종교 개혁자들로 하여금 유대교를 더 높이 평가하도록 만들었을 것이라고 생각할지도 모른다. 불행하게도 그렇지는 않았다. 특히 루터는 기독교의 독특성을 극단적인 그리스도중심주의의 관점에서 정식화 하였고, 은총의 종교로서의 기독교를 율법의 종교로서의 유대교와 대치시켰다. 율법주의는 신앙의 최대의 적이기 때문에, 유대교를 향한 적대감은 루터주의에서도 강하게 자리 잡았던 것이다. 유대인들과 관련된 루터의 언어(그의 생애의 마지막 무렵에 발언된)는 너무 사악하여 반복해 말할 수도 없을 지경이다.

비록 종교개혁이, 또한 어느 정도 반종교개혁도, 이성으로부터 신앙으로 주목을 변경하도록 했다고 하더라도, 기독교 신앙의 경쟁적인 형태들이 초래시킨 논쟁들은 하나의 반응으로 귀착되었다. 합리적인 사람들은 타협(modus vivendi)을 모색하기 시작하였고, 이런 타협에는 다양한 교파들의 상호 충돌하는 견해들과 그 교회들과 모든 합리적인 사람들이 공유하는 진리의 핵심을 구별하려는 시도가 포함되었다. 하나의 자연종교는 여러 실증 종교들 속에서 표현되기도 하지만 그런 실증 종교들에 의해 타락되기도 한다는 생각이 싹텄던 것이다.

1624년 허버트 경(卿)은 <진리론>(De Veritate)를 출간하였고, 그 속에 "종교에 관한 공통의 개념들"이라는 절을 포함시켰다. 거기서 허버트는 인간의 정신에는 다섯 가지 생득적 개념들이 존재한다고 논증하였다. 이 다섯 가지는 어느 정도 충분하고 순수하게 모든 종교들을 통해 표현되었다. "최고의 존재이신 한 분 하나님이 계신다." "이 다스리시는 하나님은 예배를 받으셔야 한다." "각 기능들의 적절한 확증으로서의 관계적 작동으로 정의된 덕과 경건의 관계가 존재하며 언제나 종교적 실제에서 가장 중요한 것으로 주장될 수 있다." "인간의 정신들은 언제나 자기들의 사악함으로 인한 두려움으로 가득 차 있다." "이승에서의 삶 이후에는 보상과 처벌이 있다."[11]

11) Edward Herbert Herbert (Lord Herbert of Cherbury) *De Veritate,* trans. Myrick Carré (Bristol: J. W. Arrowsmith, 1937).

생득 관념에 대한 존 로크의 비판은 이 합리주의 전통을 성(st.) 토마스 전통 같은 논증의 유형을 향해 이동시켰다. 로크 자신은 기본적인 종교적 신념들이 합리적이라는 점을 보여주었고, 다른 사람들도 모든 사람들에게 공통적인 이성에 근거한 종교의 형태를 위한 논증을 계속하였다. 여기에는 이기적이고 외고집적 지도자들이 왜곡시켜온 형태는 제외된다.

대체로 이런 전통은 다른 종교들의 현실적 실제나 신념들에 대한 제한된 지식과 더불어 발전했지만, 중국과의 만남은 이 전통을 지지하는데 이바지 하였다. 프랑스 예수회 선교사 필립 쿠플(Philippe Couple)은 1587년 공자를 번역하였고, 이렇게 합리적이고 윤리적이며 종교적인 가르침들에 기초한 이 위대한 문명(중국)이 천년 동안 지속되었다는 유럽 사람들의 깨달음은 이성만이 종교와 윤리에 충분한 근거를 제공한다는 확신을 강화시켰다. 기독교의 학자들은 공자 사상을 이해하고 평가하는 방법으로 초대교회의 로고스 학설에 새롭게 관심을 보이기도 하였다. 또한 르네상스 동안 고전 사상가들을 새롭게 평가하게된 것도 이런 견해의 풍조에 공헌하였다. 볼테르(Voltaire)는 중국에서 진정한 자연 종교의 본보기를 보았다.

이 전통은 임마누엘 칸트의 <이성의 한계 내에서의 종교>[12] (Religion Within the Limits of Reason Alone)에서 절정에 도달하였다. 이 전통 속의 모든 사람들처럼 칸트에게도, 종교를 위한 규범은 보편적인 이성에 의해 주어진다. 이 이성은 모든 종교들에서 작용

---

12) Immanuel Kant, *Religion Within the Limits of Reason Alone* (Chicago: Open Court Publishing Co., 1934).

하는 것으로 전제되지만, 그 종교들의 구체적인 표현들에서는 어느 정도 감추어져 있고 왜곡되어 있다. 그래서 과제는 현실의 역사 속의 모든 종교적 진리들을 순수하게 다듬어내는 것이다.

그리고 헤겔(G. W. F. Hegel)과 함께 종교뿐 아니라 이성의 근원적인 역사적 성격이 새롭게 평가되기 시작하였다. 종교와 이성은 모두 절대 정신(Spirit or Geist)의 일부들이다. 절대 정신은 동시에 신적인 원리나 인간 정신의 진리나 실재이다. 헤겔은 절대 정신의 역사를 중국에서 시작되어 유럽의 개신교에서 절정에 도달한 문명 운동으로 이해하였다.

또한 프레드릭 쉴라이어마허(Friedrich Schleiermacher)도 인간의 종교를 역사적이고 발전적인 방식으로 해석하였다. 그는 종교가 일신교(monotheism)에서 정점에 도달하는 것으로 지각하였다. 그러나 그는 헤겔 이상으로 유대교, 이슬람교, 그리고 기독교 모두에서 그 일신론의 상통적인 표현을 인식하였다. 그런 다음 그는 기독교의 탁월성을 보여주기 위해 이 세 개의 일신론적 종교들의 차이들을 기술하는 곳으로 나아갔다.

비록 오늘날 상세한 점들에 이르기까지 헤겔과 쉴라이어마허를 추종하는 사람들은 거의 없지만, 그들의 사상 패턴은 지속적으로 그 중요성을 인정받아 왔다. 헤겔은 모든 사건들을 하나의 정점을 지향하는 보편사의 맥락에서 보았다. 보편사는 더 이상 단순히 이스라엘과 기독교의 역사만이 아니다. 왜냐하면 그것들은 다른 문명들의 공헌들을 포함하는 보다 광활한 상황 속에서 설정되어야만 하기 때문이다. 헤겔은 절대 정신이 한 곳에서 작용하다가 다른 곳으로 이동하는 방식으로 보면서 신성한 역사의 선형성(線形性)을 유지하였다. 이런 요소는 역사적 연구의 빛에서는 잘 지탱될 수 없으며 종교 다원주의에 대한 우리의 이해와도 충돌하지만, 보편사를 향해 다른 종교가 공헌하는 맥락에서 기독교 신앙과 타종교의 진리의 관계성을 이해하려는 시도는 우리 시대에도 여전히 하나의 생생한 선택지로 지속적으로 제공되고 있다.

다른 한편, 쉴라이어마허는 우리가 종교적인 아프리오리(a priori), 즉 종교는 다른 것들과는 구별되는 인간 경험 속의 보편적인 요소로 확인할 수 있다고 제안하였다. 그는 그 요소가 '절대 의존의 감정'(feeling of absolute dependence)이 의미하는 것이라고 제안하였다. 후대의 사상가들은 거룩한 자에 대한 느낌, 궁극적 관심, 또는 초월자와의 관계성에 초점 두기를 더 좋아했지만, 이런 변화들은 쉴라이어마허의 근본적인 패턴을 바꾸지는 않았다. 종교가 이런 방식으로 정의된다면, 개별적인 종교들은 이 하나의 본질이나 아프리오리한 것의 다양한 구현 양태들로 해석되고 평가된다. 일반적으로 기독교인들은 종교적 아프리오리가 기독교 속에서 가장 순수하고 가장 충분히 표현된 것으로 본다는 점에서 쉴라이어마허를 따라왔지만, 종교의 본질을 다양하게 정의하여 다른 종교들의 진리들도 자기들만을 위한 유사한 주장을 얼마든지 할 수 있는 것이다.

20세기의 벽두에 트뢸치(Ernst Troeltsch)는 자신이 활용할 수 있었던 아시아 전통들에 관해 광범위하게 증가된 지식의 빛에서 헤겔과 쉴라이어마허가 물려준 유산과 씨름하였다. 그의 희망과 의도는 절대 정신의 구현 속에서 기독교의 세계사적 탁월성을 제시하는 것이었다. 트뢸치는 다른 위대한 전통들이 그들의 특수한 문화적 형태들과 너무도 긴밀히 연결되어 버려서 인간의 보편적인 성취를 지향하는 길을 제공할 수 없다는 점을 보여주려고 노력하였다. 그러나 그는 상세한 연구를 통해 그의 생각 이상으로 기독교가 더 문화와 연결되어 있으며 아시아의 위대한 종교들이 그의 이전 인식 보다 문화에 대해 훨씬 초월적이라는 확신을 가지게 되었다. 트뢸치는 위대한 종교들 사이에서 각 종교는 자신의 문화적 필요성에 적응하였고 객관적인 탁월성의 문제가 책임적으로 제기될 수 있는 관점은 존재하지 않는다는 결론에 도달하였다. 그래서 트뢸치는 원치 않게도 기독교의 첫 번째 위대한 상대주의자가 되었다.

칸트, 헤겔, 그리고 쉴라이어마허는 모두 기독교를 다른 종교적 현상들을 초월해서 조망할 수 있는 현상으로 다루었다. 분명한 것은 세 사람이 모두 기독교를 조망하는 관점이 이미 기독교에 의해 깊게 영향을 받았던 관점이라는 것이다. 그리고 쉴라이어마허는 신학 자체를 주로 고백적인 것으로 이해하였다. 그럼에도 불구하고, 현금의 객관적인 시점에서 보자면, 종교 개혁적 배경에 맞서서 기독교를 평가하려는 견해를 내보였던 이들의 수고는 매우 인상적이었다.

그러나 이런 수고가 19세기의 모든 기독교 사상가들의 특징이었다고 할 수는 없을 것이다. 키에르케고어와 리츨은 타종교의 진리들에 대해 저 세 사람에게 필적할만한 관심을 내보이지는 못하였다. 기독교 신학에 대한 이들의 이해는 더 철저히 고백적이고 교리적이었다.

이런 양자택일 전통은 20세기의 가장 위대한 신학자인 칼 바르트의 작업 속에서 꽃을 피웠다. 바르트는 종교를 전적으로 거부하지도 않았고 기독교가 종교적 측면들을 가졌다는 점을 부정하지도 않았다. 하지만 바르트는 기독교를 다른 역사적 현상들 곁에 나란히 두는 하나의 현상으로 이해하려는 모든 시도는 강력히 거부하였다. 적어도 기독교적 주장들을 위한 근거로서의 기독교도 부정하였다. 기독교 신앙은 성육신 속에서 나타난 하느님의 특별한 행위에 반응하는 것이다. 그리고 기독교의 교리들은 그런 하느님의 행위를 충실하게 인식하고 이해하려는 인간적 시도들이다. 따라서 기독교인의 과제는 기독교와 다른 종교적 진리들의 각 장점을 논증하는 것이 아니라 모든 인간들을 위한 하느님의 독특한 유일회적 행위인 구원의 사건을 증언하는 것이다. 이 사건은 다른 어떠한 사건과 견주어져서도 안 되는 것이다. 이 사건은 자신의 기준을 스스로 포함하고 있으며 어떠한 다른 입장에서 판단되거나 평가될 수 없는 것이다. 그럼에도 불구하고, 이것은 기독교인들이 구원을 배타적으로 소유하고 있다는 것을 의미하지 않는다. 그와 달리 예수 그리스도 안에서 나타난 하느님의 행위는 모든 사람들을 위한 것이다. 기독교인들은 이미 모든 사람들에게 효력을 끼치고 있는 구원을 증언하는 것뿐이다.

바르트의 고백 신학적 형태는 트뢸치가 그의 견해에서 결론내린 신앙과 문화의 상대성을 근원적으로 극복해 냈지만, 예수 그리스도를 인간의 역사 속에서 제거함으로써 극복해 냈다. 그럼에도 불구하고, 고백 신학은 성육신 속에서 초월의 '아르키메데스의 점'을 찾는 것이 아니라, 역사적 상대성과 역사 속으로 불가피하게 몰입할 수밖에 없다는 점을 더욱 심화함으로써 가장 적절하게 진행될 수 있다고 믿었던 사람들도 존재한다. 리처드 니버(Richard Niebuhr)의 책 <계시의 의미>(The Meaning of Revelation)는 이와 같은 아주 다른 스타일의 고백적 신학을 위한 고전적인 정식화를 제공하였다.[13]

니버의 믿음에 따르면, 우리가 역사에 의해 던져져 버렸다는 의미로서 상대성에서 다른 곳으로 도피할 수가 없다. 그리고 도피할 필요성도 없다. 우리의 과제는 우리 존재의 모든 조직 속에서 우리가 역사에 의해 조건 지워져 있다는 점을 인식하는 것이다. 그러나 이것은 우리가 객관적 사건들의 단순한 부산물에 불과함을 의미하는 것은 아니다. 보다 심층적 차원에서 우리는 의미의 내적인 역사에 의해 삶을 살아간다. 기독교인들은 예수 그리스도에 대한 기억이 통합적이고 개인적인 우리의 삶에 빛을 비추고 결정적인 중심이 되는 내적인 역사에 의해 삶을 살아간다. 이런 내적인 의미의 역사는 어떤 객관적인 기준에 의해 참과 거짓, 좋은 것과 나쁜 것 등으로 입증될 수는 없지만, 그 의미가 우리에게 참되고 선하게 보여 질 수 있는 방식을 고백할 수 있고, 고백되어야만 한다. 그러면서도, 이런 고백은 다른 종교적 진리를 경청하는 것과 결코 양립하지 못하는 것이 아니다. 그들도 그들만의 내적인 역사 이야기들을 말할 수 있고, 그 이야기들을 통해 그들이 발견한 의미와 가치를 우리에게 증언할 수 있다. 이런 방식으로 니버는 상대주의를 통해 다원주의를 지적하게 되었다.

타종교의 진리들을 평가적으로 인식하는 시대에는 기독교 신학의 과제와 상관적인 것처럼 보이는 다섯 가지 패턴이 이제까지의

13) H. Richard Niebuhr, *The Meaning of Revelation* (New York: Macmillan, 1941).

개괄적 서술에서 분명히 드러났다. 하나는 고대 교회에서 비롯된 것이다. 이것은 교회가 그리스 철학에서 많은 지혜를 자기화하여 가능해진 주요한 학설인 '로고스 기독론' 이었다. 다른 나머지 네 가지는 이번 절을 통해 '보편사', '종교적 아프리오리', '교리적 고백', 그리고 '다원주의적 고백'의 관점에서 기술되었다. 합리주의와 완전한 상대주의는 기독교 신학의 울타리 밖에 있다. 그리고 명시적인 기독교 신앙 밖에는 구원의 능력이 없다는 배타주의적 견해는 오늘날에는 수용될 수 없는 것으로 광범위하게 느껴진다. 물론 이 배타주의적 견해가 기독교 전통에서는 매우 중요한 것이었지만 말이다.

2. 에큐메니컬 운동과 제2차 바티칸 공의회

19세기는 기독교 선교의 위대한 시기였다. 하지만 전체적으로 이 선교는 선교 대상자들의 종교 전통의 적극적인 가치들과는 거의 관련되지 못하였다. 실제로 몇 사람의 선교사들은 그들의 전통에 대해 연구했지만, 대부분의 선교사들은 별다른 관심 없이 이교도들을 개종시키기에만 여념이 없었다. 일반적으로 기독교 선교의 성공이 토착적 가치들을 밀쳐내는 것을 의미한다는 것은 당연한 것으로 간주되었다.

1910년 에딘버러에서 개최된 제1차 '세계선교협의회'(World Missionary Conference)는 비기독교 종교들이 와해되어 기독교로 대체될 것으로 선교 전략가들에 의해 기대되었던 마지막 대회였다. 베를린에서의 줄리어스 리히터(Julius Richter)의 취임 강연에서 절정에 이른 진술은 다음과 같은 특징적 비전을 표현하였다. "선교 변증학은 비기독교적 종교들과 대립되게 기독교라는 종교가 길이요, 진리요, 생명이 될 수 있음을 보여주는 신학 분과이다. 즉 비기독교적 종교들에서 진리의 소유권을 박탈하려고 시도하며, 이교 민족의 삶의 토양 속에 생기는 공백에 복음적 신앙과 기독교적 삶을 이식하려고 시도한다."14)

그러나 예루살렘에서 개최된 제2차 '세계선교협의회'가 열렸던 1928년 까지 그 상황은 달라져 있었다. 선교사들은 전통적인 아시안 종교들의 부활에서 적극적인 것을 인식하였다. 오히려 세속주의가 이교들보다 더 치명적인 위협으로 간주되었다. 무신론에 맞서는 세계 종교들의 공동 전선에 관한 담론이 있었다.

이교도를 개종시킬 필요성에 대한 의혹의 씨앗들은 이미 1893년 '세계종교의회'(World Parliament of Religions)에 의해 미국의 사려 깊은 평신도들 사이에 뿌려진 바 있었다. 힌두교 사상가이자 신비주의자인 비베카난다(Vivekananda)는 이 의회에서 심오한 인상을 심어주기도 하였다. 마침내, 1930년에 일군의 평신도들이 기독교 선교 사역을 평가하는 위원회를 조직하였다. 그 위원회 보고서는 지속적인 선교에는 찬성했지만, 다른 종교의 진리를 평가해주는 것도 중요함을 강조하였다. "오늘날의 선교는 무엇보다도 다른 종교

14) Julius Richter, "Missionary Apologetic: Its Problem and Its Methods," *International Review of Missions* 2 (1913): 540.

들을 알고 이해한 후, 무엇이 되었든, 유사한 요소들이 존재한다는 점을 인식하고 그것을 선교와 연결시켜 보려는 적극적인 시도여야 할 것이다."[15] 그 위원회의 의장 윌리엄 호킹(William E. Hocking)은 일반적 원리들을 도입하는 섹션에서 이런 요소를 강조하였다. 호킹의 논의에 따르면, 모든 종교들은 근본적인 종교적 직관을 공유한다. 그래서 모든 종교들은 보다 온전한 종교적 진리를 추구하는 도상에서 상호 도움을 베풀 수 있고, 세속주의의 물결을 막기 위해 협력할 수 있다. 호킹은 1936년의 옥스퍼드와 캠브리지 강연들에서 그런 생각을 더욱 상세하게 발전시켰다.

호킹은 종교의 본질을 "우주적인 요청으로 생각되는 의로움을 향한 열정, 그리고 의로움의 확산을 위한 열정"[16] 속에서 발견하였다. 종교들의 만남 속에서 각 종교는 자신의 본질을 더욱 잘 파악할 수 있게 되며 그런 증진된 이해로써 다른 종교들이 도달한 진리를 보다 포괄할 수 있게 된다. 이것은 다시 태어나기 위해 시작되는 과정이다. 그런 실행은 현존하는 선교 형태들을 보충하도록 나중에 대화로 알려지게 된 제도들을 장려할 것을 요구한다. 호킹의 말로 직접 표현하자면 다음과 같다. "선교는 가르침을 위해 마련된다. 그와 동일하게 필요한 제도는 배움을 위해서도 마련되어야만 한다. 선교는 교리의 선언을 위해서도 마련된다. 이런 제도는 대화와 협의

---

15) Laymen's Foreign Missions Inquiry, Commission of Appraisal, *Rethinking Mission: A laymen's Inquiry after 100 Years* (New York: Harper & Bros., 1932), pp. 326-27.

16) William Ernest Hocking, *Living Religions and a World Faith* (New York: Macmillan, 1940), p. 26.

를 위해 마련되어야만 한다. 선교는 활동을 위해서도 마련된다; 이런 제도는 여가, 명상, 연구를 위해서도 마련되어야만 한다."[17]

다원주의를 향해가는 이런 행보는 1938년 제3차 인도 마드라스(또는 탐바람) '세계선교협의회'의 도전을 받는다. 호킹에 응답하였던 핸드릭 크레머(Hendrik Kraemer)는 이 협의회를 위해 <비기독교 세계 속의 기독교 메시지>[18](The Christian Message in a Non-Christian World)를 내놓았다. 크레머는 모든 종교들이 동일한 본질을 가지고 있다는 점을 거부하였다. 계시에 근거한 실재적인 성서적 관점은 독특한 것이며 다른 모든 관점들과도 불연속적이다. 크레머도, 바르트처럼, 기독교 또한 하나의 종교로서 종교들이 가지는 모든 약점과 실패를 가진다는 점은 인정했지만, 예수 그리스도를 통한 하느님의 계시는 종교의 상대성들을 넘어서는 것이다.

크레머의 믿음에 따르면, 성서적 실재주의와 다른 핵심적 종교들은 존재 전체를 동일하게 다룬다. 이런 관점에서 바르트의 견해에서보다는 크레머의 견해에서 종교들 사이의 비교가 더 가능해진다. 크레머는 바르트를 훨씬 뛰어넘어 개별적인 특수성 속에서 각 종교를 연구하고 계시의 견해로부터 그 약점과 강점을 분석하는데 관심을 쏟았다. <비기독교 세계 속의 기독교 메시지>의 주요한 강조점은 다른 종교들에 부정적이었지만, 그 후에 쓴 <종교와 기독교 신앙>(Religion and the Christian Faith)에서는 다른 종교들의 적극적인 성취들을 호의적으로 표현하였다.[19] 그럼에도 불구하고, 그의

17) 위의 책, p. 205.
18) Hendrik Kraemer, *The Christian Message in a Non-Christian World* (London: Harper & Bros., 1938).

책들은 계시와 종교의 근원적 구별을 버리지 못했으며 기독교 신앙과 다른 종교들의 불연속성을 극복하지도 못하였다.

'탐바람(마드라스) 협의회'는 크레머의 작업에 의해 깊게 영향을 받았고 그의 일반적인 태도가 그 회의의 입장으로 채택되었다. 하지만 다음과 같은 한 가지 결정적인 점에서는 의견이 나눠져 있었다. "사상과 삶의 전체 체계들로서 비기독교적 종교들이 과연 어떤 의미에서 그리고 어느 정도만큼 하느님의 계시를 명시화한 것인지에 관하여는 기독교인들 사이에서 일치를 이루지 못하였다."[20]

비록 '탐바람 협의회'가 아시아의 부활하는 종교 운동들을 동일한 종교 본질을 구현한 파트너들로 보려는 접근을 돌아보진 않았지만, 아시안 운동들을 지속적으로 연구하고 접촉하는 데에는 문호를 폐쇄하지 않았다. 제2차 세계대전 이후 여러 해 동안, 기독교인들은 아시아 문화들과 종교들의 급부상하는 자신감에 주목해야만 한다는 주장을 계속 펼쳐왔다. 당시에는 기독교인들이 세계를 재건하는 일에 다른 종교인들과 협력해야 한다는 것은 명령이었다. '국제선교협의회'(International Missionary Council)와 '세계교회협의회'(WCC)는 1955년 "하느님의 말씀과 사람들의 살아 있는 신앙"에 관한 공동 연구를 확립하였다. 이내 출간된 <종교와 기독교 신앙>(Religion and Christian Faith)에서 크레머는 기독교 선교의 의미 있는 틀로서 동양과 서양 간의 "도래하는 대화"를 인식하였다.

19) Hendrik Kraemer, *Religion and the Christian Faith* (Philadelphia: Westminster Press, 1957).

20) *The Authority of Faith*, The Madras Series (New York: International Missionary Council, 1939) 1: 194.

1971년 '세계교회협의회'를 재조직하면서 신앙과 증언에 관한 프로그램 일치는 네 개의 하위 분과들, 즉 '신앙과 직제,' '교회와 사회,' '세계 선교와 복음주의,' 그리고 '살아 있는 신앙과 이념을 지닌 사람들과의 대화'로 조직되었다. '세계교회협의회'는 교회를 위한 대화의 중요성과 심지어 필요성 까지 주장하였고, 특별히 전통적인 아프리카 종교들과의 대화에 주목할 것을 요구하였다.

"~과 이념"을 하위 분과의 제목에 포함시킨 것이 눈에 띈다. 이것은 한편으로는 종교 전통들과 다른 한편으로는 세속성을 향한 기독교의 태도와 관련이 있는 60년대 논쟁을 반영한 것이다. 예루살렘 협의회와 양차 대전 사이의 평신도 보고서는 세속주의에 대항하기 위해 종교들이 일치할 것을 요구했었다. 그러나 바르트의 종교 비판은 60년대에 반 류벤(A. T. van Leeuwen)이 "존재론적 문화"(ontocratic cultures)[21]라는 명칭을 부여한 것에 대항한 세속 운동들이나 세력들과 기독교의 연대를 요구하는 방향으로 인도되었다. 비록 이 견해가 전적으로 승리를 거두지는 못했지만, 1967년 세계교회협의회의 크레타 회의의 '중앙 위원회'는 다음처럼 공표하였다. "대화 상황이 종교의 전제들을 공통으로 수락하는데 제한되지 않기 위해, 마르크스 무신론이나 인문주의 무신론의 옹호자들을 다면적(多面的) 대화로 끌어들여야 하는 것이 중요하다."[22]

---

21) A. T. van Leeuwen, *Christianity in World History: The Meeting of the Faiths of East and West,* trans. H. H. Hoskins (London: Edinburgh House Press, 1964), p. 165과 여러 곳.

22) World Council of Churches Central Committee, *Minutes and Reports of the Twentieth Meeting. Heraklion, Crete, Greece* (Geneva: World Council of Churches, 1967), p. 190.

종교 간 대화가 '세계교회협의회'의 주요 프로그램으로 중시되고 수용되었지만, 대화를 위한 신학적 근거는 여전히 발전되지 못하였다. 그 이유는 기독교의 두 진영 간의 근본적인 입장들에 긴장이 존재하고 있었기 때문이었다. 한 그룹은 다른 종교인들과의 대화에 가장 활발하게 참여하는 많은 사람들을 포함하는 그룹으로서 다른 종교인들의 종교적 확신들을 위대한 진지함으로 다루고 그들을 더 잘 이해하기를 원하였다. 이 기독교인들에게는 대화가 종교 운동들 사이의 온전한 상호 관계성에 근거한 심오한 영적인 공유였던 것이다.

이 점은 '예루살렘 협의회', 평신도 보고서, 그리고 호킹의 제안들의 견지에서 보면 상당히 사리에 맞는 것이다. 그러나 바르트, 크레머, 그리고 '탐바람 협의회'의 견해에서 보면 받아들이기 어려운 것이다. 예를 들어, 이 그룹에게는 기독교인 됨에 충실한 기독교인과 무슬림인 됨에 충실한 무슬림인들 사이에는 온전한 상호 관계성이 존재할 수 없다. 다시 말해 기독교인이 예수 그리스도 안에서의 하느님의 행위를 증언하는 것과 동등한 권리로 무슬림인이 자기의 무슬림 신앙에 대해 말해야만 한다는 견해를 인정할 수는 없다는 것이다. 그리고 기독교인은 종교적 공유란 것 자체에 대해 관심을 가질 수가 없다는 것이었다. 따라서 대화에 필수적인 상호 관계성은 틀림없이 인간적 차원에서의 상호 관계성에 국한될 수밖에 없다. 비록 현실적인 대화의 많은 것들이(아마도 대부분의 것들이) 첫 번째 그룹의 사람들에 의해 수행될 수 있다고 하더라도, 공식적인 정당성은 두 번째 그룹의 동의를 얻어낼 수 있는 방식으로만 표명될 수 있다.

양 진영의 입장들은 '세계교회협의회'의 문서에서 표현되었다. 전자는 '살아 있는 신앙과 이념을 지닌 사람들과의 대화' 분과장이었던 스탠리 사마르타(Stanley Samarths)가 제안한 종교 간 대화 '가이드라인'에서 찾을 수 있다. 사마르타는 다음처럼 진술하였다. "종교 간 대화의 근거는 모든 대화 파트너들이 자기 신앙에 헌신하고 타 신앙의 진리에는 개방하는 것이다. 특수한 종교들의 본래적인 모습은 반드시 인정되어야만 한다." 대화는 "진리의 새로운 차원들을 발견함에 있어서 모두가 서로를 풍성케 하는 방향으로 가야만 한다." 그리고 대화는 "또한 삶의 종교적 차원 속의 근원적인 문제들을 연구해야할 필요성을 강조해야만 한다."23)

이 입장은 '기독교인과 타 신앙인들의 대화'에 관한 1967년 캔디 협의회 보고서에 의해 지지되었다. 특히 이 협의회는 종교 간 대화에 관심 있는 개신교, 정교회, 그리고 가톨릭 사상가들을 결집시켰다. 이들의 결론은 다음과 같다. 기독교인은 "이웃 사람들을 진지하게 다루어야 하기 때문에, 타종교의 문화와 인간성의 고결한 측면으로서 특정한 종교의 신앙을 존중해야만 한다. 타 종교인들과의 대화가 발전할수록, 우리는 그들과 우리 모두를 위한 하느님의 목적 안에서 다른 종교 전통들이 유지해온 지위와 관련하여 빛을 얻을 수 있을 것이다."24) 대화는 "상호 간의 확신과 증언을 서로 인식하여 진리에 관한 보다 심오한 이해에 도달하려는 적극적인 시도"25)를 수반

23) Stanley Samartha, "The progress and Promise of Inter-Religious Dialogues," *Journal of Ecumenical Studies* 9 (1972): 473-74.

24) "Christians in Dialogue with men of Other Faiths," *International Review of Mission* 56 (1967): 339.

한다. 의심의 여지없이 '가이드라인'들과 이 진술은 모두 대화 파트너의 종교적 확신들을 온전히 진지하게 다룬다.

두 번째 입장은 1968년의 웁살라 회의(Uppsala assembly)를 지배하였다. 웁살라 논의를 위해 준비된 문건에서는 대화에 대한 설명이 다음처럼 진술되어 있다. 즉 기독교인은 "예술가와 과학자들, 다른 신앙의 사람들, 그리고 불가지론자 등에게서 들어야만 한다. 즉 그리스도께서 그들을 통해 기독교인들에게 무슨 소식을 전하려 하시는지 배워야 한다."[26] 여기서 우리는 저들의 관심의 종교적 차원에 명시적으로 관련되지 않고서 그저 사람으로서의 사람에 대해 듣고 있는 것이다. 그 문건은 최종적으로 다음과 같이 진술한다. "각 사람은 다른 사람을 만나고 또한 문제제기도 한다. 자기 존재의 깊이로부터 궁극적 관심들을 말과 행위로 표현하며 증언한다."[27] 이것은 신뢰할 수 있는 대화 속에서 등한시할 수 없는 깊이가 모든 사람들에게 존재함을 인식한다. 그러나 그 문건은 그런 깊이가 특히 종교적 신앙을 가진 사람들에 의해 공유되는 실재라는 제안을 하지는 않았다.[28]

---

25) 위의 책, pp. 339-40.

26) World Council of Churches, 4th Assembly, Uppsala, 1968, *Drafts for Sections: Prepared for the Fourth Assembly of the World Council of Churches, Uppsala, Sweden, 1968* (Geneva: World Council of Churches, 1968), p. 29.

27) World Council of Churches, 4th Assembly, Uppsala, 1968, *The Uppsala Reports 1968* (Geneva: World Council of Churches1968), p. 29.

28) 나는 다른 도움과 더불어서 이 두 단락의 자료들을 위해 다음의 두 책들에 힘입었다. Carl F. Hallencreutz, *New Approaches to Men of Other Faiths: 1938-1968* (Geneva: World Council Churches, 1970)과 *Dialogue and Community: Ecumenical Issues in Inter-Religious Relationships* (Uppsala, Eweden:

그래서 비록 대화와 가장 밀접히 연관된 사람들이 타 종교 전통들의 대표자들인 대화 파트너들을 이해하고 그들과의 관련성에 우선적으로 관심하여 자극을 받는다고 하더라도, 대화의 이론적 정당성은 그런 관심을 지지하지 않는다. 대화는 세계 재건과 세계 공동체를 향한 공유된 관심에 더욱 적절히 주목하도록 방향이 잡힌다. 또한 하위 분과의 첫 국장인 스탠리 사마르타도 공적인 진술을 통제하는 견해(두번째 입장-- 옮긴이 주) 보다 타 종교들에 대해 보다 적극적인 견해를 지닌 것에 반하여, 그가 강조한 것은 다른 학설들에 직면하는데 있었던 것이 아니라 개인적인 이해에 있었다. 대화를 위한 신학적 근거를 설명하면서 사마르타는 다음과 같이 피력하였다. "예수 그리스도는 성령이 우리를 모든 진리의 세계로 인도하실 것이라고 약속하셨다. 성서의 이해에 따르면, 진리는 통보적인 것이 아니라 관계적인 것이기 때문에, 그리고 추구되는 것, 즉 떨어져서 외로이 명상하는 것이 아니라 하느님과 인간 사이와 인간과 인간 사이의 생생한 인격적 만남이기 때문에, 대화는 진리를 찾아가는 방법인 것이다. 그리고 그리스도인들이 진리를 독점할 수 있다고 주장할 수 없으므로, 우리는 그리스도의 약속에 대한 신뢰와 복종의 일부로서 다른 신앙과 이념을 가진 사람들을 만나야만 한다."29)

그래서 세계교회협의회의 한 분과가 처음으로(1975년 나이로비

Rwedish Institute of Missionary Research, 1977).

29) Stanley Samartha, "Dialogue as a Continuing Concern," in *Living Faiths and the Ecumenical Movement*, ed. Stanley Samartha (Geneva: World Council of Churches, 1971), pp. 153-54. 또한 다음도 참조. John Hick and Brian Hebblethwaite, eds., *Christianity and Other Religions* (philadelphia: Fortress Press, 1980).

에서) 대화의 문제들에 헌신하게 되었을 때 그 분과의 명칭이 "찾아가는 공동체"(Seeking Community)였다는 점은 이해가 된다. 이 분과는 포괄적인 공동체가 필요하며 기독교인들이 그런 공동체를 달성하기 위해 타 종교인들과 어떻게 협력할 수 있을지를 주로 논의하였다. 그럼에도 불구하고, 그 분과의 보고서가 영성(spirituality)의 공유를 언급하여 복음과 종교의 근원적 차이를 유지하지 못하여 위험스럽게도 혼합주의(syncretism)로 다가섰다는 비난을 초래하였다. 이에 대한 결과로써 그 보고서는 최종적으로는 혼합주의, 즉 "다른 종교들로부터 온 여러 요소들로 구성된 하나의 새로운 종교를 창조하려는 의식적이고 무의식적인 시도"[30]인 혼합주의는 거부하였다.

양 진영의 입장들 사이의 긴장은 "사상과 삶의 전체 체계로서 비기독교적 종교들이 어떤 의미와 정도에서는 하느님의 계시를 명시화한 것으로 간주"[31]될 수 있다고 인정된다면 완화될 수는 있을 것이다. 그러나 '탐바람 협의회'에서처럼 기독교인들은 자신들이 일치에 이르지 못한다는 점을 계속 발견하였다. 나이로비에서 해결되지 못한 몇 가지 문제들과의 힘겨운 씨름 속에서, 한 협의회가 기독교 공동체 내에서 대화가 가지는 본성과 목적의 문제 때문에 1977년 치앙마이에서 소집되었다. 그러나 '창조에서의 하느님의 보편적 행위'와 '예수 그리스도 안에서의 하느님의 구원 행위'의 관계성이라는 묵직한 문제들은 또 다시 해결되지 못하였다. 그런 동안에도

30) Hallencreutz, *Dialogue and Community,* p. 100.
31) *The Authority of Faith,* p. 194.

세계교회협의회는 공동의 관심 문제들에 관해 타 신앙인들과 협의하는 모임들을 계속 지원하였다.[32)]

대화 속에서는 들어야 한다는 점을 강력히 강조함에도 불구하고, 기독교인들이 실제로 배울 것을 기대할 수 있을지는 분명하지 않다. 1971년 세계교회협의회 중앙 위원회는 다음의 제목으로 문서를 발행하였다. <"세계교회협의회와 살아 있는 신앙과 이념을 지닌 사람들과의 대화"에 관한 "중간 정책 성명서와 가이드라인"> 그 위원회는 이 문서에서 "대화가 우리의 신앙을 이해하는 새로운 차원들을 발견하려는 약속을 제공"[33)]한다고 주장하였다. 또한 그들은 대화가 비기독교 문화들 속에서 기독교 신앙을 확립시키는 목적들에 유용하다고 보았다. 이 문서 속의 정책 성명서는 대화의 근본적인 신학적 함의의 문제를 제기했지만 답변을 주지는 않았다. 보다 초기에는 나이지리아 이바단(Ibadna)에서의 중요한 다종교적 대화의 의미를 반영한 취리히에서 개최된 한 협의회는 비망록(Aide-memoire)에서 더 강력한 용어로써 다음과 같이 전하였다. "대화는 한 상대자가 다른 대화 상대자에 의해 변화될 수 있는 위험을 무릅쓰는 것과 관련된다."[34)] 대화는 "상대방에 의해 풍성해지고 확대되는 것도 자발적으로 받아들일 수 있다는 것을 의미한다."[35)] 그러나 이런

---

32) 자연과 인류의 관계성의 종교적 차원에 대한 기독교인과 불교도의 예비적 탐구는 1978년 콜롬보에서 개최되었다. 다음을 참조바람. S. J. Samartha and D. Lynn de Silva, eds., *Man in Nature: Guest or Engineer* (Colombo: The Ecumenical Institute for Study and Dialogue, 1979), p. 50.

33) Samartha, *Living Faiths and the Ecumenical Movement*, p. 50.

34) 위의 책, p. 34.

35) 위의 책, p. 42.

보다 급진적인 대화 개념은 세계교회협의회의 이후의 논의로까지 이어져 다루어지지는 못하였다. 세계교회협의회는 대화를 권장했지만 대화의 목적을 명쾌히 밝히는 데는 여태껏 성공하지 못하였다.

개신교와 정교회가 세계교회협의회의 논의를 통해 자기들의 입장을 발전시키는 동안, 로마가톨릭의 입장은 오랫동안 정체된 듯했지만, 타종교 문제가 로마 가톨릭 사상에서 공식적으로 재개되자마자 세계교회협의회보다 훨씬 민첩하고 발빠르게 움직였다. 특별히 바티칸 공의회는 타종교를 주제로 한 칙령인 비그리스도교에 관한 선언(Nostra Aetate)을 채택하였다. 타종교들에 관한 논평들은 간결했지만 일관되게 한 목소리로 긍정적이었다.

세계교회협의회처럼 이 가톨릭 칙령도 비기독교인들과 공동체를 이루기 위한 근거로서 공동의 인류를 주장하며 시작한다. 그렇지만 세계교회협의회의 지배적인 전통과 달리, 가톨릭교회는 종교를 긍정적으로 조명하였다. 기독교 밖에서 발견되는 종교 경험과 신앙은 "모든 사람을 깨우치는 진리"[36]를 표현한다. 따라서 기독교인들은 자신들이 진리와 가치를 모두 발견하게 된 타종교 전통들에 직면하게 되었다.

만약 이 칙령이 가톨릭의 다른 공의회의 문서들과 비교되어 읽혀진다면, 그것은 구원이 타종교 공동체들 속에서도 실현될 수 있다는 것을 의미한다. 교회 헌장(Lumen Gentium)에서는 하느님이 정직

---

36) 다음을 참조바람. "Declaration on the Relation of the Church to Non Christian Religions, Vatican II, Nostra Aetate, 28 Oct. 1965," in *Vatican Council II: The Conciliar and Post Conciliar Documents*, ed. Austin Flannery, trans. Fr. Killian (Collegeville, Minnesota: Liturgical Press, 1975), pp. 738-42.

하게 구원의 은총을 찾는 모든 사람들에게 그 은총을 제공하신다고 주장되었다. 심지어는 모든 종교들이 구원의 역사에서 임의의 역할들을 하고 있다는 제안들마저 담고 있다.

제2차 바티칸 공의회 동안, 교황 바오로 6세(Pope Paul VI)는 비기독교 종교들을 위한 사무국을 설치한다고 선언하였다. 바오로 6세는 자신의 첫 회람 문서에서 다른 종교 전통의 추종자들을 포함해 선의의 사람들과 함께 구원에 관한 대화(colloquium salutis)를 추구할 수 있는 소명을 포함시켰다. 이것은 분명히 타종교 전통들도 역시 구원에 관해 무엇인가를 알고 있음을 함의하는 것이다.

그 공의회가 비기독교 종교들에 관한 선언을 승인한 이후 한 주간이 지나서 한 협의회가 "기독교 계시와 비기독교 종교들"의 문제로 인도 뭄바이(Bombay)에서 개최되었다. 거기서 제시된 몇 편의 논문들은 그 공의회가 열어준 새로운 가능성들을 개발한 것 때문에 그 공의회의 원로들을 혼란스럽게 만들었다. 그 논문들 가운데 가장 중요한 논문은 한스 큉이 작성한 논문이었다.

큉은 구원사(history of salvation)의 방향으로 급진적으로 서둘러 나갔다. 그의 논증에 따르면, 그리스도 안에 계신 하느님은 실제로 인간의 구원을 추구하는 모든 곳에서 역사하시며, 구원의 효력을 위해 세계의 모든 종교들을 활용하신다. 큉의 말로 하면 다음과 같다. "1. 모든 인간은 하느님의 은총 아래 있고 구원을 받을 수 있다. 그가 국가, 인종, 계급, 부류, 자유인, 노예, 남성, 여성, 또는 심지어 그리스도의 교회 안인지 밖인지는 상관이 없다. 2. 모든 세계 종교들은 하느님의 은총 아래 있고 구원의 길이 될 수 있다. 해당 종교가 원시종교든 고등 종교든, 신화적 종교든 계몽된 종교든, 신비주의 종교든 합리주의 종교든, 유신론적 종교든 비유신론적 종교든, 참된 종교든 유사종교든지 아무 상관없다. 모든 종교는 구원의 길이 될 수 있으며 우리는 모든 종교가 그런 길이 됨을 희망할 수 있을 것이다."37) 그럼에도 불구하고 이 큉의 주장은 모든 종교들이 명백히 선하다는 것을 의미하지는 않는다. 실제로 큉은 다른 종교들을 오염시킨 뿌리 깊은 잘못을 강조하기도 하였다. 특히 종교들이 표현하는 진리를 식별하지 않을 때 일어나는 잘못을 강조하였다. 그러나 기독교의 과제는 이 종교들에 속한 개인들을 개종시키기 보다는 차라리 그 종교들 자체를 섬기는 것이다. 기독교는 다른 종교들이 최종적으로 도달하도록 운명 지워진 것을 상징하기 때문이다.

이 제안은 그 공의회의 주교들을 성가시게 했다. 비록 자신들이 교회 밖에도 구원이 있다고 가르치긴 했지만 교회와 분리된다면 내심으론 구원이 존재하지 않는다고 믿고 있었기 때문이었다. 더구나 그들은 다른 종교인들을 기독교 공동체로 통합하려는 속내로 그들에게 기독교의 증언을 주장하려 했던 것이다. 할렌크로이츠(Hallencreutz)는 다음처럼 주목한다. "이 논쟁은 그 공의회의 마지막 섹션에서 고려되도록 하는 효과를 노렸다. 교회 헌장 16(Lumen Gentium 16)과 비교한다면, 선교 교령 7(Ad Gentes 7)은 교회 밖

---

37) Hans Küng, "The World Religions in God's Plan of Salvation," in *Christian Revelation and World Religions*, ed. Joseph Neuner (London: Burns & Oates, 1967) 다음에서 재인용: *Attitudes towards Other Religions: Some Christian Interpretations*, ed. Owen C. Thomas (New York: Harper & Row, 1969), p. 216.

에서 구원을 달성할 가능성을 더욱 제한적으로만 인식한다."[38]

가톨릭교회 지도자들은 큉 보다는 칼 라너의 주의 깊고 조심스런 사상을 더 따를 준비가 되어 있었다. 라너는 교회 밖에서 그리스도를 알지 못한 채 그 은총을 받고 있는 사람을 위해 "익명의 기독교인"[39](anonymous Christian)이라는 관념을 도입하였다. 큉에게서처럼 라너에게서도 타종교인들이 그리스도의 은총을 활용할 수 있게 했다는 점에서 비기독교 종교들도 적극적인 역할을 할 수 있다. 그러나 라너에게서도 기독교가 무대의 중앙에 등장할 때면 타종교 전통들의 필요성은 원칙적으로 기독교에 의해 대체돼 버린다.

비록 '익명의 기독교인' 관념이 가톨릭교회 영향권에서는 폭넓게 활용되어 왔지만, 그 또한 날카로운 비판을 피할 수는 없었다. 일례로 큉은 기독교적 범주를 원하지 않는 사람들에게 그런 관념을 들씌우는 것은 오만함의 극치임을 발견하였다.[40]

바티칸 공의회의 결정들을 명확히 밝히고 보완해야 할 공식적 책무는 새로 설치된 '비기독교 종교들을 위한 사무국'에게 맡겨졌다. 이 사무국은 '살아 있는 신앙과 이념을 가진 사람들과의 대화'에 관한 세계교회협의회 분과와 밀접히 교류하며 협력했지만, 바티칸

---

38) Hallencreutz, *Dialogue and Community*, 50.

39) 칼 라너(Karl Rahner)는 적어도 1961년 이후 이 용어를 사용해 왔다. 다음을 참조바람. "Christianity and the Non-Christian Religions," 이 논문은 1961년 8월 28일에 Eichstatt(Bavaria)에서 행한 한 강연의 비망록을 구성하였고, 다음에서 출판되었다: *Theological Investigations*, vol. 5. (New York: Seabury Press, 1966).

40) Hans Küng, *On Being a Christian*, trans. Edward Quine (Garden City, New York: Doubleday & Co., 1976), p. 98.

사무국의 지령은 세계교회협의회와는 다른 것이며 다른 연구 파트너들로 나아갔다. 그 사무국의 과제는 구원의 주제에 관해 타종교 전통들의 대표자들과 효과적으로 대화하도록 하는 것이었다. 이것은 대화 속의 가톨릭 참여자들이 자신들이 논의하는 입장을 정확히 이해하고, 또한 타 종교 전통의 구원 이해에 대해 더 배울 것을 요청하는 것이다.

이 사무국이 취한 입장은 로사노(Pietro Rossano) 추기경에 의해 작성된 중요한 성명서에서 표현되었다. "교회는 하느님의 말씀을 선포하고 목회를 실행함으로써 모든 사람들에게 구원을 가져다준다. 비록 그들이 그리스도를 알지 못했다고 하더라도, 즉 그들이 보이는 교회의 구성원은 아니더라도 (교회가 없지는 않은 상황에서) 정직하게 살아서 하느님과 그리스도의 구원에 참여할 수도 있었다면, 교회는 그들에게 구원을 가져다준다."41)

이슬람교 같은 개별적인 종교 전통과의 대화에 적용한다면, 로사노의 입장은 무슬림들도 이슬람의 방식을 통해 구원을 달성할 수 있다는 함의로 귀결한다. 기독교인은 이슬람교의 어떤 한계들을 식별할 수 있을 것이고 대화를 통해 이슬람교가 결여한 것, 예를 들어 '하느님과의 친밀한 사귐' 같은 것을 제공할 희망을 가질 수도 있다. 그러나 이슬람교도 기독교도 모두 구원의 전체 역사 내에 있는 것으로 이해된다. "하느님의 교육 방식은 신비한 방식들로서 다양한 종류의 사람들로 하여금 인간을 향한 하느님의 온전한 선물로 전진하

41) Religions (Rome: Marella Ed., 1970), Hallencreutz, *Dialogue and Community*, p. 69에서 재인용.

도록 하신다."[42]

구원이 교회 밖에서도 일어나며 그리스도를 고백하지 않아도 일어난다는 주장은 교황 요한 바오로 2세의 발언 속에서 더 많이 강조되었다. 바오로 2세는 교황으로서 첫 강론이었던 인간의 구원자(Redemptor Hominis)에서 제2차 바티칸 공의회의 사목헌장(Gaudium et Spes)을 다음처럼 인용하였다. "하느님의 아들은 성육하여 어떤 형태로든 자신과 모든 사람들을 하나가 되게 하셨다."[43] 그리고 교황은 이런 생각을 강력히 확대하였다. "모든 인간은 예외없이 그리스도에 의해 구속되었다. 그리스도는 어떤 방식으로 예외없이 모든 인간과 하나가 되셨기 때문이다. 한 사람 한 사람의 개인들이 이런 하나 됨을 알지 못한다고 하더라도 문제가 되지 않는다. 모든 사람을 위해 죽고 부활하신 그리스도께서는 자신의 영(靈)을 통해 사람들에게 최상의 운명에 도달하도록 빛과 힘을 제공하실 수 있다!"[44] 교황 요한 바오로 2세는 동일한 강론에서 교회가 타종교 운동을 높이 존경하고 있다는 것을 계속 반복하였다.

그러나, 그렇다고 하더라도, 교회의 핵심적 견해에서 보자면, 기독교인들이 대화를 통해 중요하게 얻을 수 있는 것이 과연 있는지는 불분명하다. 이 핵심적 견해의 강조점은 우리가 다른 전통들에게 공헌해야 한다는 점에 있었다. '비기독교 종교들을 위한 사무국'의

---

42) Guidelines for a Dialogue between Muslims and Christians (Rome, 1969) pp. 135-37. Hallencreutz, *Dialogue and Community*, p. 70에서 재인용.

43) John Paul II, "The Redeemer of the Human Race," *The Pope Speaks* 24 (1979): 115.

44) 위의 책, p. 118.

초대 국장이던 모렐라(Morella) 추기경은 대화를 통해 기독교인들이 잊어버렸거나 역사의 흐름에서 흐릿해진 통찰을 다시 얻을 수 있다는 희망을 표현하였다. 그러나 모렐라는 그리스도교에는 대화를 통해서만 완성될 수 있는 어떤 한계가 있다는 점을 직시하지는 못하였다. 1979년 현재의 국장인 로사노 추기경도 "그리스도의 지도하심과 종교 다원주의"에 관해 소집된 북미지역 모임에서 다음처럼 결론을 피력하였다. "세계 종교들에게 그리스도를 증언하는 기독교인들의 태도는 겸손과 존경과 정직함이다. 그리스도는 모든 사람들을 밝혀주시고, 언제나 선포될 준비가 되셨으며, 언제나 가르쳐질 준비도 되셨다(paratus semper nuntiare, paratus semper doceri)."[45] 그러나 여기서도 완전한 상호 관계성이 수용될 수 있을지에 대해서는 침묵으로 일관한다. 그의 강조점은 다른 종교 전통들을 완전하게 만들어 줄 수 있다는 점에만 줄곧 놓여 있었다.

45) Pietro Rossano, "A Roman Catholic Perspective," in *Christ's Lordship and Religious Pluralism*, ed. Gerald H. Anderson and Thomas F. Stransky (Maryknoll, N. Y.: Orbis Books, 1981), p. 109.

제 2 장
대화를 통한 길, 대화를 넘어선 길

제1장은 세계교회협의회(WCC)와 로마가톨릭교회가 대화가 불가피해진 지점에 이르기까지, 기독교가 다른 종교의 진리들을 해석해온 역사를 추적하였다. 앞 장은 이 두 공동체들이 대화를 위해 공식적으로 표명한 이론적 근거를 제공하기도 하였다. 또한 개신교의 실제적 입장은 종종 세계교회협의회의 지배적 입장과 상이한 신학적 자세를 표현했다는 점에도 주목하였다. 이번 장은 가톨릭과 개신교의 개별 신학자들의 입장들을 관찰하며 시작할 것이다. 그 입장들은 공식적인 지지를 얻었던 입장들로부터 발전된 것이거나 그것들에서 갈라지게 된 것들이다.

이번 장의 둘째 소절은 다른 사람들의 입장을 역사적으로 관찰하고 요약한 것에서 나의 논증으로 색채를 바꾼다. 본서의 목적은 건설적 대안을 주장하는 것이며, 그런 주장은 다른 사람들의 입장을 비판적으로 평가하며 시작되고 적극적인 결론들을 이끌어내도록 진행될 것이다.

1. 공식 입장들을 넘어서

가톨릭교회의 사유가 발전하는 방식은 '창조적인 개인으로서의 신학자들'과 '교황들과 공의회들의 권위 있는 가르침들'을 상호 소통시키는 것이다. 제2차 바티칸 공의회는 변화하는 세계의 상황과 관련해 보다 이전의 가톨릭교회의 가르침의 의미를 탐구하는 많은 신학자들의 창조적인 작업이 없었다면, 개최되지도 못했을 것이다. 제2차 바티칸 공의회 이후 가톨릭 신학자들의 과제는 거기서 정식화된 관념들을 명확히 드러내고 발전시키는 것이었다. 이미 앞 장에서는 한스 큉과 칼 라너의 사상이 그 공의회와 그 결과와 관련되었다는 점에 주목하였다.

비록 제2차 바티칸 공의회가 특별히 타종교들이 구원의 도구가 된다고 확정하지는 않았지만, 그 공의회는 이런 해석에 대해 개방적이었다. 비기독교 종교들을 위해 한스 큉, 칼 라너, 그리고 바티칸 사무국은 모두 이 학설을 채택해왔다. 이 학설은 가톨릭의 계속된 논의 속에서 여전히 논쟁 중에 있지만 하나의 주요한 입장이 되었다. 실제로 폴 니터(Paul Knitter)에 따르면, 이 입장은 모든 종교들이 그 공의회가 주장한대로 "선(善)과 진리의 요소"를 소유할 뿐만 아니라, 구원의 정당한 길들이라는 가톨릭의 종교 이해로부터 귀결될 수 있다.[46] 이것은 가톨릭 교도들이 기독교 선교를 타 종교인들을 개종시키는 것이 아니라 그들을 향해 봉사하는 것으로 이해함으로써 한스 큉을 따를 수도 있음을 의미한다. 그럼에도 불구하고, 대부분의 가톨릭 신학자들은 기독교가 '참된 종교'일 뿐만 아니라 '절대 종교'(absolute religion), 즉 다른 모든 종교들이 지향해 발전해 가야 하는 절대 종교라고 지속적으로 가르친다. 그리고 니터는 이런 학설이 발생시킨 문제들이 토론의 중심으로 이동해 왔음을 보여주었다.

이런 주장은 부분적으로 가톨릭교회의 지속적인 생명과 실제 속의 많은 가톨릭 사람들에게 공격적 이라는 점 때문에 다수의 비판들을 발생시켰다. 그러나 우리는 그런 주장이 타종교들과의 대화에 끼쳤던 결과에 관심을 갖는다. '대화에로의 불가피성'과 '이미 하나의 절대 종교를 소유하고 있다는 주장' 사이에는 근본적으로 갈등이 존재한다. 이런 주장은 기독교인들이 대화 상대자들에게서 근본적으로는 배울 것이 없다는 것을 의미한다. 이에 대해 도널드 스웨러는 다음과 같은 점을 지적 한다:

> 대화를 위한 첫 번째 필수적인 것들 중 하나는 … 필연적으로 타 종교인들의 신앙과 관련되어야 한다는 점이다. 만일 우리가 우리의 대화 상대자들의 신앙적 태도에 의해 진지하게 검토되고, 이의제기를 받으며, 유인되지 않는다면, 대화로부터 의미 있는 것은 아무 것도 출현할 수 없다. 만일 우리가 순수하게 우리의 신앙을 옹호하는 관점에서만 타 종교인들을 설득시키려고 접근한다면, 다시 말해 우리가 종교적 진리에 대한 우리의

---

46) Paul Knitter, "Christianity as Religion: True and Absolute? A Roman Catholic Perspective," in *Concilium, 136. What is Religion?: An Inquiry for Christian Theology*, eds. Mircea Eliade and David Tracy (June 1980). 나는 본서에서 제2차 바티칸 공의회 이후의 토의에 관해 쓴 많은 내용들을 위해 니터에게 힘입고 있다.

특정한 지각만이 유일하게 옳은 것으로 믿는다면, 진정한 대화는 발생하지 않는다. 발생하는 것은 그저 일련의 독백에 지나지 않는다.[47]

절대주의적 태도가 다른 종교들의 구원의 효력을 인정하는 것과 결합되어 있을 때에조차, 궁극적으로는 기독교 신앙만이 하늘의 유일한 뜻이라는 전제를 권장하게 된다. 그렇게 되면, 다른 종교들은 기독교 신앙을 통해서만 완성될 수 있을 뿐이다. 대다수의 가톨릭 신학자들은 이런 입장을 지속적으로 신봉하고 있는 형편이다. 폴 니터는 다음과 같이 말하였다. "세계의 종교들이 기독교와 관련되는 방식을 기술하면서 가톨릭 신학자들은 타종교들을 구약 성서와 유사한 역할을 수행하는 '전조 형태들', '예고편', '개척자'들로 제시한다. 또는 제2차 바티칸 공의회가 표현한대로, 타종교들은 '하느님의 현존'이 은밀하게 임하는 복음에의 준비(praeparatio evangelica)이다. 이 은밀한 것은 기독교 속에서 발견되는 '충만한 종교적 생명' 속에서 폭로된다."[48] 그러나 앞 장에서 우리는 이슬람교도들과의 대화를 위한 예비 자료들이 이슬람에 임시적 역할만을 부과하지 않았음에 주목한 바 있었다. 그리고 자고(M. Sago)도 다음과 같이 말했다. "교회는 전체 인류에게 구원의 표시와 상징이 되어야할 의무를 지고 있다. 교회는 불교가 자기 본연의 구원의 역사를 따라 발전하도록 도와야 하고, 어떤 방식으로는 불교도가 더욱 좋은 불교도가 될 수 있도록 일해야만 한다."[49] 모리어(H. Maurier)도 다음

47) Donald K. Swearer, *Dialogue: The Key to Understanding Other Religion* (Philadelphia: Westminster Press, 1977), p. 41.
48) Knitter, "Christianity as Religion," p. 16.

과 같이 이의를 제기 한다. "만일 기독교가 최종적인 진리, 즉 인류를 향한 하느님의 절대적인 계시라면, 타종교들은 기독교로 개종하는 일만 남겨 두었다 … 그렇다면 우리가 실상 하려는 대화는 코끼리와 쥐를 대화시키는 것에 지나지 않는다."[50)]

모리어는 두 번째 동등한 핵심을 연이어 드러낸다. 그에게는 다른 종교들이 구원의 역사에서 기독교로 반드시 대체되지 않는, 자신들만의 고유한 자리를 갖고 있음을 인식하는 것만으로는 충분하지 않다. 정작 중요한 것은 각 전통 속에서 구원의 과정이 이해되는 방식들을 그대로 인식하는 것이다. 그런데 우리가 그리스도께서 궁극적으로 유일한 구원자라고 믿는다면, 다음과 같은 주장은 피할 수 없다. "비록 사람들이 자신들이 물려받은 종교들을 통해 구원을 받는다는 점을 인식할 수 있다고 하더라도, … 우리는 여전히 다른 종교들을 기독교의 절대성 내에서 상상하고 있다. 근원적으로 그 누가 뭐라고 하더라도 타종교들은 구원의 최적임자가 아니다. 하지만 타종교들의 기질에서 보건데, 타종교들은 자신들이 구원의 최적임자가 될 수 없다는 점을 단호하게 거부한다."[51)]

모리어에 동의한 후에 니터는 가톨릭 신학이 '그리스도중심주의'(Christocentrism)에서 '하느님중심주의'(theocentrism)로 이행해야 한다고 제안한다. 기독교인들이 "자신들과 세계를 위해 선

49) M. Sago, "Evangelization in the Religious Situation of Asia," *Concilium*: 114, p. 74.
50) H. Maurier, "The Christian Theology of the Non-Christian Religions," *Lumen Vitae* 31 (1976): 59.
51) 위의 글, p. 70.

포하고픈 것은 예수 안에서 우리가 그리스도를 만난다는 점이다. 예수 안에서 우리는 구원하는 하느님의 철저하고 진실되며 신뢰할 만한 계시의 도전을 받는다. 하지만 이 계시는 모든 시대의 모든 사람들과 관련되지 않을 수 없는 것이다."[52] 계시의 이와 같은 절대성은 전적인 헌신을 요구하는 의미에서 절대적이지만, 그런 계시는 "다른 절대적인 것들을 인식할 가능성을 배제하지 않으며, 자신의 특수한 계시자에 대한 전적인 헌신도 다른 특정한 계시자들에게 보편적인 하느님에 대한 전적인 개방성을 배제시키지 않는다. 이런 태도가 신뢰할만한 종교와 종교적 대화를 위해 필수적인 조건인 것 같다."[53] 이런 접근은

> 기독교인들로 하여금 훨씬 더 분명하게 … 기독교의 참된 계시가 절대자 전체를 고갈시키지 않으며, 그러므로 겉보기엔 반대편에 있는 듯 보이는, 다른 참된 계시들과 관련되고 그 참된 계시들에 의해 균형을 이루도록 깨달음을 전해준다. … 기독교의 삼위일체 교리는 하느님의 유일성에 대한 이슬람교의 주장을 필요로 한다; 불교의 비인격적 공(emptiness)은 거룩하신 타자(divine Thou)에 관한 기독교의 경험을 필요로 한다. 궁극자와 유한자 사이의 구별에 관한 기독교의 가르침은 힌두교의 브라만과 아트만 사이의 비이원성의 통찰을 필요로 한다; 예언자적 실천을 지향하는 유대-기독교적 전통의 내용은 개인적인 명상에 관한 동양적 강조와 "행위의 열매들을 추구하지 않는 행위를 필요로 한다."[54]

52) Knitter, "Christianity as Religion," p. 18.
53) 위의 글, 같은 면.
54) 위의 글, p. 19.

기독교인들도 대화를 통해 변화될 수 있다는 가톨릭의 이런 자발적 태도는 세계교회협의회의 공식 선언에서는 없었던 특징이지만 개인적으로 에큐메니칼 토의에 참여한 개신교 학자들에게서는 발견된다. 감리교 감독인 제임스 매튜즈(James K. Matthews)는 다음과 같이 적시한다. "우리의 유산을 보존하려는 부적절해 보이는 불안은 되레 그 유산을 잃어버리게 하는 동시에 하느님을 제한하려는 시도이다. 그러나 최종적으로 하느님과 사람을 섬기면서도, 우리의 유산의 상실마저도 감수하려는 자발적 태도는 우리의 유산을 재발견하는 것이다. 조금이라도 위험을 감수하고자 할 때, 하느님은 새로워진 더욱 확대된 전망 속에서 모든 것들을 되돌려주시는 신실하신 분으로 신뢰될 것이다."[55]

세계교회협의회의 토의에서 주도적인 지도자였던 스티븐 네일(Stephen Neill)은 예수를 "하느님의 진리"로 인식하는 자는 예수에 관한 진리를 포기할 수 없으므로 계속 기독교인으로 남겠지만, "다른 신앙들도 가르쳐줄 것이 있다는 자발적 믿음으로 한 무리의 다른 신앙인들 속으로 자신을 넣을 수 있으며, 반드시 넣어야만 한다"고 주장한다.[56] 보다 최근에 네일은 신앙이 대화의 결과를 통해 검증되고, 정화되며, 수정되며, 강화된다고 논증하였다.[57] 그에게는 현재의 기독교가 직면한 위대한 첫 과제가 비기독교 신앙들과

---

55) James K. Matthews, *A Church Truly Catholic* (Nashville: Abingdon, 1969), p. 160. cited in Samartha, ed., *Living Faiths and the Ecumenical Movement,* p. 152.

56) Stephen Charles Neill, *Christian Faith and Other Faiths* (London: Oxford University Press, 1961), p. 18.

57) Stephen Charles Neill, *Salvation Tomorrow* (Nashville: Abingdon, 1976), p. 42.

심층적인 관련성을 형성하는 일이다.58)

또 다른 세계교회협의회의 지도자인 레슬리 뉴비긴(Leslie Newbigin) 감독은 타종교들과의 대화 속에서 주거니 받거니 하는 것이 중요함을 강조하였다. 그는 이런 상호 작용이 기독교인 편에서의 변화와 관련된다고 인식하였다. 실제로 "기독교인만을 위한 기독교의 많은 것들은 다른 종교와의 대화 속에서 잊혀 질 수 있어야만 할 것이다. 그동안 그리스도의 제자됨을 표현해온 지적인 구성과 경건과 실천의 많은 것들도 문제 제기를 당할 수 있어야 한다."59) 뉴비긴에게 이런 지적들은 예수 그리스도의 궁극성에 헌신하는 것과 철저히 양립할 수 있는 것들이었다.60)

세계교회협의회가 타종교 신앙인들과의 대화로 나아갔으며 이런 분위기가 기독교 신념에게 변화에로의 개방성을 요구하는 것인지의 문제로 논쟁하는 동안, 몇 사람의 주도적인 개신교 신학자들은 종교사(history of religions)와 관련해 기독교 신학의 본성을 논증하는 과제를 맡았다. 트뢸치(Troeltsch) 이후 기독교 신학과 종교사는 헤어지고 말았다. 루돌프 오토(Rudolf Otto)와 프리드리히 하일러(Friedrich Heiler) 같은 사상가들은 자기들의 사상에서 그 둘을

58) 위의 책, p. 136.

59) Leslie Newbigin, "The Basis, Purpose and Manner of Inter-Faith Dialogue," *Scottish Journal of Theology* 30, vol. 3 (1977): 268.

60) 도널드 도우(Donald Dawe)는 우리가 예수 그리스도의 이름으로만 구원을 받는다는 교리에 대한 주의 깊은 분석이 다음과 같은 결론, 즉 "기독교인들은 새로운 존재의 부활로 들이가기 위해 자기들의 이데올로기들의 죽음을 기꺼이 받아들여야만 한다."(Chrisyian Faith in a Religiously pluralistic World, eds. Donald G. Dawe and John B. Carman [Maryknoll, N.Y.: Orbis Books, 1978), p. 32])와 같은 결론으로 어떻게 나아갈 수 있는지를 제시하였다.

지속적으로 결합시켰지만, 폴 틸리히(Paul Tillich)는 그것들의 고립에 대해 딱할 정도의 평가를 하고 있었다.[61] 틸리히가 종교사에 등을 돌린 것은 결코 아니었으나, 그의 주요한 작품, 특히 <조직신학>(Systematic Theology)에서는 기독교 신앙과 서구 세속 정신의 관계에만 역점을 두고 있었다. 그럼에도 불구하고, 그는 80세가 넘어 일본으로 여행을 가서 불교도들과 대화를 하게 되었다. 이 경험이 틸리히로 하여금 그 이후의 삶의 대부분을 기독교와 세계 종교들의 관계성을 헌신적으로 고찰하도록 만들었다. 그리고 2년 후에는 미르시아 엘리아데(Mircea Eliade)와 합동 세미나를 하였으며, 사망하기 며칠 전까지 "조직 신학자를 위한 종교사의 중요성"이라는 프로그램 방식의 강의도 했었다.

틸리히는 전체적인 글로벌한 종교적 상황 하에서 신학자들이 기독교를 다시 해석할 것을 제안하였다. 엄밀히 말하면, 틸리히는 종교사를 제안한 것이 아니라 기독교 신앙을 조명하는 종교현상학을 제안한 것이었다. 틸리히는 "역동적-유형학"(dynamic-typological)의 접근 방식에 호감을 가졌다.[62] 틸리히의 판단에 따르면, 모든 종교들은 성례전적 토대를 가지며 신비적이고 예언자적인 요소들도 가진다. 이런 요소들이 적절히 하나가 될 때, 그 결과로 틸리히가 초기의 신율(theonomy)[63] 범주와 관련시켰던 "구체적인 성령의 종교들"[64]이 탄생한다. 그리고 이 점이 모든 현실의 종교들을 평가

---

61) Paul Tillich, *The Future of Religions*, ed. Jerald C. Brauer (New York: Harper & Row, 1966), pp. 80-81.
62) 위의 책, p. 86.
63) 위의 책, p. 90.

할 수 있는 규범을 제공한다. 틸리히는 이 규범이 성령에 관한 바울의 교설에서 성취되었다고 믿었다.

틸리히가 저런 문제들에 호소하는 동안, 대담한 젊은 신학자 볼프하르트 판넨버그(Wolfhart Pannnenberg)도 동일한 작업을 하고 있었다. 판넨버그는 1962년에 "종교사 신학을 지향하여"란 제하의 강의를 하였다. 판넨버그는 세계의 많은 종교들 속에서 사건들의 현실적 진로를 진지하게 취급하는 접근을 지향하여 역사에 대해 생각하면서, 현상학적이고 유형론적인 접근에 맞서는 논증을 전개하였다. 실로, 판넨버그의 가장 탁월한 공헌은 그가 주장하고 채택한 철저한 역사적 접근 방법에 있다.

판넨버그는 종교들이 언제나 경쟁적으로 상호간 교류해 왔다는 점에 주목하였다. 신들은 다른 신들에게 동화되고 기능들을 인계하기도 한다. 이런 점은 때로는 한 신을 예배하는 자가 다른 신을 예배하는 자에게 승리하는 것이기도 하지만, 물론 항상 그런 것은 아니다. 경우에 따라, 추방된 자의 신이 종교적 탁월함을 직접 과시하기도 하고 승리자들의 예배를 받기도 한다. 그러나 승리한 신들은 다른 신들이 편입되면서 변형을 겪기도 한다.

신들 사이의 경쟁은 모든 종교적 주장들에 존재하는 보편성의 요소를 표현하기도 한다. 우리는 오늘날 처음으로 모든 신들의 예배자들이 상호 교류함에 따라 종교가 진정으로 보편적인 상황 가운데 살고 있다. 모든 것들이 이런 과정 속에서 변화되지만, 역사를 통해 줄곧 많은 종교들은 현실적인 측면에서의 변화들에도 불구하고 변

64) 위의 책, p. 87.

화를 인정할 수는 없었다. 종교들은 신적인 것의 과거나 원초적인 표현들에만 헌신해 왔다. 그것들이 언제나 스스로 그런 표현들과 관련되어야만 하는 것처럼 간주하는 방식으로 말이다. 그와 달리 성서는 역사적인 변화를 긍정했으며, 완전한 진리와 지식의 자리는 미래라고 지적하였다. "그럼에도 불구하고, 이스라엘은 과거의 사건들 속에서 자기 하느님이 주었던 근원적인 계시를 지속적으로 추구하였다 … 이런 관계의 방향을 처음으로 뒤집은 사람이 바로 예수였다. 그러나 예수는 하느님의 도래하는 통치를 위해 자기 동족의 종교적 전통들에서 출발할 필요가 있을 때에는 그 전통에서 출발하였다."65) "미래의 능력으로서 예수가 선포한 하느님의 도래하는 통치에서는 하느님이 교회 역사와 비기독교적 종교의 모든 후기 시대들을 이미 예기하셨다. 이런 관점에서 보면, 예수의 공적 목회를 훨씬 거슬러 올라가는 종교들의 역사도 그 자체가 예수를 통해 스스로를 계시하신 하느님의 현현의 역사로서 주어진다."66)

이와 같은 종교사 해석은 펜넨버그로 하여금 한 분 하느님이 모든 종교들 속에서 계시되어 왔음을 알게 하였고, 다른 종교들을 긍정적으로 평가하도록 해주었다. 기독교인들은 과거와 현재의 다른 종교들로부터 배울 수 있으며 그런 배움을 통해 변형될 수 있다. 그리고 실제로 기독교인들이 다른 종교들과 관련해 우세한 것은 바로 스스로를 변형시키는 동기가 되는 그들의 '주제적 개방성'67)과 그에 따

---

65) Wolfhart Pannenberg, *Basic Questions in Theology II,* trans. George Kehm (Philadelphia: Fortress, 1971), p. 113.

66) 위의 책, p. 115.

67) (옮긴이 주) 옮긴이는 저자의 원표현인 'thematic openness'를 '주제적 개방성'으

라 변형된다는 점이다. 기독교인들은 다른 종교들로부터 배울 수 있으며 그 배운 것이 기실 예수의 하느님에 관한 것이었다고 주장할 수 있다. 타 종교인들도 기독교인들과의 만남과 자기들 상호 간의 만남을 통해 사실상 변화가 된다. 그러나 그들은 자신들의 신들에 대한 이해를 통해 자신들의 삶 속의 새로운 요소들을 인식하는 것을 금지 당한다. 그 새로운 것들이 자신들의 신들에게서 온 것으로 생각할 수도 있는데 말이다. 미래는 미래의 하느님에게 속한다.

틸리히와 판넨버그 두 사람은 모두 60년대의 신학적 풍경을 지배하였고 오늘날에도 여전히 강력한 신학으로 군림하는 케리그마 신학(kerygmatic theology)의 외부에 위치해 있다. 그들은 다른 종교들을 책임적으로 다루기 위해서는 그런 스타일의 신학은 거부되어야만 한다고 주장한다. 케리그마 신학의 옹호자들은 타종교들을 진지하게 취급하는 것에는 반하는 바르트적 금기를 깨고 싶어 하지 않는다.

로 번역하고 주를 달아 저자의 종교 간 대화 방법론의 일면을 간략히 소개한다. '주제적 개방성'은 기독교의 진리와 관련된 주제들 속에서는 부재한 어떤 주제가 다른 종교의 진리와 관련되어 특히 핵심적인 것으로 존재할 경우 기독교는 그 다른 종교의 가르침 속의 해당 주제에 개방적일 수 있으며, 결국 적극적으로 그 주제를 자기 종교를 새롭게 구성 및 변형시키기 위해 끌어들일 수 있다. 저자는 본서의 제4장, 제5장, 그리고 제6장을 통해 이런 주제적 개방성의 방법론을 대승불교에 적용하여 불교의 무아와 공(空) 등에 적극 개방적이며, 결국 불교적으로 이미지화될 수 있는 새로운 기독교의 가능성을 모색한다. 역으로 불교 역시 기독교의 특수한 핵심 주제들에로 개방적일 수 있어야 할 것이며, 기독교적으로 이미지화될 수 있는 새로운 불교로 변형될 수 있어야 한다고 권고해야만 하는 것도 저자의 이 주제적 개방성의 정신을 일관되게 적용하는 것일 것이다. 본서의 제4장, 5장, 그리고 6장의 관련 내용들 참조.

그럼에도 불구하고, 최근에 바르트 전통에 본래적 입지를 두고 있었던 몰트만(Jürgen Moltmann)이 타종교들을 향한 근원적인 개방성과 대화를 요구하고 나섰다. 몰트만은 케리그마 전통에서 종교를 비판하는 것은 타종교들을 지목하여 하는 것은 아니라고 논증하였다. 케리그마 전통은 "종교를 인간의 자기-주장"68) 정도로 이해하였다. "종교에 대한 케리그마 전통의 기독교적 비판은 이런 의미로 점차 '종교'로 변질돼가는 기독교를 겨냥한 것이지, 세계의 다른 종교들을 겨냥했던 것은 아니다. 이 때문에 우리는 세계 종교들에 반대해 맞서 있는 기독교의 절대주의를 계시와 종교, 신앙과 미신 간의 신학적 차이에서 추론할 수는 없다 … 종교 비판은 모든 사람들(기독교인이든, 유대교인이든, 이슬람교인이든, 힌두교인이든 상관없이)에게 아주 다른 차원에 근거해 겨냥된 것이다."69)

기독교는 모든 배타적인 주장을 스스로 포기한다. 이런 포기에는 미래의 하느님이 예수 그리스도에게서 알려진 하느님이라는 판넨버그의 주장도 포함된다. 몰트만은 종교들의 다원성이 유지되는 것을 허용하는데 만족하였다. 그의 목표는 기독교 속에 모든 종교들을 포괄해내는 것이 아니라 모든 사람들이 해방되는 보편적인 공동체를 발생시키는 것이다. 이런 목적을 지향하는 것이라면 몰트만은 기독교의 지속적인 양적인 확대에도 반대하진 않는다. 몰트만은 "생명의 정취(신뢰, 느낌, 생각, 그리고 행동의 정취)라는 질적인 대안"에 더욱 관심하고 있었다. "우리는 세계를 위해 희망, 사랑,

---

68) Jürgen Moltmann, *The Church in the Power of the Spirit,* trans. Margaret Kohl (London: SCM Press, 1977; New York: Harper & Row, 1977), p. 154.
69) 위의 책, p. 154-55.

그리고 책임성의 정신으로 사람들을 '감화'시키는 선교적인 지향을 환기시킬 것이다."70) 이런 "선교는 대화 속에서 일어난다. 즉 우리가 개방성에 스스로를 민감하게 만들고 대화로부터 변화된 결과를 가져올 수 있다면 착수 할 수 있는"71) 대화 말이다.

그런데 이런 몰트만의 입장을 상대주의로 본다면 그건 잘못일 것이다. 비록 그가 교회와 기독교를 상대화하고 있을지라도, 그는 "그리스도가 오셔서 누구도 배제되지 않도록 전체 세계의 화해를 위해 희생"72)하셨다고 확신하고 있었다. 이것은 그리스도 사건을 인정하는 것이 그 사건 속에 갇히는 것일 필요는 없다는 것을 의미한다. "우리가 그리스도의 십자가를 더욱 핵심적인 것으로 만들수록, 타종교들에 대한 관심에 더욱 개방적이어야만 한다."73)

몰트만과 그 외 신학자들이 타종교를 향한 개방성 쪽으로 다가선 거리에도 불구하고, 영국의 종교 철학자 존 힉(John Hick)은 여전히 비판적이다. 힉은 대화를 향한 개방성은 환영했고, 대화를 통해 변화되는 것도 환영했다. 그러나 힉은 이런 변화가 가봐야 얼마나 멀리까지 갈 수 있겠는지를 물었다. 기독교인들은 배울 수 있는 것은 무엇이든지 진정으로 배우고자 하는 개방성으로 대화에 임할 수 있는가? 아니면, 기독교에는 보존시킬 영역이 여전히 존재하는가?

힉은 진정으로 효과적인 대화에 장애가 되는 것은 예수 그리스도를 절대화하는 기독교의 지배적인 견해라고 본다는 점에서 니터에

70) 위의 책, p. 152.
71) 위의 책, 같은 면.
72) 위의 책, p. 153.
73) 위의 책, p. 382. 이번 장의 각주 85)의 본문 참조.

게 동의한다. 그러나 니터와 달리, 힉은 성육신(incarnation)과 삼위일체(Trinity)에 관한 직접적인 주장을 진지하게 비판하는 방향으로 나아간다. 대화에 착수하는 기독교인들은 전심으로 다른 주제들에서처럼 기독론과 관련해서도 자기들의 견해와 헌신을 변화시킬 각오를 해야만 한다. 그렇게 할 때에만 기독교는 "대화를 통해 고백적인 태도에서 진리를 찾는 태도로 단호히 전환할 수 있을 것이다."74)

힉에게서 이런 태도의 전환은 "코페르니쿠스 혁명"(Copernican revolution)과 관련된다. 마치 프톨레마이오스의 이론이 새로운 자료들에 적용하기 위해 점차 특별한 수정을 거칠 수밖에 없었던 것처럼, 기독교 신앙에 대한 절대적인 전통적 견해 역시 다른 종교 전통들에 대한 우리의 새로워진 이해에 맞추어 점차 특별한 수정을 거칠 수밖에 없다. 그 수정 결과들은 이전의 것처럼 확신이 보장되어 있는 것은 아니다. 우리는 글로벌한 견해에 근거하여 종교의 의미를 근원적으로 재 고찰해야할 필요가 있을 뿐이다. 이런 재 고찰은 다음과 같은 인식으로 나아갈 것이다. "다양한 종교적 전통들 안에서 초월자와의 다양한 만남은 모두 하나의 무한한 실재와의 만남일 것이다. 비록 그런 실재가 종교마다 부분적으로 다르고 중복되는 측면들도 없지는 않겠지만 말이다."75) 힉은 이런 점이 힌두교도들에게 매우 익숙한 관념으로 인식하였고 모든 전통을 위해 중요하다고 믿었다. 힉의 최근 저서의 제목 <하느님은 많은 이름들을 가졌다>(God Has

74) John Hick, *God Has Many Names: Britain's New Religious Pluralism* (London: Macmillan, 1980), p. 89.

75) John Hick, *God and the Universe of Faiths: Essay in the Philosophy of Religion* (London: Macmillan, 1973), p. 139.

Many Names)는 바로 이런 자신의 생각을 표현한 것이다.

힉은 대화와 관련된 종교들이 통일적이고 굳어진 전통들이 아닌, 살아 있는 운동들이라는 점을 강조하였다. "우리는 종교들을 변하지 않는 자기 특성을 간직한 획일적 존재들로 생각해서는 안 된다. 종교들은 지속적으로 변화하는 인간 삶의 복잡한 흐름들이다. 비록 어떤 시기들을 통해서는 그 변화가 감지되지 않을 만큼 아주 더디고 다른 시기들을 통해서는 인식 가능한 연속성이 위험에 처해질 만큼 아주 재빠르기도 하지만 말이다."[76] 이 때문에 기독교인들은 기존의 생각들이나 패턴들에 매달릴 필요가 없다. 우리는 그 운동 내에서 발생하는 변화의 과정에 자유롭게 참여해야 하는 것이다. 실제로 오늘날 우리는 이런 변화의 속도를 가속화하라는 소명마저 받고 있다.

이것은 <세계 신학을 지향하여>[77](Toward a World Theology)에서 절정에 도달한 윌프레드 캔트웰 스미스(Wilfred Cantwell Smith)의 일련의 저술들을 통해 보다 철저히 발전된다. 스미스는 종교란 용어가 힉이 부정한 굳어진 구조들을 제시한다는 이유에 일부 근거하여 "종교"란 용어를 거부하고, 상반된 전통들의 대표자들로서의 사상가들(평범한 믿는 자들의 공동체와의 대결이 아닌)과의 대결로 나아간다. 실제로 스미스는 세계교회협의회가 채택한 복수로 표현된 "신앙들"이라는 용어에 반대한다. 이런 용어는 각 전통들의 고유한 의미들을 모두 불러들이는 결과를 초래하기 때문이다.

---

76) Hick, *God Has Many Names*, p. 75.

77) Wilfred Cantwell Smith, *Toward a World Theology* (Philadelphia: Westminster Press, 1981).

스미스는 신앙이란 모든 곳의 인간들이 갖고 있는 본래적 속성임을 논증하고서, 이 용어를 비교적 이미 보급되어 굳어져버린 형태들로 표현하는 것은 본래적 진실에 대해 이차적일 뿐임을 논증한다. 그는 다양한 전통들이 때로는 하나가 되기도 하고, 때로는 갈라서기도 하는 등 상호 교류하는 방식을 상세히 제시하였고, 자신을 전체적인 글로벌한 운동의 일원으로 이해하는 것을 더욱 좋아하였다. 물론 스미스도 역시 자신을 형성시켜준 특수한 흐름들을 인식하고는 있다. 그러나 스미스는 글로벌한 상황 속에서 기독교 신학을 발전 시킨다기 보다는 글로벌한 신학 자체의 발전을 지향하였다. 비록 그가 글로벌한 신학의 정식화가 자신을 형성시켜 준 경향들을 흔적으로 간직하고 있다는 점을 인식하고 있었지만 말이다.

이 점에서 스미스와 세계교회협의회의 사유의 지배적인 흐름 사이에는 주목하여 비교할만한 점이 있다. 스미스에게 대화란 이런 저런 공동체에 단순히 우연적으로만 몸담게 된 신앙인들 사이에 존재하는 것이다. 그들이 공유하는 것은 그들의 개인적인 신앙이지, 그들이 몸담고 살고 있는 공동체들의 공식적인 신념들이 아니다. 그래서 스미스의 경우에는 기독교인들이 다른 모든 종교인들과 동일한 상황에 놓여 있을 뿐이다. 기독교인들은 절대적인 사건을 증언하는 것이 아니라, 자신들의 개인적인 신앙 경험을 증언하는 것이다. 그래서 스미스의 제안 속의 실제적 함의는 바르트에 의해 영향을 받아온 측면이 있는 세계교회협의회의 이론으로부터 멀리 벗어나는 것이다.

힉과 스미스는 모두 혼합주의(syncretism)와의 경계선상에 아슬

아슬하게 서있다. 이들의 프로그램은 "다른 종교들에서 유래한 요소들로 구성된 하나의 새로운 종교를 창조하려는 시도들"78)(나이로비에서 반대에 부딪힌)의 방향으로 움직여 나가곤 한다. 물론 이들 중 나의 이런 표현에 찬성하는 사람은 없을 것이다. 이들은 기독교 유산 속에서 특수한 기원과 연대를 인식하는데 실패했다는 의미에서 혼합주의자들은 아니다. 그러나 20세기의 다른 많은 사상가들은 혼합주의의 방향으로 치닫고 말았다. 종교들이 경쟁적으로 존재하는 장면을 목도하는 많은 사람들의 믿음에 따르면, 종교적으로 사고한다는 입장은 임의의 한 종교 공동체 내에 속하는 것이 아니라 거리를 두고 보는 태도에서 나온다고 한다. 이 사람들은 그런 태도로부터 어떤 전통의 요소들이 현대인의 요청을 충족시켜 줄지를 판단할 수 있으며, 다수의 전통들을 통짜로 짜 맞추어 하나의 새로운 통일된 종교를 만들려는 시도를 할 수도 있다.

본서는 기독교 신학의 일환으로 수행되는 프로젝트이다. 그래서 혼합주의적 제안들은 철저히 본서의 영역 밖에 놓인다. 하지만 하나의 사례가 "대화를 넘어선" 혼합주의 방식을 분명히 보여줄 것이고, 이 방식은 이미 우리 앞에 놓인 제안들을 수행해 내기에는 얼마나 폐쇄적인 것인지를 보여준다. 니콜라스 용커(Nicholas Yonker)는 자신의 저서 <하느님, 인간, 그리고 행성의 시대: 유신론적 인문주의 서설>(God, Man, and the Planetary Age: Preface for a Theistic Humanism)에서 가르치길, 지금까지 인간의 의식은 원시시대, 초기 문명 시대, 차축 시대, 그리고 현대 문명 시대라는 네 개의 주요한 시대들을

78) Carl F. Hallencreutz, *Dialogue and Community*, p. 100.

거쳐 왔다고 한다. "이제는 다섯 번째 시대 또는 행성의 시대가 시작되는 과정 가운데 있다. 이 다섯 번째 시대는 초기 시대들의 통찰들에 의지해 이끌어낼 수 있는 가능성을 지닌 시대이다."79) 용커는 차축 시대와 현대 문명 시대로부터 일어난 여러 전통들에서 끌어낼 수 있는 통찰들을 어느 정도 상세하게 판독해 낸다. 그리고 용커는 자신이 "통합자"(integrator)로 명명한 하나의 상징을 제안하였다. 이 통합자는 상호 보완적인 가치들이 어떻게 결합되어 균형을 이루며, 또한 새로운 전체 속에서 어떻게 현실화 될 수 있는지를 보여준다. 이것이 용커가 실제로 제안한 "글로벌한 신학"이다. 그리고 그것은 명백히 부정하기 힘들만큼 기독교라는 뿌리에서 유래한 것이지만, 기독교의 다음 단계의 발전으로 제시되지 않고 "다양한 종교들에서 유래한 요소들로 구성된 새로운 종교"(특수하게는 세계교회협의회와 나이로비에서 거부된 것)로 제시되었다.80) 용커는 자신이 제안한 종합이 훌륭한 근거를 갖추고 있기 때문에 여러 전통들의 자유로운 정신의 소유자들에게 매혹적인 것으로 입증되리라고 믿었다.

2. 비판적 평가

이번 장은 이제까지 다른 사람들의 견해들을 설명하는데 나 자신

---

79) Nicholas Yonker, *God, Man, and Planetary Age: Preface for a Theistic Humanism* (Corvallis: Oregon State University press, 1978), p. 129.
80) 위의 각주 75)를 참조하라. Yonker, pp. vii, 108, 그리고 134도 참조하라.

을 제한했다는 점에서 첫 번째 패턴을 유지해 왔다. 그러나 본서의 목적에서 본다면, 기독교와 다른 종교적 진리들 사이의 주요한 관계 양태로서 대화에 이르게 된 그동안의 역사를 개괄하고, 다른 전통들과 그 전통들과의 대화에 관한 현재의 논의를 기술하는 것은 이차적인 것일 뿐이다. 본서의 더욱 중요한 목적은 체계적인 신학적 토론에 공헌하는 것이다. 이번 절은 나의 체계적인 입장을 발전시키는 과정을 출발시킨다. 그 출발은 지금까지 논의한 몇 사람의 입장을 명시적으로 평가하고서, 그 입장들 몇 가지를 더욱 확대된 논쟁 속에 관여시키며 이루어진다.

세계교회협의회는 종교의 범주를 대화의 근본 토대로 보는 견해에 반대하거나 상대화시켰다는 점에서 옳은 길을 걸어왔다. 다른 종교들과 대화하는 우리의 근거는 모든 사람들이 공동의 종교성(religiosity)에 참여하는 것에 있지 않다는 말이다. 오히려 우리의 공동의 인간성(humanity)이 대화를 위해 필요하고 충분한 기초가 된다. 또한 세계교회협의회는 인간 공동체의 압도적인 중요성이 다른 신앙들과 이데올로기들을 신봉하는 사람들과의 대화를 위해 하나의 근거가 된다고 주장했다는 점에서도 옳은 길을 걸어 왔다. 그럼에도 불구하고, 세계교회협의회가 종교 전통들 자체와 종교 공동체들의 대표자들로서의 그 사람들까지를 다루지 않았던 것은 옳지 못한 일이었다. 케네쓰 크라그(Kenneth Cragg)는 다음과 같이 이해하였다. "종교들은 사람들의 정신이 익숙해지거나 그 속에서 살면서 다시 그곳으로 돌아가게 되는 위대한 완전체들(wholes) 이다; 종교들은 정서와 신비와 공동체의 복합체(complexes) 이다."81)

세계교회협의회의 지배적인 사상가들이 다른 완전체들을 진지하게 취급하기를 내켜하지 않았기 때문에 세계교회협의회는 종교 간 대화에서 지도자적 역할을 수행하지 못하게 된 것이다. 다른 완전체로부터 배우고 그 완전체의 더 나은 발전에 영향력을 미치는 길이, 완전히 봉쇄되지는 않았지만, 적어도 보다 세속적인 목표들에 종속되고 말았다.

세계교회협의회의 많은 관심들을 공유했던 위르겐 몰트만의 공헌은 커다란 도움이 되었다. 몰트만이 다른 종교들과 대화할 것을 요구하고 암암리에 다른 종교의 대표자들로서 그 사람들을 다루는 것이 중요함을 이해함으로써 그는 세계교회협의회의 진술들의 발전을 꾀하고 있었던 것이다. 몰트만은 종교를 하나의 규범적 범주로 높이지 않는 크레머나 바르트에서 유래한 종교와 종교들에 대한 편견을 극복하였다. 그리고 그는 대화의 과정에서 변화를 위해 필요한 개방성을 강조하였다.

로마가톨릭교회는 모든 종교들과 마르크스주의 같은 비종교적 운동들까지도 구원의 역사에서 모종의 역할을 한다는 점을 인식함으로써 세계교회협의회를 넘어섰다. 기독교인들은 인간 공동체와 글로벌 해방뿐만 아니라, 종교적인 구원에 관해서도 이런 전통의 대표자들과 대화할 필요가 있다. 한스 큉 같은 몇몇 가톨릭 신학자들은 다른 전통들이 최종적인 차원으로까지 구원의 전달자가 될 수 있음을 인식함으로써 대화의 필요성을 느끼는 것마저 넘어섰다. 따

---

81) Kenneth Cragg, *Preparatory Essays for the Lamgeth Conference 1968* (London, 1968), p. 38, 다음에서 인용. Hallencreutz, *Dialogue and Community,* p. 80.

라서 기독교 선교는 다른 전통들로 하여금 기독교에 의해 대체되도록 하는 것이 아니라 구원의 역사에서 저들만의 고유한 임무를 수행하도록 돕는 것이다. 나는 다른 종교들과의 만남 속에서 근원적으로 변화되도록 스스로를 개방시키지 않고 실재의 발생 사건들에 관한 그들의 설명에서 배우려고도 하지 않은 채, 정식화된 입장들에서마저 하느님이 어디서 어떻게 일하시는지에 관해 독단적인 판단으로 스스로를 기만하는 기독교인들에 대해 근심하고 염려하는 이 가톨릭 신학자들에게 동의한다.

나는 최근의 개신교 신학과 공식적인 가톨릭 정통 신학을 모두 지배해온 케리그마 신학이 그 두 신학으로 하여금 증거를 향해 완전히 개방적이지 못하게 했다고 주장한 폴 틸리히와 판넨버그에게도 동의한다. 기독교인들은 계시나 성서의 권위에 대한 생각들에 근거하여 기독교를 옹호하기 위한 특별한 변론을 일삼아서는 안 된다. 기독교 신학은 활용 가능한 증거와 함께 작용해야 하며 공개적인 비판도 감수해야 한다. 그럼에도 불구하고, 비판을 수용하는 결과로 기독교를 다른 여러 종교적 현상들 곁에서 현상학적으로 조망해야 한다는 틸리히의 제안은 나에게 역사를 보다 충분히 진지하게 다루는데 실패했다는 인상을 준다. 판넨버그의 철저한 역사적 접근이 보다 탁월하다. 그의 접근은 모든 종교들이 역사를 통해 변화하는 과정 속에 있음을 보여준다. 종교들은 새로운 상황에 적응하고 타자들에게도 적절히 동화되는 경쟁 속에서 승리하며 생존하게 된다. 이런 생존은 한 종교의 옹호자들이 자신들의 규범을 과거의 것에 고정시켜 고집할 경우 어려워진다. 기독교는 진리와 구원의 장소로 미래에 초점을 두었기 때문에 이런 어려움에서 자유로웠다. 따라서 기독교는 모든 다른 전통들 속의 요소들에 동화될 수 있으며 마땅히 동화되어야만 한다.

그럼에도 불구하고, 나는 기독교가 다른 모든 전통들 속에서 타당했던 것을 포괄하고 있으므로 기독교는 모든 것들을 대체할 수 있다는 판넨버그 논증의 명백한 함의에 의해서도 불편함을 느낀다. 비록 내가 '미래를 향한 지향'이 기독교와 다른 전통의 현재적 관계에 열쇠가 된다는 점에는 판넨버그에게 강력히 동의하지만, 우리가 다른 전통들로부터 동등하게 가치 있는 교훈들을 듣는다고 하면서도 동시에 기독교는 '미래로의 지향'을 통해서도 배울 것이 없으며 다른 전통들만이 원초적 계시에 철저히 위임된다는 그의 주장에는 확신이 서질 않는다. 판넨버그의 기본적이고 가장 가치 있는 공헌은 다원주의를 배척할 필요까지는 없다는 점에 있는 것이다.

폴 니터, 존 힉, 그리고 윌프레드 C. 스미스 등이 나름의 방식으로 우리의 전통을 절대화하려는 기독교의 뿌리 깊은 경향성을 거부한다는 점에는 나도 합류한다. 이런 경향성과 관련해 다루어졌던 모든 주요한 인물들 중 틸리히만이 완전히 면제되는 것 같다. 어떤 사람들은 기독교가 대화를 통해 얻을 것이 아무 것도 없다는 방식으로 기독교를 절대화한다. 적어도 기독교의 핵심적인 중요성의 관점에서는 기독교를 절대화할 수도 있다는 것이다. 다른 사람들은 대화 과정에서 기독교인들도 변형될 수 있다는 예상을 하면서 대화에 임할 수 있고, 그렇게 임해야 하지만, 상대성보다 우선적인 것, 즉 대화의 전 과정을 판단할 수 있는 보다 우선적인 것을 여전히 보존시켜 제시할 정도로 기독교를 절대화한다. 니터와 힉과 스미스는 이런 절대주의 원리가 전형적으로 그리스도론과 깊이 연관되어 있다는 점에 주목하며, 기독교인들은 어떠한 영역도 보존할 생각 말고 대화에 임해야 한다고 요구한다.

그런데 니터와 힉과 스미스는 오히려 대화와 관련해 공통적인 것에 근거하는 방식으로 그런 요구를 하였다. 이 세 사람은 모든 종교가 하나의 초월적인 신적인 실재를 중심에 두고 있다고 믿으면서, 그 하나의 실재가 다른 전통의 사람들에 의해서는 어떻게 경험되어 왔는지를 개방적으로 들을 수 있도록, 동일한 실재를 경험하는 기독교의 특수한 방식을 상대화하라고 촉구한다. 이들은 다른 전통의 사람들과 결합된 경험들, 신념들, 그리고 실제들이 극단적으로 다종다양하다고 알고 있지만, 타전통의 사람들의 고유한 실재 경험으로부터 배울 수 있는 것은 무엇이든지 들으려는 완전히 개방된 자세로 대화에 착수할 준비가 되었다.

나는 기독교인들로 하여금 다른 종교들을 향해 진정한 개방적 자세를 취하도록 자극하는 이 세 사람의 의도에는 기본적으로 동의하지만, 그들의 제안이 빗나가 버렸다고 믿고 있다. 나는 이 세 사람과의 논쟁 속에서 나의 대화 방법론으로 '그리스도 중심적 접근'(Christocentric approach)을 제안할 것이다. 나의 제안 중 많은 내용들은 모든 종교들에서 공통적인 것과 비공통적인 것을 어느 정도 길게 자신의 이론을 통해 설명해온 존 힉을 겨냥할 것이다. 힉의 전제는 "인격적 존재를 포함한 모든 존재의 본체계적(noumenal)인 초월적 근거"[82]나 "창조되지 않은 우주의 창조자"[83]가 있다는 것이다. 즉 모든 종교적 경험은 이와 같이 하나의 실재를 대상으로 한다. 다양한 종교적 경험들은 이 하나의 실재의 다양한 측면들과 관련된 것일 것이다. 힉은 어떤 중립적 용어가 존재하지 않기 때문에, 이 실재를 하느님으로 부르긴 하지만 이 친숙한 용어를 사용한다고 해서 기독교의 독특한 특성을 그 실재에게 귀속시켜서는 안 된다는 점을 강조한다. 그러나 우리는 힉에게서 비인격적인 것으로 간주되는 것에 대한 경험들이 인격적인 것으로 간주되는 것에 대한 경험들과 차별 없이 동일한 신뢰성의 차원 속에 주어지고 있음을 인식해야만 한다. 나아가 인격적인 표현들이라고 하더라도 매우 다양한 형태들로 구별되어 취해질 수 있다는 점 까지도 허용돼야만 한다.

이런 무차별적인 동일한 신뢰성의 차원이 토론을 출발시키기 위한 하나의 합법적인 전제라고 할 수도 있다. 실제로 오늘날까지 대부분의 대화는 그런 전제에 근거해 진행되어 왔다고 할 수도 있다. 적어도 기독교인들의 측면에서 말이다. 그럼에도 불구하고, 나는 어떤 경우들에서는 이런 전제가 대화의 신뢰감을 떨어뜨린다고 믿고 있다. 특히 이런 전제는 본서가 가장 주목하는 대화 상대자인 대승불교(Mahayana Buddhism)와의 대화를 방해하고 있다.

힉도 불교가 무신론적이나 반유신론적으로 자주 기술된다는 점을 의식적으로 알고 있다. 그러나 힉은 불교도들의 거부가 자신이 하느님이란 용어로 의도하는 것보다 더욱 특수하거나 제한적일 것

82) John Hick, "Toward a Philosophy of Religious Pluralism," *Neue Zeitschrift fur systematische Theologie,* vol. 22, no. 2 (1980): 145.
83) 위의 책, p. 142.

이라고 믿고 있다. 힉은 불교도들도 기독교인들이 경험한 동일한 본체적 실재의 임의의 측면들과 관련되어 있다고 생각하는 것이다. 다만 그 차이는 동일한 실재를 경험하는 방식에 있어서의 차이일 뿐이라는 것이다.

많은 불교도들도 모든 종교가 동일한 실재를 다루고 있다는 점에 동의한다. 하지만 어떠한 불교도들도 그런 실재가 "인격적 존재를 포함한 모든 존재의 본체적이고 초월적인 근거"라는 힉의 설명을 받아들이지 않는다. 불교도들의 훈련의 대부분은 어떤 근거가 있다는 개념을 극복하는데 바쳐진다. 불교도들이 자기들과 관련된 실재를 '창조되지 않은 우주의 창조자'로 기술하지 않는다는 점은 너무도 확실하다.

힉은 자신이 정식화시킨 입장들이 서구인들의 경험에 의해서만 결정된 것임을 인정하고서, 그런 정식화에서 한 발 물러설 수도 있다. 그러나 그가 얼마나 멀리 물러설 수 있을지는 의문이다. 힉은 보다 일반적인 점, 즉 "인간적인 것처럼 '알려진 하느님'은 '본래의 하느님' (God an sich)이 아닌, 인류와 관련된 하느님, 다시 말해 종교적 인식과 반응에 특수하게 제약된 전통의 시각에서 생각되고 경험되는 하느님"84)이라는 일반적인 점에 호소할 수 있다. 힉은 모든 실존을 근거 짓는 것은 하느님이 특수한 전통에서 알려지게 된 방식(다른 전통에서는 다른 방식으로)일 뿐임을 어김없이 받아들일 것이다. 그러나 힉은 본래의 하느님과 알려진 하느님은 다르다는 개념을 조금도 포기할 수 없을 것이다. 그럼에도 불구하고, 이런

84) 위의 책, p. 143.

관념도 서구 세계에서 매우 중요시 되었던, 하느님을 창조자로 보는 학설을 반영하는 것으로서 많은 불교도들이 조금도 받아들일 수 없는 것이다. 그것은 인간 주체와 하느님 간에 이원론을 전제하고 있는데, 이런 이원론을 불교도들은 완강히 거부한다. 만일 힉이 하느님을 통해 "존재하다"의 모든 의미와 그 다종다양한 것들의 총계인 존재하는 전체를 의미하고자 했다면, 종교적인 경험들을 포함한 모든 경험들은 하느님의 특수한 면면들을 경험하는 것일 것이다. 그러나 이런 의미는 힉 자신이 이 주제와 관련해 집필해온 대부분의 내용들을 뒤집는 근원적인 변화가 아닐 수 없다.

불교도들은 모든 종교들이 진실로 연관된 것은 '공'(空, Emptiness)이나 '연기'(dependent origination)라는 절대적인 내재적 과정이라고 주저 없이 제안할 것이다. 그러나 공(空)은 불교도들에게 예배의 대상이 아니다. 반면 힉에게는 예배가 그의 관심의 정중앙에 있는 것임은 의문의 여지가 없다. 실제로 기독교 배타주의에 반대했던 힉 자신의 초기 논증은 바로 이 점에 호소했었던 것이었다. "누군가 기독교 신앙을 포함하여 위대한 신앙들 내에서 예배를 증언할 때, 각 전통들에서 예배와 동일한 것이 계승되어 왔다는 것은 자명한 것이다. 즉 예배하는 자의 방향은 (추정상) 보다 고차적인 초월적 실재에 주목하는 것이다."[85]

이런 상황을 고려한다면, 공(空)과 하느님이 동일한 본체적 실재를 지시 하는 두 개의 다른 용어상의 이름들에 지나지 않는다는 주장은 적절한 해명이라고 할 수 없다. 만일 경험적 특성을 지닌

85) 위의 책, p. 132.

실재가 그와 같은 힉의 판단을 보증하지 않는다면, 힉의 주장은 애매한 것이 되며 현재의 증거는 다른 전제에 호응해 중요성을 얻을 수밖에 없다. 만약 누군가 불교도들의 반대에도 불구하고, 불교의 공(空)을 하느님으로 계속 주장한다면, 발생되는 문제는 불교도들을 '익명의 기독교인'(anonymous Christians)으로 지칭할 때 제기되었던 문제와 흡사해진다. 니터와 힉과 스미스 등도 큉에게 동의하여 이런 접근이 오만하기 짝이 없는 것으로 거부한 바 있다. 그러나 우리의 대화 상대자들(가령, 불교도들)이 그들의 고유한 경험을 잘못 해석해 왔으며 우리가 그 경험에 대해 그들보다 더 잘 이해하고 있다고 주장하는 것도 동등하게 주제 넘는 짓은 아닐까? 더욱 좋은 전제는 예배를 종교적 경험에 대한 적합한 반응(많은 종교 전통들의 경계들을 가로지르는)으로 감지하는 곳에서는 힉이 하느님으로 부른 실재가 경험 가능한 실재라는 점일 것이다. 그러나 누군가 참된 존재의 실현으로 지향시키는 명상(meditation)이 적절한 활동이 되는 곳에서는, 불교도들이 공(空)으로 부른 실재가 실현 가능한 실재가 될 것이다.

그럼에도 불구하고, 바로 여기서 내가 주장하는 주요한 핵심은 대화를 위한 기초로써 하나의 좋은 전제를 제공하는 것이 아니라, 다양하고 적응력 있는 여러 전제들을 가지고 대화에 착수하는 것이 더욱 낫다는 것을 논증하는 것이다. 그러나 대화에 대한 관심이 이런 여러 전제들의 정확성에 의존하는 것은 아니라는 점, 즉 우리는 새롭고 보다 좋은 전제들을 발전시키려는 희망을 품고 대화에 들어간다는 점을 명확히 해둘 필요가 있다. 불행하게도 현재까지는 이런 자세가 널리 보급되지 못했으며, 니터, 힉이, 스미스 등이 모든 종교들은 하나의 초월적인 하느님을 경험하는 다양한 양태들임을 강조할 때에도 그런 자세는 고무되지 못하였다.

순수하게 초월적인 하느님을 종교의 공통 기반으로 주장하는 것은 기독교인들의 자기-이해를 위해서도 부정적 결과들을 초래시킨다. 하느님은 여러 종교 전통들에 공통적이고 그리스도는 그리스도교에만 특수하게 적용된다고 믿는 저 세 신학자들의 주장에 따르면, 기독교인들은 '그리스도중심주의'(Christocentrism)로부터 '하느님중심주의'(theocentrism)로 이행할 때에만 개방적인 대화에 더욱 잘 참여하게 될 것이다. 종교의 진리들에 공통적인 것으로 생각되는 것이야말로 근원적으로 더욱 초월적인 것이므로, 기독론을 따라서 하느님의 내재에 관심하는 모든 시도는 평가절하 된다. 하느님은 초월자나 절대자로 언급된다. 특히 힉은 삼위일체(Trinity)와 성육신(incarnation) 교리들에 매우 비판적이다. 하지만 기독교인들은 이런 교리들을 통해 역사 속에서 일방적으로 초월성을 지향하는 경향성에 제동을 걸어왔다.

니터와 힉은 '그리스도중심주의'에서 멀어져 가면서 이 중심주의를 예수의 절대성 관념과 동일한 것으로 간주하였다. 확실히 이런 절대성에는 문제가 많다. 그 견해는 예수의 온전한 인간성이나 적어도 예수의 인격적인 인간성을 부정하는 것 같고, 나의 관점에서 보더라도, 그런 교리는 다른 전통들과의 대화를 향한 관심과도 아주 별개로 거부될 만한 것이다. 그러나 니터는 자신이 그 다음으로 무시했었던 또 다른 기독론을 다음처럼 잘 서술해준다. "예수의 전체성은 그리스도이고, 우주적 신-인 원리이며, 하느님의 보편적 계시와 구속의 현존이다; 그러나 역으로 그리스도의 전체성은 예수가 아니며 예수 안에만 갇힐 수도, 제한될 수도 없다."[86] 이런 교리는 기독교 전통 속에 강력한 근거를 두며, 이런 그리스도는 많은 기독교인들의 신앙에서도 핵심적이었다. 교황 요한 바오로 2세의 회칙 인간의 구원자(Redemptor Humanis)가 증언하는 것도 바로 이런 그리스도이다.

니터, 힉, 스미스 세 사람은 이런 그리스도는 하느님이며, 그래서 이런 종류의 '그리스도중심주의'는 결국 실제로는 '하느님중심주의'와 같은 것 아니냐고 응수할 수 있다. 맞다. 기독교 전통에서 그리스도는 하느님이다! 그러나 '우리들과 세계 속에서 계시하고 구속하는 하느님의 현존에 관심하는 것'과 '본체적인 절대자와 그 절대자의 제약된 현상들에 주목 하는 것' 사이에는 심오한 종교적 차이가 존재한다. 전자의 경우 우리는 세계에서 발생하는 사건에 초점을 두게 된다. 후자의 경우에는 종교가 홀로 "절대적 실재와 가치를 가진"[87] 다른 영역을 지향하도록 세계로부터 우리를 밖으로 불러낸다. 대화를 위해 우리의 성육신 신념을 희생시키는 것은 기독교인들을 황폐하게 만들 뿐만 아니라, 대화 상대방에게 제공될 수 있는 우리의 가장 귀중한 잠재적 선물을 잃어버리는 것이기도 하다.

그러나 대화의 시작부터 그런 신념 등을 희생시킬 필요는 없다. 저 세 신학자들은 진정한 대화를 위해 우리가 여하한 핵심에서라도

86) Knitter, "Christianity as Religion," p. 18.
87) Hick, "Towards a Philosophy of Religious Pluralism," p. 147.

변화되겠다는 각오로 스스로를 개방시켜야 한다는 점에서는 옳다. 이것은 우리의 '그리스도론'(Christology)을 변화시킬 각오를 해야 하는 것이기도 하지만, 동시에 '하느님의 초월성'(divine transcendence)에 대한 견해도 검증할 준비를 하는 것이기도 하다. 우리는 기독교의 가장 귀중한 신념들을 미리부터 경시하고 대화에 들어갈 필요는 없는 것이다.

최선의 대화는 대화 파트너들이 여러 가지를 깊이 있게 확신할 수 있을 때에 일어난다. 자기 확신이 없으면 진리에 접근할 수 없으며, 비판을 받더라도 강력한 확신을 제출할 수 있어야만 진리에 접근하는 것이 가능하다. 진정한 확신을 가진 사람은 비판을 두려워하지 않으며, 또한 비판이 우리의 확신을 크게 바꾸리라고 미리 예상하지도 않는다. 니터와 스미스와 힉은 자기들의 일신론(monotheism)이 대화가 제기하는 도전을 견디어 낼 줄로 아주 자신 있어 하는 것 같다. '그리스도중심주의'를 추구하는 기독교인들도 대화가 자기들의 그리스도중심주의를 파괴시키지는 못하리라는 동일한 자신감을 가질 것이다.

초월적인 하느님이든 그리스도든 그에 대한 강력한 확신들은 독단적인(dogmatic) 태도와 혼동될 수는 없다. 독단적인 태도는 비판이나 증거를 보유한 신념들과 관련되는 것을 처음부터 봉쇄해 버린다. 독단적인 태도는 어떠한 점과도 상관없이 대화를 방해한다. 이런 태도는 실재로 확신이 없다는 것을 반영하며 확신을 권위 있는 체계로 대체해 보려는 것에 불과하다. 니터나 힉이나 스미스는 이런 종류의 대체에 실제로 정당하게 반대하려고 했던 것이었다. 그럼에도 불구하고 '그리스도중심주의'에 대한 그들의 비판은 그 비판 대상을 잘못 설정한 것이다.

우리의 비판자들(니터, 힉, 스미스)이 그리스도를 기독교의 독특한 헌신의 대상으로 판단했다면, 그들은 옳다고 할 수 있다. 유교의 천(天)이나 이법, 베단타의 브라만, 불교의 열반 등은 그리스도와 동일한 의미로 전제될 수 있는 것들이 아니다. 심지어 이슬람의 알라나 유대교의 우주적 주님 등도 다른 관점에서 생각해야 하는 것들이다. 그러나 다르다고 해서 그리스도에 대한 충성이 대화를 방해하고 있다거나 진리 추구를 근본적으로 가로막고 있다는 것을 의미해야 하는가? 확실히 아니다. 우리가 이질적인 관념들에 질문을 던지면서 스스로를 비판적으로 개방시키고, 그 다음 우리가 믿는 모든 것들을 제시하는 것보다 계시하시고 구속하시는 보편적인 하느님의 현존을 보다 더 잘 섬길 수 있는 방식이 있을까? 그리스도에 대한 신앙이 요구하는 것이 실재로 이런 것(비판적으로 개방하고 자신의 것을 제시하는 것-- 옮긴이 주)이 아니란 말인가? 웁살라 보고서(Uppsala report)는 문자 그대로 보더라도 옳다고 하지 않을 수 없다. 즉 그 보고서는 신뢰할 수 있는 대화 속에 그리스도가 계신다고 진술한다.[88] 하느님이나 그리스도에 관한 신념들을 대화와의 실재적인 관련성으로부터 면제시키는 것은 그리스도에 관한 신앙이 없다는 표현에 다름 아니다.

그리스도를 대화의 장애로 보는 이런 이해는 기독교를 영속적으로 변화하는 운동으로 파악하는 힉과 스미스의 진정한 통찰에는

---

88) Hallencreutz, *Dialogue and Community*, p. 77.

적절히 들어맞는다. 그리스도가 항상 과거로 움추러 드는 고정된 사건으로 주로 이해된다면, 그리스도에 대한 충성은 현재에서도 필경 어떤 고정된 형태를 요청할 수밖에 없다. 그리스도에 관해 오랜 동안 유지돼온 관념들로부터의 변화들은 위험할 뿐더러 위협적이기 까지 하다. 기독교인이 된다는 것은 어떤 과거의 인물이나 그 인물에 대한 과거의 신념과 관계하는 것으로 고착된다. 그러나 신앙이 살아계신 그리스도, 즉 예수 안에서 진정으로 성육하셨고 우리의 삶에서도 계시하시고 구속하시는 하느님의 현존인 살아계신 그리스도를 지향한다면, 그리스도에 대한 신앙은 우리 자신의 시대와 상황 속의 적합한 변화에 자유롭고 확신 있게 참여하는 것이다. 판넨버그가 보여주었듯이, 우리는 변화에 저항함으로서가 아니라 변화에 민감하게 참여함으로써 그리스도에게 충성하게 되는 것이다. 하느님은 변화 속에서 역사하고 계신다. 우리는 그리스도를 식별할 필요가 있으며, 불가피하게 일어나는 변화는 구원하고 치료하기 위한 변화지, 화석화와 부식으로 가는 변화가 아니다. 이것은 우리들 안에서 그리고 우리들 사이에서 일어나는 하느님의 역사이신 그리스도에게 우리가 개방적이어야 하며, 우리들 상호 간에도 개방적이어야 한다는 것을 의미한다.

3. 대화를 넘어서-어디에서?

이제까지의 우리의 논의는 전적으로 진정한 대화를 달성하는 방식에 관한 것에만 국한되어 왔다. 그러나 본서의 논제가 지향하는 목표는 대화를 넘어가는 것이다. 대화를 넘어 간다는 것은 두 가지 이유들 때문에 적합해진다. 첫째, 대화를 넘어간다는 것은 기독교의 대화 참여의 적절한 형태에 관한 공식적 이해를 넘어가는 것을 의미한다. 이번 장의 1절은 많은 기독교인들이 이런 의미로 대화를 넘어 가려고 노력하고 있음을 보여주었다. 그러나 이것은 신뢰할 만한 대화를 향해 불충분한 대화를 넘어가겠다는 것이다.

둘째, 신뢰할 만한 대화는 우리로 하여금 대화 자체마저도 반드시 넘어 가도록 할 것이다. 즉 신뢰할 만한 대화는 대화를 넘어서 새로운 발전들이 뒤따르도록 참여자들을 변화시킨다. 기독교인들은 어떻게 대화에 착수할 것이며 대화로부터 어떤 결실들을 기대할 수 있는지에 대한 진술이 이 점을 명확히 밝혀줄 것이다.

비록 대화가 모든 인간들의 관계에서 본래적 지위를 가질 수 있는 것이지만, 가장 중요한 대화는 이해, 통찰, 독특한 경험, 공동체 생활, 또는 성격 등을 달성하는데 가장 인상적인 공동체들과의 대화일 것이다. 기독교인들이 가장 배워야할 필요가 있는 공동체도 바로 이런 공동체이다. 그들이 종교적이든 비종교적이든, 그리고 그들이 기독교와 얼마나 다른가 와도 아무런 상관이 없다. 전통적인 기독교의 증언이 최소의 효력만을 발휘할 수밖에 없는 대화 공동체는 바로 이런 공동체일 것이다. 그리고 실제로, 이런 공동체 구성원의 기독교로의 개종이 자신의 독특한 장점들을 버리는 것이라면, 그런 개종은 따가운 눈총을 받으면서 챙기는 이득에 지나지 않는다. 만약 모든 유대교인들이 기독교로 개종하는 것이 유대교의 말살을 의미하는 것이었다면, 세계는 더욱 황폐한 곳이 되어 버렸을 것이다.

그런 집단의 대표자들과의 대화는 무엇보다도 기독교인인 우리 자신들을 위해 하는 것이다. 우리는 그들로부터 배움으로써 우리의 삶이 보다 풍요로워지고 우리의 신앙이 보다 순수해지기를 희망할 수 있다. 물론 우리도 우리 자신의 전통에서 참되고 가치 있는 것으로 믿어온 것을 그들에게 제공할 수 있다. 우리의 대화 상대자가 성장하도록 도전을 제기하는 방식으로 우리 전통의 중요성을 보여주는 것도 우리에게 매우 중요할 것이다.

그러나 이런 대화는, 성공한다면, 대화를 빠르게 넘어가게 될 것이다. 이런 대화는 간혹 대화의 "위험"으로 언급되곤 하는 것을 깨닫게 한다. 이 위험은 상대로부터 듣는 과정에서 피상적인 방식 이상으로 변화를 강요받게 될 것이라는 점을 말한다. 기독교의 대화 이론은 상대방에게 그런 위험을 부과하고픈 희망과 관련해서는 양면적이다. 그 대화 이론은 개종시키려는 의도는 부정하지만 모든 것을 변형시킬 수 있는 능력 속에서 기독교의 진리가 들려질 수 있도록 증언하는 것이다. 그러나 지금까지 기독교의 공식적인 대화 이론은 기독교 참여자의 입장에 관해 근본적인 변화를 희망할 가능성에 대해서는 거의 아무 것도 말하지 못해왔다. 비록 우리가 살펴왔듯이 대화에 참여한 자들이 이런 상황을 변화시키기 위해 열정적으로 활동해 왔지만 말이다.

나는 대화를 넘어서면 상호 변형을 향한 지향이 놓여 있음을 제안하는 바이다. 우리는 이런 상호 변형의 지향을 단순히 대화의 다른 단계라고 말할 수도 있을 것이다. 그렇게 말하고 싶다면 말이다.

그럼에도 불구하고, 한 기독교인이 대화의 상대로부터 처음으로 중요한 무엇인가를 배우게 된다면 그 즉시 이 새로운 이해를 내적으로 자기화하여 자기 전통으로 통합해내는 많은 작업들은 대화를 더 연장해서가 아니라 혼자나 다른 기독교인들과 더불어 더 잘 수행하게 될 것이다. 몇 가지 의미 있는 발전이 이런 작업을 통해 이루어질 수 있어야만, 대화 참여자들은 새롭게 도달한 입지에서 또다시 만나 중요한 대화를 재계할 수 있게 될 것이다.

누가 대표자의 역할을 할 것인지, 그리고 누구 대화를 통해 스스로 의미 있는 변형을 겪게 될 것인지에 관해서는 하나의 예민한 문제가 존재한다. 개인들이 연관되어 발생하는 변형은 그들이 속한 공동체의 사람들에게 민감하게 의혹들을 발생시킬 수도 있을 것이다. 그러나 지도자들(만약 진정한 지도자들이라면) 사이에서의 변화들은 때때로 그들이 지도하는 공동체에 영향을 줄 수 있고, 주게 된다. 가톨릭 지도자들과 유대교 지도자들의 대화로부터 그들에게 초래되는 변화들은 한 시대 전체에 걸쳐 많은 차원들에서 그들을 바꾸어놓을 것이다. 만약 기독교인들과 유대교인의 대화가 참여한 기독교인들에 의해 기독론의 정식화를 수정하도록 한다면, 그리고 이것이 대표적이고 영향력 있는 기독교 집단에서 일어난다면, 우리의 많은 기독론적 작업 속에 암묵적으로 내재하는 반유대주의(anti-Judaism)는 극복될 것이고, 조만간 설교와 기독교 교육도 영향을 받게 될 것이다. 바로 이것이 대화와 대화를 넘어섬을 지향시키는 하나의 정당한 목표인 것이다.

지금까지는 기독교인들의 변형과 개별적인 기독교인을 통한 기독교 자체의 변형에 대해 강조해왔다. 이전의 사례를 따른다면, 기독교가 반유대주의에서 자유로워지기 까지 사과하는 것 외에는 유대교인들에게 제공할 것이 있는지는 미지수다. 기독교인들은 유대인들과의 대화를 통해 반유대주의의 다양한 차원들과 깊이들에 민감해 질 수 있겠지만, 기독교의 가르침과 실제가 변형되는 것은 대화를 넘어선 기독교인의 작업일 것이다. 그런 변형을 겪고 새롭게 탄생하는 기독교는 아주 새로운 방식으로 유대인들에게 접근할 수 있을 것이다. 예수를 그리스도로 선포하는 기독교의 증언도 더욱 확신에 찬 것이 될 것이다! 그리고 아마도 미래의 언제가 유대인들도 예수 이야기가 그들 자신의 역사 속에 다시 통합되도록 자극을 받을 수도 있고, 또한 그런 자극이 유대교의 내적인 역사 속에서 변형의 중요성을 입증하는 사건이 될 수도 있다. 그러나 기독교인들은 우리 자신의 변형이 오랜 기간에 걸쳐 이루어지기 까지 유대인들에게 말할만한 입장에 놓여 있지 못하다. 유대인들과의 대화 속에서 기독교인들이 추구해야할 목적은 스스로를 변화시키는 것이어야 한다.

두 개의 공동체들을 상호 근접시킬 때 관련되는 것은 단순히 교리상의 적응의 문제가 아니다. 리처드 니버(H. Richard Niebuhr)는 진짜 관련된 것은 그들 각자의 역사적 기억들의 변형을 포함한다고 바르게 지적하였다. 1941년 저술에서 니버는 기독교 내에서의 분열들과 그 분열들이 극복되는 방식에 초점을 두었다. 니버는 다음과 같이 말하였다:

> 예수 그리스도에 대한 공동의 기억들을 통하여 가톨릭은 베드로의 죄를

회개하고, 개신교는 루터의 죄를 회개하기 까지 가톨릭과 개신교의 화합은 불가능할 것이다. 즉 개신교도들은 토마스 아퀴나스를 자기 신앙의 선조들 가운데 하나로 인정하고, 종교재판소를 자기들의 죄로 인정하며, 그리고 이그나티우스 로욜라를 자기 종교개혁자들 가운데 하나로 인정하기 까지, 그리고 가톨릭은 루터와 캘빈을 성인으로 추앙하고, 개신교 국가주의에 대해 회개할 것은 회개하고, 쉴라이어마허와 바르트를 자기 신학자들로 활용하기 까지 가톨릭과 개신교는 화해할 수 없을 것이다.[89]

니버는 적어도 가톨릭 측이 제2차 바티칸 공의회를 시발점으로 그가 지적한 방향으로 얼마나 많이 움직여 갔는지에 대해 놀라움을 금치 못했을 것이 확실하다. 한때에는 종말의 꿈처럼 보이던 것이 구체적으로 현실화 되었고, 실제로 니버가 예견했듯이, 개신교도들과 가톨릭교도들은 현재 공동의 역사로부터 비롯된 기독교인들로서 협력하고 있다.

니버는 기독교인과 유대인 사이의 거대한 분열도 위와 유사한 치유와 관련될 수 있을지에 대해서는 명시적으로 다루지 않았다. 기독교와 유대교 사이에서는 예수 그리스도가 아무런 조건 없이 통일성의 원리로 작용할 수는 없을 것이다. 하지만 우리는 기독교 신학교들의 역사에 관한 연구에서 기독교 공동체가 유대 공동체로부터 분리된 이후 유대 공동체들이 거의 갑자기 시야에서 사라져간 방식에 대해 회개할 수 있다. 우리는 그 당시 이후의 유대교의 역사를 기독교인들로 살아온 우리의 역사로 기억하여 자기화할 수 있다.

89) H. Richard Niebuhr, *The Meaning of Revelation* (New York: Macmillan, 1955), p. 119.

우리는 유대교의 성인들을 되찾을 수 있고, 유대교가 지은 죄들도 회개할 수 있을 것이다. 마치 우리가 기독교의 성인들을 되찾고 기독교의 죄들을 회개하듯이 말이다. 조만간 우리의 "유대-기독교 전통"에 관한 언어가 실재적이고 의미 있게 될 수 있을 것이다. 우리는 예수를 새로운 전통의 창시자가 아닌 유대 전통의 한 진실한 일부로 볼 수 있을 것이다. 그러나 우리가 유대인들과 대화하지 않는다면 이 모든 것들 가운데 어느 것도 할 수 없을 것이다.

이처럼 기독교의 창조적 변형을 강조하는 것은 신뢰할만한 대화의 목적이 대화를 넘어서 계속 진행되는 첫 번째 방식이다. 그러나 기독교의 목적은 기독교만 풍성해지고 순수해지는 것일 수는 없다. 타자들도 마찬가지로 유익해지도록 할 수 있어야 할 것이다. 대화는 선교적 목표를 지향한다. 기독교인들은 타자들과의 대화를 통해 그들에게 차이를 인식시킬 바램을 감추어서는 안 된다.

이제 '대화'와 보다 '전통적 증언' 형태의 차이는 대화가 임의의 공동체의 개별적인 구성원들을 기독교로 개종시키는 것이 아니라, 다른 종교 공동체들에 공헌하는 것과 관련이 있다는 점이 분명해졌다. 적어도 가톨릭 측에서는 이 점이 어느 정도 공식 정책으로 시행되고 있다. 논쟁은 다음 단계로 넘어간다. 논쟁은 다음과 같은 자들 사이에서 존재한다. 즉 논쟁은 구원의 역사를 최종적으론 모든 종교들을 기독교에 종속시키는 것으로 이해하는 자들과, 모든 종교들을 그것들 하나하나의 가치 있는 공헌들을 통해 마지막 까지 스스로의 독자성을 지속시키는 것으로 이해하는 자들 사이에 존재한다.

이 문제는 너무도 예리하게 제기되었는데, 그 이유는 주로 대화를 통해 기독교도 변형을 겪어야 한다는 것이 너무도 부족하게만 고찰되어 왔기 때문이다. 효과적인 기억 속에 유대인의 역사를 진실로 포괄하는 기독교와, 예수를 자신의 역사로 통합해내는 유대교는 비록 하나가 될 수는 없겠지만, 그들 사이에 그어진 현재의 예리한 구분선은 흐려질 것이다. 기독교는 그런 유대교에게서 더욱 많은 것을 배우게 될 것이고, 이런 방식으로 유대인들도 다시 유대화된 기독교로부터 무언인가 배우게 될 것이다. 결과적으로 빚어지는 대화의 새로운 단계는 다시 남아 있는 대립들을 완화시키게 될 것이다. 이런 과정은 유대교를 기독교로 전환시키는 운동으로도 해석될 수 없고, 통상적인 이해처럼 유대인을 더 좋은 유대인이 되게 하는 것으로도 단순히 해석될 수는 없다. 그리스도를 신앙하는 우리들이 믿지 않을 수 없는 것은 더 좋은 유대인이 된다는 것이 예수를 새롭게 자기화하는 것과 관련되어야 하고, 우리가 그리스도(그 칭호가 어떠하든)로 알고 있는 분을 보다 심오하게 신앙하는 것과도 관련되어야 한다는 것이다. 그러나 이런 것들 가운데 지금 의미를 가질 수 있는 것은 아무 것도 없다. 왜냐하면 우리가 기독교의 반유대주의의 오랜 역사에 의식적으로 무의식적으로 참여해온 탓에 아직 우리 자신을 정화하고 변형하지 못하고 있기 때문이다. 이런 이유로 우리는 유대인들의 도움이 필요하다.

나는 기독교인들이 가장 손쉽게 동의할 수 있을 것 같은 사례를 활용해 왔다. 우리의 대부분의 교회들은 유대인들을 개종시키려는 노력을 옹호하지 않는데, 그 이유로는 교회들이 어떤 방식에선 그런 노력이 적합하지 않다고 확신하고 있기 때문이다. 바울의 이론은 유대인들이 이방 교회들에 합류하게 될 것이라는 점이 아니라, 시기가 무르익으면 유대인들이 그리스도를 인정하게 될 것이라는 점이었다. 한편 우리는 유대인들에 대한 역사적 범죄의 깊이를 인식하고 회개하기를 시작하고 있다.

그러나 본서에서 나는 더욱 어려운 사례, 즉 대승불교를 대화의 사례로 다루기를 희망한다. 나는 이 점에서 패턴이 유사해야만 한다고 믿는다. 현재 우리는 사려 깊은 불교도들에게 많은 것을 제공할 수 있는 입장이 아니다. 이유는 유대교의 경우와는 다르다. 반-불교(anti-Buddhism)가 이제까지 우리 전통의 구성 요소는 아니었으며, 불교도들에 대한 우리의 범죄가 유대인들에 대한 범죄와 비교될 수는 없기 때문이다. 그러나 불교는 우리 기독교에는 없는, 실재의 본성에 관한 깊이 있는 통찰들을 지녔다. 불교도가 기독교인이 되기 위해서는 불교적 통찰을 필히 버려야만 한다면, 개종은 하나의 진지한 가능성이 될 수 없다. 그리고 확실히 개종은 기독교 선교의 바랄만한 목표가 아니다. 우리가 불교의 통찰을 공유하고 그 통찰로써 우리 자신의 신앙 이해를 변형시킬 때까지, 불교의 주목을 받을 수 있거나 받아야한다고 말할 수는 없을 것이다. 따라서 우리가 현재 필요로 한 것은 대화를 통해 배우는 것이고, 그 다음 우리의 신념들을 다시 생각하여 대화를 넘어가는 것이다. 그러나 이 모든 것 속에서의 우리의 목적은 단지 우리들만을 계몽하고 개선하는 것일 수는 없다. 불교를 도와야 하는 것도 그 목적에 포함되어야만 한다는 것이다.

불교도들을 향한 우리의 관심은 그들이 더욱 훌륭한 불교도들이 되는데 있다고 우리는 아주 적절히 말할 수 있겠다. 그러나 앞의 경우처럼, 그것은 쉽게 오해를 불러일으킬 수 있다. 우리는 불교도들이 예수 그리스도를 그들의 불교 속에 통합시키지 않는다면 그들은 최상의 중요성을 지닌 실재를 결여하게 된다고 믿는다. 그래서 우리는 그들이 그렇게 한다면 더욱 좋은 불교도들이 될 것으로 믿는 것이다.

불교에 의한 기독교의 변형에 관한 생각은 유대교의 경우에서처럼 불교를 통합해내기 위하여 불교 역사를 효과적으로 기억하는 데까지 거슬러 올라가야 한다. 그런 과정이 이미 시작되었다. 적어도 고타마(Gautama)는 많은 기독교인들에 의해서도 존경받았던 인간 역사 속의 한 인물이었다. 그러나 이 점은 하나의 시작에 불과하다. 동아시아를 거치는 불교의 성인들과 불교의 확장에 관한 이야기는 아직 기독교인들의 효과적인 역사적 기억의 일부가 되지 못하였다. 그리고 팔레스타인에서 일어났던 역사는 불교도들의 효과적인 역사적 기억의 바깥에 머물러 있다. 만약 불교와 기독교가 함께 성장하고자 한다면, 양자는 글로벌한 기억을 계발해야만 한다. 양 종교는 자신들을 보편적인 종교 전통들로 이해하고 있기 때문에, 글로벌한 기억의 계발은 동시에 내적으로 완성되는 길로 나아가는 것이어야 한다.

기독교가 불교에 접근할 때에는 역사적 기억들을 통합하는 것만으로는 충분하지 않다. 불교도들은 자신들의 역사를 거치면서 역사보다 더욱 심오한 실재를 이해하게 된 경험을 얻어왔기 때문이다. 기독교인들이 그 실재에 대해 평가하고 어느 정도는 참여하게 되기

까지, 불교 성인들을 칭송하는 것만으로는 양측의 멀어져 있는 간격을 좁히지는 못할 것이다.

이런 고찰들을 통해 우리는 모든 종교들이 기독교라는 하나의 종교를 목표로 향해 움직여 나간다거나, 아니면 각각의 종교는 구원의 역사에 영구적으로 제각기 분리된 공헌만을 한다는 등의 안티테제(antithesis)를 훌쩍 넘어간다. 불교의 통찰을 실재의 본성 속에 통합함으로써 변형을 겪는 기독교는 우리가 현재 알고 있는 기독교와는 아주 다른 기독교가 될 것이다. 예수 그리스도를 통합해내는 불교도 우리가 현재 알고 있는 불교와는 아주 다른 불교가 될 것이다. 비록 이런 점들이 양 전통들의 차이를 없애지는 못하겠지만, 참신한 대화와 신선한 변형을 위한 새로운 근거를 제공할 수는 있을 것이다. 현재 우리를 날카롭게 나누는 구분선들은 점차로 흐려지게 될 것이다.

불교와 연관된 이런 제안들은 이미 유대교와 이슬람교에게 할 수 있었던 제안들보다 현재의 기독교적 사유로부터 더욱 멀리 있는 것들이다. 이 제안들은 더욱 온전한 많은 설명을 필요로 한다. 본서의 나머지는 대승불교와의 대화를 넘어서 새롭게 전개되는 운동의 첫 단계들을 명확히 밝히고, 그 진의를 제공하는데 바쳐진다.

제 3 장
서양의 열반(涅槃 Nirvana) 해석들

바로 앞 장은 불교가 우리 서양 기독교의 유산에는 없는 실재를 특수하고 심오하게 파악했다는 주장으로 결론을 내렸다. 불교도들은 진정한 실재를 열반(涅槃)이나 공(空)으로 파악한다. 열반에 이르려는 불교의 목표는 서양인들과 기독교인들을 매혹시키기도 하지만 성가시게도 한다. 우리가 그것에 의식을 집중할 경우에 말이다. 불교도들과 대화를 하고 대화를 넘어가는 것은 그들로부터 열반의 의미에 관해 무언가를 배운다는 것을 의미한다. 이번 장과 다음 장은 이런 프로젝트에 바쳐진다. 이번 장은 서양인들이 열반을 이해하기 위해 접근한 역사를 개괄하고, 다음 장은 내가 연구와 대화를 통해 도달한 조직적인 이해를 제공한다.

이번 장은 세 개의 소절들로 나누어진다. 첫 절은 13세기로부터 최근 까지 서양세계가 열반을 이해하기 위해 시도한 역사를 개괄한다. 이 소절에서 요약되는 그 시도는 모두 일반적인 서구인들의 경험에서 활용될 수 있는 범주들의 관점으로 열반을 이해하려고 노력한다. 둘째 소절은 여전히 불완전하지만 철학을 통한 보다 성공적인 접근을 고찰한다. 마지막 절은 기독교의 종교적 경험을 통해 열반을 이해하려는 시도들을 다룬다.

1. 학문적 탐구

우리가 주요한 기회와 도전에 직면할 때마다 과거에 그런 도전을 다루었던 역사를 돌아보는 것은 우리 서양인들의 전형적인 방식인데, 나는 이 방식이 감탄할만한 것이라고 생각한다. 동양은 60년대와 70년대 우리 앞에 돌연히 등장한 세계가 아니었다. 우리의 조상들은 수 백 년 동안, 아니 수 천 년 동안 동양에 의해 매혹되어 왔다. 나는 유럽의 중세 시대에 서양이 동양을 이해해온 내력을 정선해 보이겠다. 열반에 대해서는 19세기와 함께 시작하여 불교의 이 학설을 이해하고자 했던 서구 학자들의 시도들을 어느 정도 보다 상세하게 제공할 것이다.

13세기의 수도사 루브룩의 윌리엄(William of Rubruck)과 마르코 폴로(Marco Polo)와 17세기와 18세기의 예수회 선교사들을 통해 서양 세계는 중국에 대해 긍정적인 상황을 수용하였다. 모든 형태의 동양의 문화들 가운데 유교 문화는 서양인들에게 가장 용이하게 접근할 수 있는 것이었다. 유교 문화는 개인의 도덕성과 사회적 정치적 질서에 기초해 있었다. 광범위한 지역에 걸쳐 중국이 성취시킨 질서는 기독교세계에서 달성된 어떠한 질서보다 탁월하였다. 나아가 야만적 독재나 비인간화와 거리가 멀게도, 서양인들이 만난 중국사회는 유럽의 아방가르드(avant-garde)를 탄복시킨 인문주의 이론과 실제의 요소를 포함하고 있었다. 중국인들은 국가가 백성들을 위해 존재하며, 그래서 덕(德)과 지혜를 가장 잘 갖춘 사람들이 다스려야지, 태생적으로 신분과 지위를 보장받은 사람들이 다스려서는 안 된다고 가르쳤다. 이런 이론들은 국가의 제도들에 일정한 효력을 발휘하고 있었다. 관료 계층은 가장 비천한 농부들을 포함하여 모든 사람들에게 개방된 시험제도에 기초해 있었다. 즉 그 시험들을 준비하여 지식과 훈련을 갖춘 사람이라면 누구나 관료가 될 수 있었다.

13세기 저자들과 보다 나중의 예수회 선교사들은 모두 불교에 대해서도 잘 알고 있었지만, 불교를 진지하게 취급하지는 않았다. 불교는 그들 중 대부분의 사람들에게 우상의 한 형태일 뿐이었다. 비록 어떤 보고자들은 고등한 "무신론적"(atheistic) 형태로 인식하기도 했지만 말이다. 유교적 의례와 의식(ceremonies)이 주로 정치적이고 도덕적이어서, 예수회 선교사들이 어떤 점에서 교황을 설득하여 그것들을 있는 그대로 받아들일 수 있도록 했던 반면, 불교의 실제들은 기독교의 가르침에 완전히 상반된 것 같았고 도전적으로 이해해 보려고도 하지 않았다. 심지어 불교적 경험의 깊이에 대해서는 흘끗흘끗 보면서도 유럽인들의 반응은 매혹이 아니라 두려움에 긴장하는 반응이었다.

그럼에도 불구하고, 상황이 전적으로 부정적인 것만은 아니었다. 기독교 선교사들은 불교의 수도원 생활과 그 훈련에 종종 인상을 받았다. 일본으로의 가톨릭 선교의 위대한 시기 동안에 불교 승려들(특히 선불교 학파)은 지성과 헌신 때문에 예수회 선교사들의 존경을 얻어 냈으며, 신학적 이해를 향한 시도도 있었다. 그러나 기독교인들은 불교가 하느님을 거부하고 무(無)를 주장한 데에는 당혹해 마지않았다. 아무튼 일본 불교와 대화한 기간은 길지 않았고 적극적 결과물도 거의 남기지 않았다.

18세기는 유교적인 중국에 대한 유럽인들의 찬양이 쇠퇴하기 시작하였다. 예수회 선교사들은 자신들이 중국에서 발견할 수 있었던 최선의 것을 유럽에 보고하였다. 이것은 유럽인들로 하여금 유교의 고전들을 연구하고 당시의 중국에서 지배적이던 신유교(新儒敎)로부터 본래의 유교를 차별 지을 수 있도록 하였다. 예수회 선교사들은 자신들의 평가 보고서에서 중국 사회의 실제적인 특징이던 전제군주제와 비도덕성을 온전히 설명해 주지는 않았다. 부정적 측면들이 유럽에 알려질수록, 예수회 선교사들은 신망을 잃어갔고 유교에 관한 흥미도 같이 쇠퇴하였다. 계몽주의 시대 내내 불교는 추정적인 것에 불과한 무신론, 냉담함, 그리고 허무주의로 인해 성미가 고약한 것으로 지속적으로 조명되었다.

19세기 유럽의 관심은 중국에서 인도로 옮겨졌다. 이것은 영국의 인도 지배가 도입시킨 역사적 접촉들과 아울러 유럽 사상의 내적인 역사도 반영된 것이었다.

유럽의 계몽주의는 합리주의적 인문주의의 특징을 지니고 있는 것이었다. 그 주도적인 사상가들은 사회를 미신과 초자연주의에서 자유롭게 하기를 원했고, 모든 질문들을 이성에 종속시키길 원했다.

그 사상가들은 그럴 때에만 인문적이고 진보적인 제도들이 출현할 것이라고 믿었다. 공자(Confucius)는 그런 인문주의자들이 칭송할 수 있는 교사로 여겨졌다. 그는 형이상학적 신학적 신비들에 대하여는 사색하진 않았지만, 인간의 일상사의 합리적이고 공의로운 질서의 유지에 참여했었다. 공자는 인간들을 존중했고 그들에게서 건강한 문화적 품성을 향한 잠재성을 보았다. 공자는 엄격함과 방종 사이의 윤리적 중도를 따르는 교양과 품위를 갖춘 인물이었다.

18세기 후기에 시작된 낭만주의 운동은 유교적 중국 보다는 인도에서 더 표현된 영혼의 깊이와 인격적 욕구들을 향한 민감성을 발전시켰다. 고대 힌두교와 불교의 텍스트들이 활용 가능해지자, 서구인들은 자기들 전통과의 유사성과 차이점에 의해 매료되었다. 불교는 주로 힌두교 사상의 한 계열로 비쳐졌지, 구별된 독자적 종교 전통으로 비쳐지지는 않았으나, 특히 대영 제국(Great Britain)에서 특별한 호소력을 지녔었다.

19세기 대영 제국의 분위기는 믿지 않을 것 같았던 기독교 신앙에 대해 향수에 젖는 분위기였다. 예수는 강력하게 매혹적인 인물로 남아 있었고, 후기 기독교 종교 개혁자들의 적극적 성취들도 호의적으로 평가되고 있었다. 기독교 윤리도 경탄을 자아내어 크게 동의를 얻고 있었다. 그러나 과학적 세계관은 세계의 사건들을 해석하면서 '무로부터의 창조'나 '기적들'이나 '은총으로 구원 받음' 같은 생각 등은 버릴 것을 종용하였다. 하느님에 관한 어떠한 종류의 신념도 문제가 있는 것이었다. 대영 제국은 예수에게서처럼 붓다에게서도 매혹적인 인물됨을 발견하였다. 붓다는 인도에서 종교개혁을 일으킨 자와 같아서 미신과 우상숭배와 사변적 사상이 만연한 인도의 현실을 정화한 자였다. 붓다의 윤리적 가르침도 높이 찬양되었다. 붓다는 은총의 종교가 아니라 자기-구원의 종교를 가르쳤다. 붓다의 세계관은 무로부터의 창조나 기적들을 배제시켰고, 진리(dharma, 법)를 강조하였다. 이 진리는 당시의 대영 제국에서는 도덕적이고 자연적인 법으로 이해될 수 있는 것이다. 붓다에게 '하느님 문제'는 발생하지 않았고, 진화론자들처럼 그도 인간들과 인간 이외의 것들 사이에 연속성(기독교가 종종 반대했던)을 전제하고 있었다. 간단히 말해, 붓다는 기독교가 하지 못한 방식으로 당대의 지적이고 도덕적인 요구에 적합한 모형의 종교를 제공했던 것 같았다.

그래서 불교에 호소하는 것은 실재적이든 추정적이든 19세기 후반의 지성인들에겐 여전히 매력적인 특징들, 즉 서양 전통(특히 개신교의 특징)의 특징들을 구현 하는 것과 다른 것이 아니었다.

하지만 불교는 불가지론적 과학적 세계관에 근거한 고상한 개인적인 도덕성과 단순 동일시되지는 않았다. 불교는 고통의 세계에서 해방될 것을 가르쳤고, 이 해방을 열반이라는 당혹스런 개념과 연관시켰다. 바로 이 점에서 서양의 정신은 불교에서 아주 이질적인 실재를 만났고 명확히 인지하게 되었음에도 불구하고 받아들일 수가 없었다. 일본과 중국에서 기독교 선교사들이 보인 초기의 반응은 열반의 무신론적 성격으로 인해 충격 그 자체였다. 19세기의 불가지론적 유럽인들은 무신론에 호감을 갖고 있었지만, 불교가 인간의 인격성(human personality)과 심지어 삶 자체를 명백히 거부한 것에는 충격을 받았다. 불교에 대한 보다 심오한 실재론적 평가는 불교적 이상(ideal)이 연관될 수 있도록 서양이 문화적으로 변동되기를 기다려야만 했다. 또한 이런 평가는 열반의 의미가 명확히 밝혀지는 것도 기다려야 했다. 이런 점들은 서양에서 불교 연구가 활발히 발전되어야 한다는 점을 필요로 하는 것이다.

불교에 대한 유럽의 학문적 연구를 확립하는데 주요한 역할을 수행한 인물은 유진 부르노프(Eugene Burnouf) 였다. 부르노프는 1844년 불교에서는 열반의 개념이 핵심적으로 중요하다는 점을 알게 되었다.90)

"열반"은 불교가 구원이나 구제에 의한 의미에 붙이는 이름이다. 열반은 개별적 존재의 소멸이나 소거를 수반하지만, 문제는 이런 소멸이나 소거가 무엇을 의미하는 것이냐 하는 점이다. 여기서 서양의 정신에게 제시되는 것은 두 가지 가능성인데, 부르노프는 그 두 가능성들이 모두 불교 학파들에 의해 발전된 것이라고 믿었다. 하나의 가능성은 열반이 신적인 것(deity)에 흡수되는 것이고, 다른 하나는 무(nothing)로 흡수되는 것이다. 부르노프의 연구의 무게는 불교가 무신론이기 때문에 열반은 완전한 소멸이라는 견해 쪽으로 기울어 졌다.

불교에 관한 유럽인들의 많은 반성은 부르노프의 이런 결론들에 의해 형성되었다. 존 스튜어트 밀(John Stuart Mill)은 불교가 널리 호소력이 있었던 것은 일반인들이 자신들의 소멸을 평온한 최후로

---

90) Guy Richard Welbon, *The Buddhist Nirvana and its Western Interpreters* (Chicago: The University of Chicago Press, 1968), p. 58.

받아들일 수 있었다는 것을 보여주는 것이라고 주장하였다. 그러나 일반적인 견해는 결정적으로 다른 것이었다. 개인적 존재의 소멸이나 소거가 제정신이 박힌 사람이 불퇴전(不退轉)의 수고로 추구하는 목표로 여겨질 수 있다는 점은 19세기의 대부분의 유럽인들에게는 믿을 수 없는 일이었다.

막스 뮐러(Max Müller)는 부르노프의 가장 중요한 제자였고 19세기 후반의 지도적인 인도 연구가였다. 그 만큼의 자격으로 뮐러는 대부분의 주의력을 힌두교 연구에 집중했지만, 불교에 관한 견해에도 대단한 무게의 작업을 수행하였다. 뮐러의 믿음에 따르면, 모든 종교의 근본적인 내용은 "무한에 대한 지각"[91] 이다. 그리고 뮐러의 확신에 따르면, 인간은 보편적으로 생명을 향한 갈망을 가지며 최종적으로 불멸성(immortality)을 갈망한다. 그래서 뮐러는 셀 수 없이 많은 사람들이 존재의 소멸에 헌신하는 종교를 채택했다는 사실을 믿을 수가 없었다. 뮐러는 다음과 같이 표현하였다. "인류의 반이나 되는 사람들이 완전한 소멸을 갈망했었다는 점을 … 믿는 것은 사람과 사람 사이에도 종적(種的)인 차이가 있다는 신념을 믿는 것과 다르지 않은 것 같다."[92] 하지만 사람들이 본성에서 본래적으로 서로 다를 수 있다는 것은 생각도 할 수 없는 것이다. 따라서 뮐러는 열반이 기독교의 불멸성과 유사한 실재임에 틀림없을 거라

---

91) Max Müller, *Lectures on the Origin and Growth of Religion* (London: Longman's, Green, and Co., 1889), pp. 26-27, Welbon, *Buddhist Nirvana,* p. 108에서 재인용.

92) Max Müller, *Selected Essays on Language, Mythology, and Religion, II* (London: Longman's, Green, and Co., 1881), pp. 220-21, Welbon, *Buddhist Nirvana,* p. 118에서 재인용.

고 주장하였다.

그러나 뮐러는 열반이 근원적 의미에서 실제로 소멸이나 소거를 뜻한다는 점을 알게 되었다. 그는 너무나 훌륭한 학자였기 때문에 이 엄연한 사실을 모른 척 하고 지나칠 수가 없었던 것이다. 나아가 뮐러는 많은 불교 문헌들에서 이런 부정적 특징이 치열하고도 위축됨 없이 추구된다는 점을 발견하였다. 그래서 뮐러는 하나의 딜레마에 직면하였다. 가장 철저히 명료하게 표현된 형태 속에서 불교의 가르침은 모든 정상적인 사람들에게 불쾌감을 주는 것이 아닐 수 없다. 그런데도 세계의 반이 그것을 애를 써가며 실현하려고 해 왔다니!

뮐러는 인간에 관한 자신의 가장 심오한 확신과 역사적 사실에 대한 자신의 학문적 인식 사이의 갈등을 해결할 수가 없었으나, 자신의 고유한 방식으로 용케도 타협할 수는 있었다. 즉 허무주의적 텍스트들은 이론적이고 철학적인 것들이지, 종교적 삶의 근원에서는 가장 거리가 먼 텍스트들일 것이라는 점을 뮐러는 보여주었다. 종교적인 호소력을 지닌 열반의 의미는 "영혼을 평온으로 들어가게 하는 것, 모든 바람과 욕망을 굴복시키는 것, 즐거움과 고통에 무관심 하는 것, 즉 선과 악에 무관심 하는 것, 영혼의 본래적 함몰과 태어나고 죽는 존재의 굴레에서 자유로워지는 것, 그리고 죽음과 다시 사는 삶으로 부터도 자유로워지는 것"93) 이다.

다른 사람들은 열반을 여하한 종류의 무한이나 신적인 것과 관련

---

93) Müller, *Selected Essays II*, pp. 305-6, Welbon, *Buddhist Nirvana*, p. 125에서 재인용.

시키지 않더라도 충분히 서술할 수 있는 '존재의 상태'로 이해하였다. 이들에게 열반은 이 세상적인 경험의 한 형태일 뿐이었다. 1700년대 초, 기독교 선교사들은 열반을 스토아학파의 무감동(apathy, 부동심)의 관점에서 기술했었다. 1827년 토마스 콜브룩(H. Thomas Colebrooke)은 열반이 "혼란 없는 평온한 행복이나 황홀경의 상태, 즉 동요되지 않는 무감동의 행복한 상태"[94]로 서술했다. 그러나 무감동의 이상화는 소멸이 목표였던 것에서처럼 유럽인들이 반대할 수밖에 없는 것이었다. 열반이 최종적으로 19세기의 지배적인 유럽인들의 정신에 매혹적인 것이 될 수 있었던 것은 오로지 라이스 데이비스(Rhys Davids)가 축복의 상태에 대한 새로운 서술을 제공했을 때뿐이었다. 데이비스는 논증하길, "초기 불교도들이 가르친 열반은 개인의 자기-제어와 정신과 마음의 자기-훈련에 의해 발생될 수 있는 도덕적 조건, 즉 성격이 수정되는 상태였다. 즉 그 상태는 여기 이승의 삶과 이 세계 속의 삶에서 달성할 수 있는 평화와 선(善)과 지혜의 상태"[95]라고 하였다.

그럼에도 불구하고, 데이비스의 견해는 비판적 질문들을 견디는데 실패하였고, 20세기가 거의 30년이 지나며 대안은 다시 두 가지로 좁혀지게 되었다. 불교 연구에 일평생을 바친 푸신(LaVallée

94) Henry Thoman Colebrooke, *Miscellaneous Essays, II,* ed. E. B. Colwell (London: Trübner and Co., 1873), p. 425, Welbon, *Buddhist Nirvana,* p. 28에서 재인용.

95) Rhys Davids, "The Buddhist Doctrine of Nirvana," *Contemporary Review* 29 (1877): 267, Christopher Clausen, "Victorian Buddhism and the Origins of Comparative Religion," *Religion: Journal of Religion and Religions* 5 (Spring, 1975): 12에서 재인용.

Poussin)은 보다 초기에 막스 뮐러가 도달한 결론들에 근접하였다. 푸신은 열반에 대한 본래적인 주요한 이해를 철학적 정식화로부터 구별하였다. 푸신은 철학적 정식화가 열반과 존재의 소멸을 동일하게 보는 방식으로 어떤 기본적인 관념들의 논리를 발전시켰다는 점에 동의하였다. 그래서 열반의 본래 주요한 의미는 고통과 죽음의 영역에서 구출되는 것이고, 열반은 이런 구출이 성인들에게 가져다 준 불멸성의 영역을 지칭한 것이다. 종교적 구출은 "명확히 사변적인 경향성들과 배타적이고 특수하게 헌신적인 실천들 없이도"96) 하나의 훈련과 요가에 의해 달성된다.

그러나 열반의 부정적 의미를 경시하는 것은 당시의 또 다른 위대한 불교학자 데오도어 스체르바츠키(Theodor Stcherbatsky)에게는 완전히 받아들일 수 없는 것이었다. 스체르바츠키는 철학적 학설에서 자유롭고 우리의 실제적 자원들에 관한 정교한 이론의 배후에 있는 본래의 불교를 발견하려는 것은 역사적인 개연성이 없으며 현대 학자들의 소망을 표현한 것에 불과하다고 확신하였다. 그에게 있어서는, 후대의 사변적인 정교화 작업들이 발전되는 업무 속에서 본래 불교의 기본적인 특징들이 정확히 증언된 것이다. 그래서 실체적 존재들이나 인격적 존재를 부정하는 것을 정당화하는 철학적 논증들은 그런 부정이야말로 규범적인 불교에서 핵심적인 것임을 증언하는 것이다.

그럼에도 불구하고, 불교 철학 학파들에 대한 스체르바츠키의 세

96) LaVallée Poussin, *Nirvana* (Paris: Cabriel Beauchesne, 1925), p. 53, Welbon, *Buddhist Nirvana*, p. 282에서 재인용.

밀한 주목은 철학적 논증들이 아주 단순하게 소멸을 부여한 것이 아님을 보여주었다. 그는 인도에서의 불교 사상의 세 시기들을 발견하였다.

그것들 하나하나는 자기의 핵심적 개념을 보유하고 있다. 그것들은 각각 다원론(Pluralism), 일원론(Monism), 그리고 관념론(Idealism)이다. 이것들을 지칭하는 산스크리트 용어들은 푸드갈라 순야타(pudgala-sunyata), 사바-다르마-순야타(sarva-dharma-sunyata), 그리고 바햐-아르타-순야타(bahya- artha-sunyata) 이다. 이 용어들은 부정적으로 정의되는 의미들을 갖는다: (1) 자아의 비실재성, (2) 존재의 모든 요소들(一體法)의 비실재성, (3) 외부 세계의 비실재성. 이것들의 적극적인 의미들은 각각 (1) 상호 연관된 다원성과 인격성의 궁극적 요소들, (2) 상대성과 모든 요소들의 결과적인 비실재성, 그리고 무변화적인 전체의 독특한 실재성, (3) 이 요소들과 인식 가능한 모든 요소들의 관념성. 존재 하는 모든 요소들의 다원성, 상대성, 그리고 관념성을 무시하더라고, 요소들 자체, 존재를 이루는 요소성, 영구적인 실체적 자아의 부정 , 그리고 자아는 낱낱의 요소들로 나누어짐(가령, 오온화합설-- 옮긴이 주) 즉 이것이 이후의 모든 다양한 학설들이 발전하는 핵심적인 개념이다.97)

부르노프로부터 스체르바츠키에 이르는 열반의 의미를 향한 탐구는 우리에게 거의 동일한 기간 동안 발생했던 역사적 예수에 관한 탐구를 상기시킨다. 이 탐구들이 이따금씩 한편으로는 열반과 다른

97) Theodor Stcherbatsky, "The Doctrine of the Buddha," *Bulletin of the School of Oriental Studies* 6 (1930-1932): 871, Welbon, *Buddhist Nirvana*, p. 288에서 재인용.

한편으로는 예수에게 제각기 적대적이었던 자들에 의해 자극을 받은 것이기도 했지만, 그런 탐구들에 참여한 사람들 대부분은 자신들의 주제들을 명료하고 매력적인 것으로 만들려는 희망에 의해 자극을 받았다. 따라서 예수의 경우에서처럼 열반의 경우도 당대 유럽의 교양인들의 영향권에서 수용 가능한 이해 범주들이 허용하는 것에 동화되어 버렸다. 그럼에도 불구하고 두 경우 모두에서 성실한 연구는 그런 동화를 금지시켰고, 그 주제에는 근본적으로 이질적인 실재가 있다는 인식을 불어넣었다. 예수가 낭만주의나 빅토리아의 이상들을 성취한 인물이 아니듯이, 열반도 연구자들 당시의 목표를 표현한 것이 아니었다. 하지만 두 경우들에서 모두 처음에는 부정되었거나 이질적인 것으로 거부되었던 것이 시간이 지나면서 긍정적인 매력을 지니게 되었다.

또한 이와 같은 개괄은 우리가 종종 잊어버리고 있는 연구의 한계들을 상기시켜 준다. 관련 텍스트들은 요청된 질문들에 대한 대답만을 생산할 것이다. 만약 그 텍스트들이 자진해서 다른 질문들과 연관된 다른 문제들에 대해서도 말한다면, 그 문제들이 던지는 의미는 학자들을 매우 난처하게 할 것이다. 유럽의 학자들은 열반이 이승에서의 구원을 지시하는 것이든, 아니면 죽음 후의 구원을 지시하는 것이든, 둘 가운데 하나여야만 한다고 전제한다. 만일 전자라면, 열반은 도덕적 심리학적 관점으로 기술되어야 한다. 그리고 후자라면, 열반은 하느님과 합일하는 것이거나 그냥 소멸하는 것이다.

이에 대한 논쟁은 지금도 여전히 계속되고 있지만, 아직도 해결되지 않는 난제로 남아 있다. 왜냐하면 결정적으로 중요한 텍스트들이 도덕적 심리학적 변화에 대해 언급하지 않을 뿐더러, 하느님이나 무(無)로도 흡수된다고 언급하지 않기 때문이다. 그 텍스트들은 이승에서의 현실적 경험에 대해 언급하지만, 서양의 해석자들이 상상할 수 있는 것보다 훨씬 근본적인 변화의 관점에서 바로 인간의 실존 구조의 한 대안으로 열반을 언급하고 있다. 그 텍스트들은 모든 일상적 실재를 근원적으로 역전시키는 것, 즉 경험의 근본적인 변형으로 자아의 소멸을 언급한다. 열반이 죽음에 가서여 완성될 것이라는 학설은 이 세상에서의 구원과 저 세상에서의 구원 사이의 서양적 차이를 끌어들이는 것이 아니다. 간단히 말해, 불교 텍스트들은 서양의 불교학자들이 접근시킨 사상의 범주들을 통해 이해되기를 불허하고 있었던 것이다.

2. 철학적 접근

학자들은 학자들로서 해당 텍스트들을 위해 제공되는 언어와 개념들을 정상적으로 사용하지만, 철학자들은 그렇게 할 필요가 없다. 실제로 위대한 철학 전통의 주요한 인물들은 제각기 실재를 상상하는 새로운 방식을 제공하였다. 만약 열반이 일상적인 서양 언어가 제공하는 어떠한 범주에도 적합하지 않다면, 철학적으로 이해될 가능성을 남길 것이다.

이런 시도를 했던 첫 철학자는 쇼펜하우어(Arthur Schopenhauer, 1788-1860) 였다. 그는 초창기 불교 연구 시절에 글을 썼으며, 신뢰감이 상당히 의심되는 번역본들을 통해 불교 텍스트들을 알고 있었다. 하지만 쇼펜하우어는 일상인이나 철학자들이 상식의 세계에 안주하는 것이 크게 못마땅했으며, 이에 맞서는 지적(知的)이고 영적(靈的)인 그의 투쟁은 매우 인상적인 깊이로 불교를 이해하도록 그를 준비시켰다.

쇼펜하우어의 믿음에 따르면, 현상의 세계는 인간의 의지의 산물이며, 이 세계는 근본적으로 고통으로 특징지워지며, 구원은 오로지 의지의 소멸에 달려 있었던 것이다. 의지의 소멸이 너무도 근원적인 변화이므로, 우리는 그런 변화가 발생할 때 그것이 무엇인지에 대해서는 어떠한 개념도 형성시킬 수가 없다. 우리는 성인들과 신비가들의 삶을 통해서 오직 그 결과들을 엿볼 수 있을 뿐이다. 쇼펜하우어는 우리가 실재라고 착각하며 경험하고 있는 것을 근본적으로 전복시키는 것이 바로 기독교의 본래적인 메시지라고 주장했지만, 그 메시지가 기독교의 유신론, 창조에 관한 기독교의 관념, 세계의 선(善), 기독교의 인간 중심주의, 그리고 기독교의 도덕성 등으로 심각하게 어두워졌다고 보았다. 그는 그 메시지가 불교에서 더욱 순수하고 분명하게 표현되었음을 발견하였다. 쇼펜하우어의 인식에 따르면, 열반은 우리의 의지와 우리가 실재라고 알고 있는 것이 동시에 소멸할 때 실현되는 상상하기조차 힘든 축복의 상태이다.

하지만 쇼펜하우어의 견해는 열반에 관한 정확한 학문적 설명으로는 확실히 검열을 통과할 수 없다. 본체계와 현상계에 관한 그의 칸트주의적 구분과, 갈애에 관한 불교적 담론과는 다른 차원에서 의지를 강조한 것 등은 쇼펜하우어를 다른 철학적 상황 속에 배치시키기 때문이다. 그러나 인격적 중심의 소멸에 의한 일상적인 실재의 폐지를 필히 수반하는 구원을 향한 쇼펜하우어의 열정은 불교와 놀랍도록 유사하며, 열반의 의미를 향한 그의 통찰은 불교에 상응하게 매우 예리하다. 서양의 불교 학자들이 서양의 지배적 범주들과 함께 계속적으로 작용해 왔기 때문에 쇼펜하우어의 직관들을 등한시하게 된 것은 불행한 일이 아닐 수 없다.

한 세기 후에 마틴 하이데거(Martin Heidegger)는 아주 다른 경로로써 불교에 상응하는 비전에 도달하였다. 하이데거는 존재자들(die Seienden), 존재자들에 관한 분석, 그리고 존재자들을 다루는 서양적 관심으로는 오랫동안 명확치 못했던 존재(Sein)에 대한 이해를 폭로하여 자신의 철학적 작업에 착수하였다. 하이데거의 생각에 따르면, 존재를 파악하는 방식은 존재 물음을 요청하는 자, 즉 인간에 대한 분석을 통해 가능해진다. 이런 지향을 가지고 하이데거는 현존재(Dasein)나 인간 존재를 현상학적으로 설명한 대단한 영향력을 행사한 저서 <존재와 시간>(Being and Time)을 집필하였다. 그럼에도 불구하고 하이데거는 자신이 이 존재에 관해 더 물어야만 한다는 점을 발견하였다.

그런 까닭에 하이데거는 접근법을 바꾸었다. 그는 <존재와 시간>에서는 현존재를 신뢰할 수 있는 것으로 기술한 반면(이 저서가 그 계획들에 책임적일 경우에), 후기 저술들에서는 존재 자체(being as such)에 우선권을 부여하였다. 그는 이 존재가 서양의 전통 형이상학의 존재라는 점을 부정하였다. 하이데거의 이해에 따르면, 서양의 전통 형이상학의 존재는 "존재-신학적"(onto-theological) 존재 이해에 근거한 것이었다. 그리고 존재가 하나의 존재자일 수 없는 것은 확실하다. 존재와 존재자들 사이의 존재론적 차이(ontological difference)가 중요한 것이었다.

존재는 언어로 진술되거나 기술될 수 없기 때문에, 언어는 존재에 의해 스스로가 형성되도록 허용해야만 한다. 이런 방식으로 존재는 개념화되지 않지만, 말하기는 가능하다. 하이데거의 후기 저술들은 존재에 대한 말하기가 아니라 존재에 대한 의식을 환기시킬 의도로 기획되었다. 그 저술들의 목표는 존재를 지적으로 파악하는 것 이상으로 존재를 우리 안에 구현시키는데 보다 주안점을 두었다.

이런 것은 우리가 현재 살피고 있는 불교와 함께 발전되지는 않았다. 그러나 존재 자체에 대한 서양의 전통적 이해가 힌두교의 브라만에 아주 친근한 반면, 하이데거의 완전히 비실체적이고 비이원론적인 존재는 불교의 열반이나 공(空)과 현저하게 유사하다. 이 점이 많은 동양의 학자들에 의해 인식되었고, 한 선불교 전문가와 의견 교환이 이루어지기도 하였다. 그래서 서양에서 철학의 개념을 다시 세움으로써 불교를 이해할 수 있는 가교가 놓이게 된 것이다.

그럼에도 불구하고, 쇼펜하우어와 하이데거가 제공한 가교들을 활용하려면, 값비싼 대가를 지불해야 한다. 만약 우리가 그 다리를 건너간다면, 돌아오는 길이 없다. 다시 말해 우리가 쇼펜하우어나 하이데거의 분석을 받아들인다면, 우리는 불교의 경험 세계로 들어갈 수는 있지만, 기독교의 세계로부터는 차단을 당한다. 불교는 서구의 사상과 경험 양태들을 거부할 때에만 이해될 수 있는 것이다.

세 번째 철학자는 우리가 보다 길게 다루어야 할 사람이다. 그가 다른 두 사람보다 더 심오하기 때문이 아니라, 동양의 사고 양태와 서양의 사고 양태가 모두 타당하다고 생각할 수 있는 가능성을 제공했기 때문이다. 그는 동양과 서양의 근본적 비전들을 상호 보충적으로 본 개척자적 논증을 제시한 <동양과 서양의 만남>(The Meeting of East and West, 1946년 초판 발행)을 쓴 노드롭(F. S. C. Northrop) 이다. 양 전통은 반드시 노드롭이 '분화된 심미적 연속체'(differentiated aesthetic continuum)라고 지칭한 '경험의 순수 직접성'에서 시작한다. 그러나 서양은 이 직접성에 "사상과 추론의 결과에 의해 저지당하고 가정적으로 규정된 이론에 의해서만 충분히 지시적일 수 있는 생경한 이론적 요소"[98]를 놓는다. 다시 말해 서양은 논리적이고, 존재론적이며, 신학적이며, 수학적이며, 그리고 과학적인 관념들을 갖는다. 서양은 이런 관념들을 감각들의 직접 자료들과 상호 관련시킨다. 이 관념들은 모든 사물들의 창조자로서의 초월적인 하느님의 존재로부터 물질 입자들 사이의 중력의 이론에 이르는 범위에 걸쳐 있다. 동양은 이런 것 가운데 어떤 것에도 흥미를 표하지 않았다. 대신에 동양은 '분화된 심미적 연속체'를 통해 '미분화된 근거' 쪽으로 움직였다.

이 농축적인 진술은 쉽게 풀어서 설명할 필요가 있다. 우리는 모두 우리의 주변 환경을 직접 경험함으로써 출발한다. 이 경험은 이미 "테이블"과 "벽"과 "개"와 "사람"이라는 개념과 관념을 포함하고 있다. 하지만 우리는 이런 개념들이 경험의 가장 우선적인 부분이

98) Filmer Stuart Cuckow Northrop, *The Meeting of East and West* (New York: Macmillan, 1946), p. 450.

아니라는 점을 알기 위해 많은 생각을 할 필요까지는 없다. 그 개념들은 세계 속에서 우리에게 임의의 방향을 지시하지만, 이 방향은 여러 가지 가능한 방향들 가운데 하나일 뿐이다. 만일 우리가 다른 문화권에서 자랐다면, 틀림없이 다른 방향이 지시되었을 것이다. 각각의 언어는 그 언어를 사용하는 자들에게 임의의 방향을 지시하는 고유한 방식과 관련이 있다. 또한 우리는 역사와 철학과 예술을 연구함으로써 어떤 개인들은 자기들 시대의 문화적 관습들과는 다른 방식으로 세계를 경험할 수 있으며, 다른 사람들에게 자기들의 새로운 방식들을 채택해 보도록 가르칠 수 있다는 점도 알고 있다.

노드롭은 우리의 서양 세계에서의 조직적인 경험, 즉 이미 우리의 관념에 의해 침투 당해버린 경험에 우리가 집중적으로 주목해 왔다고 가르친다. 동양에서는 우리의 관념들이 조명하는 것만큼 또는 그 이상으로 순수한 경험이 왜곡되어 왔다는 의식이 있어 왔다. 그래서 동양은 서양보다 아직 관념이나 개념에 의해 구성되지 않은 우선적 경험에 더 참여해 왔다. 노드롭이 '분화된 심미적 연속체'라고 불렀던 것은 바로 이 '선(先) 개념화된 경험' 이다. 동양은 서양처럼 활용 가능한 최선의 개념성을 모색하지 않고 그 심미적 연속체에 보다 가까이 머물러 있었고, 그래서 그것을 감각의 흐름으로 경험하고 있었다. 서양처럼 동양도 이 흐름을 넘었지만, 서양이 관념들로써 그것을 초월한 반면 동양은 다른 방향에서 음미하면서 그 흐름을 벗어났다. 동양은 경험들 사이를 구별 짓는 요소들(각 경험을 정돈시키는 특수한 색깔들과 소리들)은 궁극적인 것이 아니라는 인식을 발전시키는 훈련들을 고무시켜 왔다. 따라서 동양은 보다 심층적이고 보다 근원적인 실재, 즉 노드롭이 '미분화된 심미적 연속체'로 확인해 주었던 실재를 지시하고 있었던 것이다. 다시 말해, 보다 근원적인 실재란 우리의 감각 여건들이 직접 경험의 연속체로부터 제거될 때 남아 있게 되는 것이라고 할 수 있다. 이것은 연장된 구체적인 어떠한 것과도 별개로 '순수 연장'(pure extensiveness)과 같은 실재라고 할 수 있다.

노드롭이 해낸 이 구별은 매우 중요한 것이고, 서양을 계발(啓發)시킬 수 있는 것이다. 그러나 노드롭의 구별은 '분화된 심미적 연속체'가 동양 사상의 출발점이라고 본 점에서 그 역할을 과장하였다. 다음 장은 더 상세하면서도 조금 다르게 동양적 경험의 한 형태에 대해 기술할 것이다. 하지만 이 관점에서 노드롭의 실수는 아주 희미한 것에 지나지 않는다.

노드롭 이론의 보다 분명한 약점은 그가 다양한 동양의 문화들을 정당하게 평가하지 못했다는 점에 있다. 노드롭의 책은 동양 문화들의 다양성에 대해 심층적으로 다루었지만, 인도와 중국이 기본적으로 공동의 방향을 지향하고 있다고 표현하였다. 보다 더 최근의 유형들이 보여주는 경향성은 이와 아주 다르다. 글로벌하게 살폈을 때, 문화적 삶과 종교적 삶에는 세 가지 주요한 유형들, 즉 인도 유형, 중국 유형, 그리고 서양 유형이라는 세 가지 유형들이 있는 것처럼 보인다. 버어트(E. A. Burtt)의 제안에 따르면, 인도는 자아와 그 자아가 우주적 성숙을 지향하여 성장함에 관심하였고, 중국은 사회와 개인들 상호 간의 조화로운 관계에 몰두하였고, 그리고 서양은 개인주의, 분석, 그리고 외적인 세계에 흡수당하였다.[99] 이브 콩가르(Yves Congar)는 인도를 관념주의적으로, 중국을 자연주의적으로, 그리고 서양을 이원론적으로 기술하였다.[100] 휴스톤 스미스(Huston Smith)는 "서양은 자연의 문제를 강조하였고, 중국은 사회적 문제를 강조하였으며, 인도는 심리학적 문제를 강조하였다"[101]고 주장하였다. 존 허치슨(John Hutchison)은 인도, 중국, 그리고 서양의 지배적인 종교들을 각각 반(反)우주적, 우주적, 그리고 유신론적으로 기술하였다.[102]

그래서 인도 문화와 중국 문화가 아주 독특하게 다르다는 점에 대해 광범위한 합의가 존재하며, 노드롭의 동양 설명이 어느 쪽에 적합하게 맞는지에 대해서는 의구심이 드는 것이다. 그러므로 분명 이점에서 노드롭의 이론은 수정이 요구된다. 하지만 두 가지 관점에서 노드롭의 이론은 거의 경쟁자가 없는 하나의 모델로 남아 있다. 첫째로, 그 이론은 경험적 근원들에 따른 차이들을 분석하는 것을 강조하고, 둘째로 그 이론은 우리에게 동양과 서양이 어떻게 상호 보충적일 수 있는지에 주목하도록 한다.

동양과 서양이 상호 보충적이라고 단언하는 것은 매우 중요한 진술을 하는 것이다. 만약 이 진술이 옳다면, 우리는 우리의 다양한 문명들의 가장 위대한 성취들을 종합하는 글로벌한 문화의 이상을

---

99) E. A. Burtt, "How Can the Philosophies of East and West Meet?" *The Philosophical Review 57,* no. 6 (November 1948).

100) Yves Congar, *Toward the Unification of the Faiths* (Calcutta: Calcutta University Press, 1957).

101) Huston Smith, "Accents of the World's Philosophies," *Philosophy East and West* (April-July 1957): 8.

102) John Hutchison, *Paths of Faith* (New York: McGraw Hill, 1969).

틀림없이 깨달을 수 있게 될 것이다. 적어도 동양과 서양의 만남은 각각의 정신을 잃어버리지 않으면서 하나가 다른 하나를 풍요롭게 할 가능성을 제공해야만 한다.

노드롭의 상호 보충성의 학설은 두 가지 더욱 일반적인 견해들을 거부하는 것이다. 우선 이 학설은 모든 곳의 인간의 경험들이 기본적으로 동일하다는 견해를 거부한다. 즉 차이들은 피상적인 것에 불과하다는 견해를 거부한다. 둘째로 이 학설은 동양과 서양의 차이가 결국 모순적이라는 견해도 거부한다. 만약 동양의 견해와 서양의 견해가 모순적이라면, 자연과 인간과 신성에 관한 동양적 견해를 수용하는 것은 서양의 견해에서 본질적인 것을 거부해야 하는 것이다. 노드롭을 따라 나의 논제는 우리가 동양에서 발견한 것이 서양인들이 달성한 것과 뿌리부터 다르다고 하더라도, 모순은 아니라는 것이다. 원칙적으로 우리가 동양으로부터 배우는 것은 서양이 성취한 것을 보충하는 것이다. 내가 "원칙적으로"란 말을 사용한 것은 동양과 서양이 표면상으로는 이런 점 저런 점에서 상호 간 모순적인 것처럼 보이지만 사실은 그렇지 않다는 점 때문이다. 오직 보다 심층적인 분석을 통해서만 표면적인 모순은 서로를 풍성하게 하는 대비들로 전화(轉化)될 것이다.

3. 종교적 접근

20세기의 서양인들이 일반적으로 동양 사상(특수하게는 불교)을 이해하려면, 존 던(John Dunne)이 “건너가기”103)(passing over)로 명명하도록 가르쳐준 것이 필요하다는 인식이 증가해 왔다. 이것은 상상력을 동원하여 다른 전통의 정체성을 얻기 위해 우리가 할 수 있는 모든 실마리들을 활용하는 문제이므로, 우리는 그 다른 전통을 그 내부로부터 이해하기 위한 시도를 할 수 있다. 이것은 이질적인 현상(현재의 문맥에서는 불교의 ‘열반’-- 옮긴이 주)이 파악될 수 있도록 범주들의 목록을 늘릴 가능성을 열어준다. 그런데 그렇게 건너간 다음에는 상상된 경험을 확대하여 자신의 고유한 세계로 복귀해야만 한다. 쿠타트(Jacques-Albert Cuttat)는 다음처럼 말한다.

> 광신자는 동양 종교들의 어떤 특수한 교의가 인간의 정식화 차원에서는 명확한 사실인 기독교 교리와 양립할 수 없다고 고찰하는 자가 아니다. 오히려 광신자는 가장 사욕이 없는 금욕적 시도 후에 열반과 삼마디(인도 종교에서의 선정, 명상의 최고 경지- 옮긴이 주)와 타우히드(tawhid, 이슬람교에서 최고 존재의 유일성을 강조하는 개념- 옮긴이 주)를 부르는 동양인들의 영혼과 하느님 사이에서 실제로 일어난 것을 스스로 묻지 않으려는 사람이다.104)

이 진술은 ‘건너가기’를 요청하는 것이다. 이 건너가기가 내포하

---

103) John Dunne, *The Way of All The World* (New York: Macmillan, 1972), p. ix.

104) Jacques-Albert Cuttat, *The Encounter of Religions: A Dialogue Between the West and the Orient,* trans. Pierre de Fontnouvelle (New York: Desclee Co., 1960), p. 68.

고 있는 위험은 상상력의 관점이 서양의 기존 범주들에 의해 설정되기 때문에 유일무이하게 독특한 열반의 경험을 충분히 이해할 정도로 충분히 건너가지 못할 수도 있다는데 놓여 있다.

종교적 경험을 검토하여 동양 종교를 이해하려던 고전적 작품은 루돌프 오토의 <동서 신비주의>(Mysticism East and West)[105]였다. 오토는 기독교의 어떤 형태들과 힌두교 신비주의(특히 에크하르트와 상카라)가 현저하게 유사하다는 점을 보여주었다. 자신들의 신비 전통들에 친숙한 서양인들은 힌두교의 중요한 형태에 신선하게 접근할 수 있게 되었던 것이다. 이런 시도는 동일한 전통(여기서 언급된 것으로는 에크하르트 신비주의-- 옮긴이 주)을 불교를 이해하기 위한 가교로도 활용하려는 노력을 고무시켜왔다. 이런 접근에서는 열반 역시 에크하르트가 합일을 추구했던 신성(Godhead)과 근원적으로 동일한 것으로 이해되었다. 에크하르트에게 매혹된 불교도들은 이런 이해를 자주 격찬해 왔다.

점차적으로 신비주의에서 베단타 신비주의(Vedantist mysticism)가 가장 철저하게 발전된 형태로 인식되었다. 동과 서를 막론하고 다른 종교 전통들은 저런 의미의 근원적인 경험들을 표명하는 것들을 추구해 왔다. 헉슬리(Aldous huxley)는 <영원의 철학>(The Perennial Philosophy)[106]에서 주요한 모든 전통들의 신비주의적 언명을 모으고 해석해 왔다. 이런 형편에서 불교는 모체가 되는 힌두교 신비주의 경험의 상이한 표현으로 보여 졌다. 열반은 모든 곳에서

---

105) Rudolf Otto, *Mysticism East and West* (New York: Macmillan, 1932).
106) Aldous Huxley, *The Perennial Philosophy* (New York: Harper & Brothers, 1945).

불리는 하나의 궁극적 실재, 즉 알라, 신성, 도(Tao), 브라만 등의 다른 이름으로 이해되었다.

서양 학문에서 이런 신비주의 전통은 프리초프 슈온(Frithjof Schuon)의 <종교의 초월적 일치>(The Transcendent Unity of Religion)[107]에서 신선한 표현을 얻었다. 슈온은 모든 종교들에서 비의적 요소와 외면적 요소를 구별하여 보편적 동일성이나 신성에 대한 비의적 경험이 외면적 다양성들이 발생하는 공동의 근거라고 주장하였다.

금세기, 특히 제2차 세계 대전 이후 하나의 새로운 요소가 서양의 불교 해석에 제공되어 왔다. 이 요소는 동양과 서양의 최고 권위의 대표자들의 실천적 대화였다. 고대의 텍스트에 대한 연구는 텍스트에 대한 엄밀한 연구에 참여할 수 있고, 자신의 관점에서 서양 학자들과 토론할 수 있으며, 동시에 해당 텍스트들이 지적하는 경험에 대해 말해 줄 수 있는 생존하는 불교 학자들과의 만남으로 보완된 것이다. 이 불교학자들은 주로 일본인들이었지만, 반드시 그런 것만은 아니었다. 이 일본인들은 선불교 전통에 서있으며 1945년 작고한 철학자 니시다 기타로(Nishida Kitaro)에게서 영감을 받아온 사람들이었다. 불교의 명상 수련의 가능성과도 결합된 이 대표자들과의 대화는 서양의 불교 이해에 새로운 장을 열어주었다.

대화에 나선 가장 영향력 있는 불교 측 인물은 선불교를 서양인들에게 해석해 주는데 일생을 바친 스즈키(D. T. Suzuki) 였다. 미국

107) Frithjof Schuon, *The Transcendent Unity of Religion* trans. Peter Townsend (New York: Harper & Row, 1975). French original, 1948.

측 배경에서는 가톨릭 신비주의자 토마스 머튼(Thomas Merton)이 새로운 전기와 괄목할만한 족적을 떠맡게 되었다. 1961년 이 두 사람 간의 대화가 <새로운 방향들 17>(New Directions 17)로 출간되었다. 이 대화에서 스즈키는 기독교를 "정서적, 인격적, 그리고 이원론적"으로 기술하였고, 선불교는 "비정서적, 비인격적, 그리고 비이원론적"[108]으로 기술하였다. 머튼은 "기독교 신비주의의 강력한 인격주의 색조(무형의 것일 때조차)가 전반적으로 선불교의 경험과 완전히 동일하다는 것을 금하는 것 같다"[109]는 점에 동의했지만, 그 구별을 다르게 정식화 하였다. "불교도에게서 삶은 정적이고 존재론적 충만감인데 비해, 기독교인에게 삶은 역동적 선물이며 충만한 사랑이다"[110]. “”

선불교의 핵심 용어는 열반에 상응하는 공(空, Emptiness, Sunyata)이다. 스즈키는 기독교의 가난 개념에서 선불교의 공을 설명하기 위한 접촉점을 발견하였다. 머튼은 공을 '마음의 순수함'이라는 기독교의 목표와 결부시켰다. 그러나 머튼은 마음의 순수함이 기독교의 궁극적 목적은 아니라고 주장하였다. 그것은 참신하게 출발할 수 있는 근거가 되는 것일 뿐이다.[111] "마음의 순수함은 사람을 하느님과 하나 되게 하는 통일성과 공의 상태에 두게 한다. 그러나 이것은 성서에서 계시된 하느님의 실재적인 역사를 위해 필요한

---

108) 참조. Thomas Merton, *Zen and the Birds of Appetite* (New York: New Directions, 1968), p. 133.

109) 위의 책, p. 135.

110) 위의 책, p. 138.

111) 위의 책, p. 131.

준비일 뿐이다. 하느님의 실재적인 역사는 새로운 창조의 역사, 죽은 자의 부활, 그리스도 안에서의 모든 사물들의 회복이다."112) 그래서 머튼에게 있어서 불교의 목표인 열반과 공(空)은 하느님 나라를 향해 가는 기독교인의 여정 가운데 중간 정거장쯤 되는 경험에 상응하는 것이다.

스즈키는 이처럼 선(禪)을 기독교적 경험의 중간 단계에 배속시키는 것은 머튼이 생각한 공이 "충분히 멀고 깊게 나가지를 못했음"113)을 무심코 드러낸 것이라고 믿었다. 기독교의 경험은 기독교인을 하느님과 관련시키지, 신성(Godhead)과 관련시키지는 않기 때문이다. 선불교의 공은 하느님에 의해 충만해지는 것이 아니라 신성의 충만함 그 자체이다.

이런 비판을 하면서도, 스즈키는 선 수행에 관심 있는 기독교인들을 격려하였다. 스즈키는 선이 "도교인, 유교인, 심지어 신도교인"에 의해 수행될 수 있는 것이며 "선 체험은 서양 철학에 의해서도 설명될 수 있다"114)고 단언하였다. 정확히 다시 말해, 선은 "그 직관적 가르침이 방해만 받지 않는다면 거의 모든 철학과 도덕적 교리에 스스로 적응할 수 있는 유연하고 융통성 있는 것이다."115) 머튼도 선(禪)이 어떠한 구조에도 구애받지 않으며 심지어 불교의 구조에도 구애받지 않는다는 합리적인 결론을 피력하였다.116) 그렇지

---

112) 위의 책, p. 132.
113) 위의 책, p. 133.
114) Daisetz Teitaro Suzuki, *Zen and Japanese Culture,* Rev. 2nd ed. (New York: Pantheon Books, 1959), 다음에서 재인용, Nancy Wilson Ross, *Three Ways of Asian Wisdom* (New York: Simon & Schuster, 1966), p. 142.
115) Suzuki, *Zen and Japanese Cultures,* p. 63.

만 동시에 선은 불교의 가장 순수한 형태이다. 왜냐하면 불교야말로 정말로 구조로부터의 자유를 지향하기 때문이다. 따라서 머튼은 자신이 할 수 있는 한 "선한 불교인이 되는 것"117)에 착수했지만, 선을 기독교 신비주의 경험의 첫 단계에 도달하는 수단으로 이해하고 있었다.118)

서양의 신비가와 동양의 선불교도와의 대화는 이전에 출현했던 어떠한 것과도 아주 분명히 다르게 평가해 줄만한 이해로까지 진출하였다. 선은 이제 기독교의 중요한 목표들을 달성하는데 매우 우수한 수단으로 조명될 수 있게 되었다. 비록 한계가 없는 것은 아니지만 말이다. 비록 출판된 대화가 많은 질문들을 남기고, 머튼의 급작스런 죽음이 우리로 하여금 불교로의 지속적이고 훈련된 건너가기의 온전한 결실들과 계속 조우하도록 하지는 못했지만, 머튼은 일본에서 선불교 지도자들과 기독교 신비가들이 지속적으로 대화하도록 격려하였다. 이제 윌리엄 존스톤(William Johnston)이 그 대화에서 핵심적인 인물이 되었다.

---

116) Merton, *Zen and the Birds of Appetite,* p. 4.

117) Raymond Bailey, *Thomas Merton on Mysticism* (Garden City, New York: Doubleday, 1975), p. 174.

118) 불교에 대한 이와 유사한 하나의 평가(이 때에는 힌두교 신비주의와 관련하여)가 스리 아우로빈도(Sri Aurobindo)에게서 발견된다는 점이 인상적이다. 다음을 참조, Satprem, *Sri Aurobindo, or the Adventure of Consciousness,* trans. Tehmi (New York: India library Society, 1964), pp. 138-46. 이 책의 141쪽의 한 단락이 *Sri Aurobindo on Himself and on the Mother*(1953, p. 154)에서 다음과 같이 인용되었다. "나의 해방된 의식 속에서 열반은 나를 실현하기 시작하는 것으로 나타난다. 즉 열반은 완전한 것을 향한 첫 단계이지, 유일하게 가능한 참된 달성도 아니며 심지어 절정에 이른 피날레도 아니다."

존스톤은 1970년에 <고요한 지점: 선불교와 기독교 신비주의 고찰들>(The Still Point: Reflections on Zen and Christian Mysticism)을 출판하였다. 우선 존스톤은 선에는 기독교의 경험에서는 발견할 수 없는 특수한 경험이 있다는 점을 분명히 한다. "기독교 신비주의에서도, 선불교에서도, 그리고 엘리어트(T. S. Eliot)의 미학적인 경험들에서도 우리는 많은 분할들과 구획들과 부분들을 가지는 영혼의 삶의 영역을 접하고 있다. 개념을 초월하는 전체 장(場)이 극도로 다양하다고 진실로 생각한다."[119] 그래서 경험에는 주체-객체의 구별을 잊게 할 수 있는 다양한 유형들이 존재한다.[120] 선은 단지 하나의 유형이다. 그럼에도 불구하고, 존스톤은 서양의 신비적 경험과 요가와 수없이 비교하며 열반이나 깨달음(satori)의 이해를 안내하였다. "선의 특별한 특성은 … 무아(無我) 이다. 자아는 상실된다. 의식이 (모든 내용들을 소비함으로써) 자아 없이 순수하게 남거나 공백으로 남는 요가 식 집중 형태에서 상실되는 것이 아니라, 주체와 객체의 동일화로 인해 상실되는 것이다."[121]

존스톤은 이런 경험이 물리적 정신적 건강과 또한 영적 건강에 미치는 가치에 관해서는 조금도 의심하지 않았다. "나는 선(禪) 수행 기술들이 두뇌뿐 아니라 신체 전체에 있어서도 휴식하고, 고요해지며, 더 깊게 생각하며, 자신들을 하느님의 사랑에 맡기며, 신앙의 진리를 생각하는 방식들에 관해 기독교인들에게 가르침을 줄 수

---

119) William Johnston, *The Still point: Reflections on Zen and Christian Mysticism* (New York: Fordham University Press, 1970), p. 77.

120) 위의 책, p. 51.

121) 위의 책, p. 57.

있다고 제안한다."[122] 그럼에도 불구하고, 존스톤은 기독교인이 선을 활용할 때 얻는 경험은 불교인의 경험과 같지 않다는 점을 인식하였다. "기독교인과 불교인은 명상이 수행자의 고유한 삶의 철학과 완전히 분리될 수 없다는 점에 동의한다."[123]

종교적 경험으로 불교에 접근하는 것은 그 접촉점으로 반드시 신비주의 경험만을 활용해야 하는 것은 아니다. 신비적 경험이 다른 곳에 초점을 둘 때에는 열반에 대한 이해로 직접 향해 나아가지는 않는다. 옛 자아를 죽이고 새 자아로 살아나는 십자가와 부활에 관한 기독교의 이해는 불교의 무아 학설을 이해하기 위한 접촉점으로 활용될 수 있다. 도널드 스웨러에 따르면, 불교의 학설을 이해하게 되었을 때 기독교인들은 "옛 창조에서 새 창조로 가는 영적인 여정의 가장 심오한 의미를 재발견할 수 있을 것이다. 나아가 기독교인들은 그리스도의 생명을 옛 자아 이미지가 십자가에 달리고 하느님의 형상을 회복하는 새로운 존재가 출현하는 생명으로 이해하게 될 것이다."[124] 이것은 특별히 불교에 관한 참된 이해를 달성할 수 있는 '건너가기'와 '복귀하기'의 좋은 본보기가 된다고 할 수 있다.[125]

---

122) 위의 책, p. 171.

123) 위의 책, p. 175.

124) Donald K. Swearer, *Dialogue: The Key to Understanding Other Religions* (Philadelphia: Westminster Press, 1977), p. 83.

125) 퀘이커 교도들이 후원하고 Douglas V. Steere가 의장이 되어 주관한, 다음의 저술에 들어 있는 1967년의 Oiso 콘퍼런스 보고서도 참조하라. Heinrich Dumoulin, *Christianity Meets Buddhism* (LaSalle, Illinois: Open Court Press, 1974), pp. 42-56.

도널드 스웨러(Donald Swearer)는 태국에서 소승 불교를 폭넓게 경험한 이후 글을 써왔다. 보다 초기에 윈스턴 킹(Winston King)은 버마에서의 스무 달의 체류를 토대로 불교와 기독교를 실질적으로 비교한 글을 써왔다.[126] 프레드릭 스트렝(Frederick J. Streng)은 대담한 연구서인 <공(空): 종교적 의미 연구>(Emptiness: A Study in Religious Meaning)를 출간하였다.[127] 이 연구서는 불교 문헌으로 깊숙이 들어간 자취를 반영하고 있다. 이 저술들은 종교들의 역사에 관한 '학문적 연구 방법론'과 현실의 대화 속에서의 '상상적이고 실존적인 관련성'을 결합시킨 새로운 시대를 대변한다. 불교 전반(특수하게는 열반)에 대한 책임적 이해가 비로소 가능해진 셈이다.

---

126) Winston King, *Buddhism and Christianity: Some Bridges of Understanding* (Philadelphia: Westminster Press, 1963).

127) Frederick J. Streng, *Emptiness: A Study in Religious Meaning* (Nashville: Abingdon Press, 1967).

제 4 장
불교로 건너가기

앞 장은 서양의 기존 범주들을 통해 열반을 파악하려던 학문적 시도가 실패한 역사를 개괄하였고, 열반을 철학과 종교 양자의 경험과 결합시켜야 비로써 불교 연구가 가능해지는 발전 방식을 보여주었다. 이번 장의 과제는 열반과 공(空)을 서양인들에게 친숙한 기독교의 관념들과 비교해가며 조금 더 정합적인 이해를 제공할 것이다. 나의 설명은 노드롭의 설명과는 확연히 다르지만, 나는 그를 통해 불교를 이해하기 위해선 우선 그쪽으로 건너간 다음 다시 복귀하여 열반과 기독교 신앙의 상호 보충적 관계를 제시하는 것이 가능해짐을 믿도록 고무되었다. 이것은 다음 장의 과제가 될 것이다.

불교로 건너갔다가 기독교로 복귀하는데 나에게 가장 위대한 원조를 제공한 철학은 알프레드 노드 화이트헤드(Alfred North Whitehead)의 철학이다. 화이트헤드는 노드롭의 스승이었고, 노드롭의 기본적 범주들도 화이트헤드에게서 파생된 것이었다. 그러나 노드롭은 화이트헤드의 개념 체계를 단순화시켰고, 동양의 견해(특히 불교를)들을 보다 차별적으로 설명하는데 풍성한 결실을 가져다 줄 측면들을 발전시키지도 못하였다.

여기서 표현되는 나의 열반 이해가 불교를 정확히 이해한 것이라는 주장은 어불성설일 수도 있다. 무엇보다 나의 이해는 소승불교가 아니라 대승불교를 지향한다. 본서의 서문에서 지적했듯이, 나의 이해는 주로 몇 사람의 일본 불교 학자들과의 대화를 통해 도달된 것이다. 그들은 대개 선불교도들이지만 정토불교 전통의 사람들도 있다. 이 대화는 어떤 텍스트들은 영어 번역본으로 알맞게 연구한 것이나 이차 문헌들을 참조한 것과 연관되기도 하였다. 그럼에도 불구하고, 내가 여기서 제공하는 것은 정상적이고 규범적인 열반 이해에 거의 다가선 것으로 나 자신은 믿고 있다.

대승 불교 사상과의 충분한 대화를 위해서는 열반과 더불어 다른 주제들도 고찰될 필요가 있다. 하지만 불교의 지혜에는 중심과 주변의 차이가 존재할 것이다. 대화가 주로 주변에서 이루어지더라도 많은 것을 배우겠지만, 주변의 문제들조차도 참되게 이해하지 못할 수도 있다. 주변의 문제가 중심의 문제와 관련해 파악되지 않을 때에는 명확하게 이해하고 동의해야할 핵심들이 주변적인 것으로 해소된다. 불교 승단과 사원 제도, 역사와 사회에 관한 불교의 견해, 불교 윤리학과 불교 심리학, 카르마와 고통과 죄와 죽음에 관한 불교의 학설, 경전과 자연과 예술에 대한 불교의 태도 등등 – 이 모든 것들은 대화를 위해 중요하고 또 흥미를 자아내는 주제들로서, 이 문제들이 논의될 때 많은 것들이 이해될 수 있을 것이다. 하지만 분명 이 문제들은 불교를 위해 문제의 중심에 있는 것들은 아니다. 문제의 핵심은 열반과 공(空) 이다. 이 핵심이 이해되고서야 다른 주제들도 충분히 이해될 수 있게 된다.

이 때문에 이번 장과 다음 장의 열반에 대한 논의는 대화를 위해 활용될 수 있는 다양한 흥미로운 주제들 가운데 하나를 무작위로 뽑아든 것처럼 이해되어서는 안 된다. 나의 논의는 불교와 기독교 간의 핵심 이슈, 즉 불교가 기독교에게 제기하는 본질적 도전에 접근해가는 방식으로 의도되었다. 만약 기독교가 이 점에서도 불교의 통찰을 자기화한다면, 나의 논의는 어느 정도 자신감에 차서 다른 문제들도 다룰 수 있게 될 것이다.

나는 네 가지 방식으로 해당 주제에 접근할 것이다. 첫 소절은 열반이 모든 갈애와 집착을 끊는 것임을 기술할 것이다. 여기에는 '하느님'과 '자아'와 '이해'에 대한 집착이 포함된다. 두 번째 소절에서는 열반이 자아의 소멸, 더 정확히 말해, 소멸할 자아도 실은 결코 있어 본적이 없다는 깨달음으로 제시된다. 셋째 소절은 열반이 궁극적 실재라는 점에 대해 논의한다. 열반은 하느님에 관한 성서의 관념과는 아주 다르다. 열반과 하느님에 관한 가장 심오한 의미에서 이 양자는 비교를 위한 만남과는 별개로 기본적으로 현격한 차이를 보인다. 마지막 소절은 열반에 의해 표현될 수 있는 시간에 대한 태도를 다룬다. 열반에 의한 시간 이해는 선형적 시간과 역사의 의미에 관해 성서가 형성시킨 서양인들의 감각을 가차 없이 제거해 버린다.

네 소절들이 모두 동일한 실재를 논의하고 있기 때문에, 각 소절들은 불가피하게 중복되는 것들이 있을 것이다. 열반은 여러 가지 문제들에 해답이 되는 것이기 때문이다. 서양인들이 조금의 중복 정도는 나쁘지 않을 것으로 이해해 주는 것도 충분히 어려운 일이다.

1. 집착을 끊어버리기

불교는 모든 삶이 고통이라는 판단에서 출발한 후 고통의 원인과 고통이 극복될 수 있는 방식을 분석하는 쪽으로 진행된다.128) 핵심적 분석은 우리가 사물들에 집착하기 때문에 고통을 받는다는 것이다. 우리는 사물들에 대해 욕구를 가지며 사물들에 매달린다. 그래서 이런 집착이 포기되고 사물들에 매달리는 것이 중지돼야만, 우리는 고통으로부터 해방 된다.

앞 장에서는 서양인들이 사물들에의 집착에 대해 불교가 스토아학파의 분석과 유사하다는 이해에 주목하였다. 스토아주의는 우리가 모두 행복을 추구하지만 우리의 행복이 개인으로서 우리의 능력밖의 것에 의존할 때 우리는 행복을 얻을 수 없다고 가르친다. 단지 통제할 수 있는 사물들에만 우리의 욕망을 제한한다면 우리는 행복에 이를 수 있을 것이다. 이것은 육체적으로 우리에게 일어날 수

128) 이것이 베나레스(Benares)에서 행한 네 가지 고상한 가르침(고집멸도의 사성제 -- 옮긴이 주)에 관한 설법의 주제이다. 고타마가 깨달은 직후 행한 이 설법은 불교 저술들의 다양한 수집물들에서 발견된다. 예를 들어 다음을 보라. *The Teachings of the Compassionate Buddha*, ed. E. A. Burtt (New York: Mentor Books, 1955), pp. 29-32.

있는 모든 관심과 다른 사람이 우리에게 가질 수 있는 견해를 포기한다는 것을 의미한다. 또한 이것은 다른 사람에게서도 동일하게 일어날 수 있는 일에 대해 우리가 희망과 두려움을 버리는 것을 의미하기도 한다. 만일 우리가 합리적 일수만 있다면, 우리가 바라는 것을 이룰 수 있으며 아무도 방해하지 않게 될 것이다.

불교는 실제로 어느 지점까지는 분명히 스토아주의와 유사하다. 스토아주의자들처럼 불교도들도 다른 사람이 자기에게 하는 것과 자기들에 대해 생각하는 것에 관심 갖는 것을 끊어버려야만 한다. 또한 그들도 다른 사람들에게 관심을 갖는 것에서 스스로를 멀리해야만 한다. 친구들과 친지들에 대한 염려는 우리들에게서 일어나는 일 만큼이나 파괴적인 것이다.

그럼에도 불구하고, 불교와 스토아학파 사이에는 뿌리 깊은 차이도 존재한다. 비록 스토아주의가 극단적인 과격한 학설로서 서양에서 출현한 것이지만, 불교만큼 극단적이지는 않다. 스토아주의자들에게서는 합리성이나 덕(德)에는 집착해도 되기 때문이다. 하지만 불교도라면 아무 것에도 집착해서는 안 된다. 나아가 스토아주의의 삶은 고통에서 해방되는 것에서도 불교에게 깊은 인상을 주지 못한다. 스토아주의에 있어서는 집착이 포기되어 완전히 자유롭게 된 후에도, 그 삶에는 강력한 의지가 유지될 수 있으며 자기를 통제하는 일도 여전히 가능하다.

아마도 불교는 이런 유사성에서는 기독교에 보다 가까울 것이다. 기독교인들 역시 세계에 대한 집착은 고통으로 가게 할 뿐이라는 점을 잘 알고 있다. 정신적 성숙은 세계 속에서 안전, 평판, 명예,

그리고 성취 등을 향한 갈망을 극복하는 것과 관련된다. 물론 이런 극복을 현실화해 내기는 쉽지 않다. 어떤 기독교인들은 가혹한 금욕주의 실천에 뛰어들지만, 다른 사람들은 불교도들처럼 그런 실천이 자유를 되레 막고 있을 가능성이 높은 것으로 알고 있다. 그리고 다른 기독교인들은 세상의 물건들이 풍기는 매력과 그로 인한 욕망을 줄이기 위해 모든 세속적인 것들의 무상함에 대해 명상하고자 한다. 중세의 수도원에서는 인간의 두개골이 세속적인 목표들의 백해무익함을 상징하였다. 불교의 명상에서도 그에 상당하는 실제들을 발견할 수 있다.

또한 집착으로부터의 자유를 실천적으로 표현하는 데에도 불교와 기독교는 유사한 면들이 있다. 기독교와 불교에는 욕망에서 자유로워지기만 한다면 사람들이 즐거움과 소유물을 갖는 것도 잘못은 아니라는 관념이 공통적으로 존재한다. 인생은 집착에서만 벗어난다면 모든 것들을 향유할 수 있다. 사람들이 욕심과 불안 없이 마음을 열수 있을 때에는 인생이 진실로 향유될 수 있을 것이다. 불교는 세상에 대한 금욕적인 부정과 세상적인 만족의 극단적인 추구 사이의 중도(中道)라고 할 수 있다. 이런 점은 기독교인들도 어렵지 않게 이해할 수 있다.

그러나 세상에 대한 집착을 넘어서는 가장 기독교적인 추구들과 불교의 가르침 사이에는 뿌리 깊은 차이들이 남아 있다. 불교의 요구는 서양에서 발견되는 어떠한 것보다 더 과격하다. 일반적으로 기독교인들은 보다 고상한 욕망을 위해 천박한 욕망을 극복하려고 추구한다. 우리는 이웃에 대한 순수한 사랑을 위해 이기적 자기 관심을 떨쳐 내려고 몸부림친다. 또한 우리는 스스로 더 완전한 영적인 목표들에 헌신하기 위해 세속적 집착에서 자유로워지려고 무던히도 애쓴다. 아니면, 영원한 축복을 위해서는 세속적 즐거움을 포기하는 것이 더욱 탁월하고 현명하다는 점도 발견한다. 특히 그런 즐거움이 현재의 삶의 과정에서 매우 빈약할 때에도 그마저도 포기하는 것도 현명한 것일 수 있다는 말이다.

우리는 어떤 불교의 가르침에서는 상이한 목적들이 상대적으로 가치평가 되고 있음을 발견할 수 있다. 이런 상대적 가치 평가는 일반적으로는 기독교의 것에 상응할 수 있을 것이다. 그러나 이것이 메시지의 핵심은 아니다. 우리는 고귀한 이상들이나 다른 사람들이 행한 선(善)에 집착하면서도 스스로를 이기적 목적에서 분리시키지 않으려고 할 때가 있기도 하다. 이런 의미에서 헌신과 사랑도 궁극적으로는 욕망과 탐심처럼 우리를 고통의 영역에 강하게 붙잡아맨다.

그러나 불교에도 최소한 고통으로부터의 해방(자유)을 달성하려는 것(일종의 집착-- 옮긴이 주)이 있는 것 아닌가? 이 해방의 달성은 기독교인들에 의해 추구되는 영적이거나 타 세계 지향적인 목표들에 상응하며, 불교의 메시지가 그 메시지를 실현하려는 바램을 전제하고 있다는 의미가 있는 것이 사실이다. 만약 그런 바램마저 없다면, 고타마가 추천한 훈련들과 관련되거나 사물들에 대한 집착을 극복하려고 수고해야할 이유가 조금도 존재하지 않게 될 것이다.

그럼에도 불구하고, 서양에서의 일반적인 정식화들과 다르게, 불교는 우리들로 하여금 집착 그 자체를 포기하라고 요구한다. 그것도 완전한 포기를 말이다. 여기에는 고통으로부터 자유로워지는 것,

즉 열반도 포함된다. 만일 열반이 집착되고 추구되는 것이 되어 버린다면, 그것은 달성될 수 없는 것이다. 열반이라는 목표가 달성되는 것은 이 마지막 가장 순수한 바램마저도 소멸시켰을 때에만 가능하다.

기독교의 가르침에도 이와 유사한 어떤 역설이 포함되어 있다. 예수는 우리가 생명을 포기할 때에만 생명을 얻을 수 있다고 경고하였다. 뉴 잉글랜드 신학에는 하느님의 영광을 위해 저주를 자처하는 자만이 구원을 받을 수 있다는 가르침이 있다. 하지만 다시 말해 이런 역설들도 불교의 역설만큼 그 뿌리에 까지 침투해 있지 않다. 기독교에서는 우리의 삶을 하느님과 이웃을 위한 것으로 파악한다. 뉴 잉글랜드 신학이 가르치는 자발적인 저주는 하느님의 영광을 위한 것이다. 불교도들에게는 이런 방식의 동기부여에 의한 행위라도 여전히 집착을 표현하는 것일 뿐이다. 이웃과 그리스도와 하느님에 대한 집착도 다른 어떤 것과 마찬가지로 집착에 불과할 뿐이다. 우리는 더 고등한 것들에 주목하기 위해 보다 저등한 것들에 대한 집착을 포기하도록 소명 받는 것이 아니라, 집착 그 자체를 포기하도록 소명 받았다는 것이다. 이 버려야할 집착에는 우리로 하여금 우선적으로 사람들에 대한 집착을 자발적으로 포기하도록 만들어준 열반을 향한 집착도 포함된다. 우리의 기독교적 유산 속에서는 그리스도에 대한 집착을 포기해야만 한다는 관념을 발견하는 것은 거의 불가능한 일이다. 그러나 불교의 관점에서는 이런 집착의 포기도 절대적으로 요구되는 것이다.

우리가 그리스도에게 집착해야 하거나 하느님께 충심으로 헌신해야 한다고 기독교가 가르치는 한, 불교는 이런 가르침도 고통에서 자유로워지는데 방해가 된다고 이해한다. 불교도들이 하느님의 실재를 부정하거나 그 주제에 관해서는 침묵을 지키는 것도 바로 이런 이유 때문이다. 불교가 전반적으로 지적인 회의주의에 빠져 있기 때문이 결코 아니다. 하느님을 믿는 것은 집착에 대한 가장 뿌리 깊은 유혹을 제공한다. 실제로 하느님에 관한 관념은 일반적으로 고수하거나 갈망하는 것이 아주 정당화되는 자에 관한 관념으로 여겨진다. 하느님을 예배하는 것도 보통 그런 태도를 표현하는 것과 다르지 않다. 이 때문에 불교에서는 예배가 고무적인 행위가 전혀 아니다. 붓다도 쉽게 집착의 대상으로 섬겨질 수 있기 때문에, 이런 취지의 유명한 불교 경구가 있다: 즉 붓다를 만나면 붓다를 죽여라.

불교도들은 가장 널리 퍼져 있는 집착의 형태들 가운데 하나로서 이해(understanding)를 향한 집착이 있다는 점을 발견하였다. 마음은 실재를 파악하려고 추구한다. 따라서 불교 교사들의 가장 유명한 작업은 이런 집착의 끊음을 지향한다. 개념적으로 별 의미가 없는 것을 곱씹거나 일상적인 질문을 하면 그 답으로 걷어차기를 당한다. 지향감각을 상실케 함은 이해에 집착하려는 습관을 끊기 위해서 필요한 것이다.

이런 지향 감각의 상실은 또 다른 기능도 갖는다. 언어와 문화는 우리로 하여금 세계에서 자아와 다른 것을 구별하는 경험을 지향하게 만든다. 우리가 이렇게 분리시키는 경험을 하는 한, 우리는 집착에서 전적으로 자유로울 수 없다. 다시 말해, 집착할 무엇이 있고 그것에 집착하는 자아가 있는 것처럼 여겨지는 한, 우리는 결코 집착으로부터 완전히 벗어날 수 없게 된다는 말이다. 그런 허상의 파괴는 다음 소절에서 다루어진다. 여기서 강조하는 핵심은 우리가 그런 허상에 대한 집착을 포기하지 않는다면 집착을 부채질 하는 허상들을 피할 수 없다는 것이다. 이것은 단순하고 일상적인 관점들에서조차 세계를 개념적으로 파악하려는 욕망과 관련된다. 왜냐하면 우리가 모든 사고 행위를 포기할 때에만 세계는 우리에게 언제나 있는 그대로 여실히 존재할 수 있게 되기 때문이다.

기독교인들에게 그리스도를 섬김은 완전한 자유의 실현 이다. 이 점은 보통 우리가 그리스도에 집착함으로써 다른 모든 집착들에서 자유롭게 된다는 것을 의미한다. 기독교인들은 세계 속에서 살아가지만 세계에 속박되지 않고 세계를 향유하는 능력을 대단히 소중히 여긴다.

불교도들이 집착에서 완전히 탈피하여 발견하는 자유는 기독교보다 훨씬 근본적이고 절대적이다. 어떠한 것이든 모든 사물들에서 완전히 자유로워지기 때문에 모든 지향에서도 자유로워진다. 심지어 그리스도에게도 붓다에게도 속박되어서는 안 되는 것이다. 아쉬울 것도 없고 바랄 것도 없다. 아무 것도 추구하기 않기에 아무 것도 피할 이유가 없다. 그러므로 그런 사람은 죄나 불안 없이 있는 그대로 존재하여 완전히 흡족하게 된다.

이런 점은 우선적으로 기독교인들에게 이기적인 소리처럼 들린다. 그러나 그것은 사실 이기적인 것과 거리가 멀며, 실제로도 이기적인 것이 아니다. 모든 집착을 버림으로써 자아는 사라진다. 자아는 집착에 의해 발생하는 허상의 일부이기 때문이다. 완전히 있는 그대로 있게 됨으로써, 되어야 할 필요가 있는 것을 위해서만 완전히 존재하게 된다. 이것이 완전한 자비이다. 불교의 이상은 모든 유정(有情)의 피조물들을 전체적으로 구제하는 것이지, 하나하나의 개별적인 사람들을 구제하는 것이 아니다. 개별적인 사람이라는 관념도 허상에 지나지 않는다.

불교의 실천들은 반지성주의적이며 반합리주의적인 것처럼 보인다. 그리고 실제로 불교가 그런 것일 수도 있을지 모른다. 그러나 불교의 목표는 무지나 어리석은 행동에 있지 않다. 불교의 목표는 지혜이다. 핵심은 사람들이 지식이라 부르고 생각하는 능력이라 부르는 것에 대한 집착을 버릴 때에 지혜에 다가선다는 점이다. 지혜는 세계를 있는 그대로 완전히 인식하는 것이며 실제로 그런 지혜에 적합하게 세계에 반응하는 것이다. 모든 일상의 지식, 사상, 그리고 개념화는 세계가 자기를 그대로 내보이는 것을 방해한다. 지혜는 그런 세계의 자기 내보임을 그대로 둘 때에만 오는 것이다.

어떤 의미에서 열반은 매우 단순한 문제라고 할 수 있다. 그것은 그저 집착, 갈애, 욕망이 없는 상태일 뿐이다. 그런 것들의 부재가 완전한 지혜와 완전한 자비를 발생시킨다. 더 말할만한 것도 없다. 실제로 열반을 이해하기 위해 개념적 사상을 활용하려는 모든 시도들은 열반의 실현에 장애가 될 뿐이다. 그러나 집착을 극복하는 것은 우리 존재를 매우 근본적으로 변화시키기 때문에 열반이 어떻게 가능하며 무엇이 관련되어 있는지에 관한 이해 위에서 엄청난 개념적 시도들이 이루어져 왔다. 이런 시도들 중 몇 가지는 계속될 다음의 소절들에서 요약될 것이다.

2. 참 자아의 실현: 자아의 소멸

앞 장은 19세기의 대부분의 서양인들이 죽음으로서만 자아와 인격적 존재의 소멸에 대해 생각할 수 있었다는 점을 제시하였다. 이들은 단순한 죽음이 헤아릴 수 없이 많은 불교도들을 고무시키는 목표가 될 수는 없다고 생각했다는 점에서는 옳았지만, 쇼펜하우어 같은 사람은 예외라 하더라도, 자아와 인격적 존재가 신성으로 흡수되는 것(불교도들이 분명하게 단언하지 않는)이 아니라면 달리 어떻게 소멸될 수 있는지에 대해서는 파악할 수가 없었다. 오늘날 우리는 이런 딜레마를 피할 수는 있지만, 대부분의 서양인들이 여전히 알 수 없는 것은 자아가 없는 비인격적 존재가 어떻게 최상의 목표로 추구될 수 있었느냐 하는 점이다. 우리들에겐 불교도들이 말하는 것을 이해하고 평가하는 것이 중요하기 때문에, 나는 나와 함께 참신한 사상의 모험에 동참하도록 여러분들을 초대할 것이다.

우리의 질문은 자아가 실재하느냐 이다. 우리가 이에 대해 고찰하게 되면, 자아는 고찰하고 있는 그 무엇이 된다. 그래서 우리는 자아에 대해 생각하고 있는 자아에 대해 생각해야만 한다. 생각하는 자를 생각하는 것이 가능한가? 또는 우리가 항상 생각하고 있는 것이 생각하는 자에게 하나의 대상에 불과해야만 하는 것인가? 생각하는 자는 언제나 결코 직접적으로는 조금도 생각될 수 없는 하나의 선결조건에 불과한 것인가?

이런 질문들은 복잡함에도 불구하고, 사색하는데 익숙하지 않는 사람들조차 가까운 거리에 둘 수밖에 없는 질문들이다. 당신들이 자신들에 대해 생각할 때 바로 그 때에 생각하는 것은 무엇인가? 아마도 당신은 다른 사람들이 보는 당신의 외모에 대해 생각할 수 있다. 당신이 거울 속에서 보는 당신 자신의 외모 말이다. 그 경우 당신이 (대상인 것처럼) 생각하는 바로 그 "당신"은 생각 중에 있는 "당신"과 동일하지 않다는 점은 분명하다. 당신은 그 생각되는 당신이 어떤 새로운 상황 속에서 느낌을 가지게 되는 방식에 대해 생각할 것이다. 이것은 생각되는 당신과 생각하는 당신을 보다 근접되게 대면시킨다. 생각하는 "당신"은 느끼는 "당신"이기도 하기 때문이다. 그러나 이 경우 현재의 "당신"은 미래 한 순간의 "당신"에 대해 생각하는 중이다. 미래의 "당신"을 예상하고 과거의 "당신"을 기억하는 것이 가능하기 때문에, 당신은 그 현재의 당신에 대해 생각하기를 시도할 수 있을 것이다. 즉 반성적으로 생각하기를 시도할 수 있을 것이다.

이 점에서 바로 문제가 일어난다. 무엇을 생각한다는 것은 생각되는 것을 분리하거나 객체화할 것을 요구한다. 그러나 현재의 생각하는 사람은 바로 그 현재의 생각하는 사람 자체를 객체화할 수는 없을 것 같다. 그래서 우리가 그런 시도를 할 때에는 현재의 생각하는 자라는 관념을 객체화하고 있는 것뿐이다.

문제는 생각하는 것에만 제한되지 않는다. 감각적 경험, 기억, 예상 등은 모두 해당 자료들을 감각하고, 기억하고, 그리고 예상하는 자아로부터의 대상들로 구분한다. 우리는 현재 느끼고, 기억하고, 또는 예상하는 자아를 매우 엄격한 의미에서 느끼고, 기억하고, 예상할 수는 없다. 그렇다면, 자아가 스스로에게 주어지는 자아의 관련된 어떤 다른 양태가 존재하여 어떤 의미에서 그것이 알려질 수 있다는 말인가?

우리는 이런 점이 그렇게 중요한 것은 아니라고 틀림없이 반응할 수 있다. 비록 내가 나의 알고, 감각하고, 기억하고, 또는 예상하는 행위의 순간 속에서 나를 붙잡을 수는 없을지라도, 나는 나 자신을 지나온 순간들 속에서 알고, 감각하고, 기억하고, 그리고 예상하는 자로 기억할 수 있다. 이런 순간들에 근거한 반성을 통해 내가 나의 자아의 존재를 파악한다고 추정하는 것뿐이다. 우리는 부자연스런 회의주의(skepticism)만이 방금 말한 특징들을 나의 현재의 자아로 귀속시키지 못하게 할 것이라고 논증할 수도 있다. 그래서 그런 회의주의를 살짝 우회하면서 나는 나의 자아를 파악할 수 있다고 말할 수 있을 것 같다.

그러나 내가 나의 자아를 파악할 수 있단 말인가? 나의 과거의 자아에 회고적으로 주목하는 것은 현재의 나에게는 하나의 대상에 그치는 것에 주목하는 것이다. 나아가 그런 주목행위는 자기의 자아를 알지 못하는 대상에 주목하는 행위일 뿐이다. 나는 회고적으로 나의 알고, 감각하고, 기억하고, 예상하는 것에 관여할 수 있지만, 자아 그 자체에는 관여할 수 없다. 왜냐하면 그런 자아는 내가 회상하는 경험의 일부가 아니었기 때문이다. 만약 내가 현재의 내 자아를 알지 못한다면, 나는 나중에 해당 경험을 되돌아볼 때 그런 자아를 회상할 수 없다.

서양인인 우리들은 알고, 느끼고, 기억하고, 그리고 예상하는 행위의 기저에 있거나 그 행위들을 초월하는 하나의 자아를 가정하여 붙잡을 수도 없는 자아에 일반적으로 반응해 왔던 것이다. 이 자아는 경험적 행위를 하거나 받는 자로 이해된다. 즉 영향을 주거나 영향을 받는 자로 이해된다. 힌두교인들도 기저의 자아를 가정하지만, 그들은 이 참된 자아가 궁극적으로 행위 하는 자도 행위를 받는 자도 아니라고 가르친다. 그것은 심리학적 흐름의 영향을 받지 않는다. 그러나 불교도들은 그런 자아에 대해서는 어떠한 것도 부정한다. 경험의 흐름은 있지만 기저적 자아나 초월적 자아는 존재하지 않는다. 이 세 가지 반응들이 사상을 위해서나 출현하는 실존의 구조를 위해서나 결정적인 것들이어 왔다. 스즈키는 다음과 같이 말했다. "서양에서는 개별적 자아가 강력히 주장된다. 동양에는 그런 자아가 없다."[129] 물론 스즈키에게는 자아의 부재가 훨씬 더 탁월한 것이었다. 이 점은 스즈키가 그 차이들을 보다 철저하게 기술하는 곳으로 나아갈수록 더욱 분명해진다. 스즈키가 이해했듯이, 기독교는 투쟁성과 배타성을 고무시킨다. 기독교는 자아를 분발시키고, 민첩하게 하고, 성가시게 한다. 반대로 불교는 평화, 평온, 평정, 한결같음, 편견없음, 보편적 관용, 차별에서 초연함을 촉진시킨다.[130] 스즈키는 다음과 같은 현저한 이미지로 그 차이를 요약 한다. "그리스도는 십자가상에서 수직적으로 죽었다. 반면 붓다는 수평적으로 소멸하였다. 이것이 근본적 차이를 상징하고 있지 않은가 …?"[131]

129) Daisetz Teitaro Suzuki, *Mysticism: Christian and Buddhism* (New York: Harper & Bros., 1957), p. 129.
130) 위의 책, pp. 137-39.
131) 위의 책, p. 137.

기독교인들은 자기들의 정서에 책임적으로 반응하고 강렬한 정서적 경험을 하도록 고무되어 왔다. 십자가라는 기독교의 핵심적 상징은 자아의 부정을 표현하지만, 또한 영웅적 행위와 측정하기 힘든 열정을 모두 표현하는 것이다. 예수는 완벽한 자아를 가진 자로서 이 두 가지 모두와 전적으로 관련된 자로 이해된다. 심지어 하느님조차 성육을 통해 역사 속에 깊이 개입하는 자로 조명된다. 기독교 세계에서 이런 이미지들이 끼친 결과는 자기들의 죄와 고통을 의식하는 강력한 인격성들을 형성해 왔지만, 자신들의 개인적 중요성을 의식하는 것이기도 했으며, 자기들의 복잡한 내적인 삶과 특성을 한층 높이는 것이기도 했었다.

힌두교의 나라 인도는 행위와 열정에서 분리되는 가장 정제된 테크닉들을 발전시켜 왔다. 물론 행위와 열정의 세계도 존재하지만, 그 세계는 다만 부차적 실제이며 심지어 허상에 불과한 실재이다. 참되고 성스런 실재는 참된 자아의 변함없는 평화와 지복으로 바뀌어야 하는 저 부차적 실재의 세계와의 관련성을 멀리할 때에만 실현된다. 참된 자아는 저 부차적 실재 세계의 기저에 있거나 그것을 초월해 있다. 이 참된 자아는 모든 참된 자아들과 함께하는 자아이며 궁극적 실재 자체와 함께하는 자아이다. 따라서 행위와 열정과 관련된 모든 차별화된 인격화와 개별화는 신비적 합일이라는 최종적 이상에 종속된다.

특히 불교는 중국과 일본에서 나타난 대승불교의 형태들로 사건의 흐름 속에서 행위의 관련성과 행위의 초연함 사이의 중도(中道)에 도달하였다. 불교도들의 믿음에 따르면, 관련성과 초연함은 모두 자아와 세계의 이원론, 즉 현실의 상황을 왜곡시키는 이원론에 근거해 있다. 현실의 상황을 올바로 깨달을 때, 우리는 기독교의 경험의 강화나 힌두교적 해방 어느 것이 없어도 현실의 상황에 적절하게 반응하는 세계 속에서 자신들을 발견할 수 있다. 그래서 모든 갈망은 소멸된다. 심지어 존재하고 싶은 갈망도, 존재하기 싫은 갈망도 소멸된다. 갈망이 소멸되면 고통은 중지된다.

그러므로 자아에 관한 문제는 한가한 사변의 문제가 아니다. 우리의 삶은 이 문제에 대한 의식적이고 무의식적인 해답들을 통해 형성된다. 그럼에도 불구하고, 대부분의 서양인들은 물려받은 서양의 기독교적 해답에 기대어 살아간다. 자신들을 더 이상 기독교인으로 여기지 않는 사람들도 말이다. 하지만 서구에도 저런 해답으로는 확신을 할 수 없거나 경험적으로 자아의 상실을 알게 되었던 내적인 발전도 있어 왔다. 전체적인 상황에서는 이런 발전이 위협이나 혼돈으로 느껴져 왔다. 그러나 또한 그런 발전은 서양으로 하여금 힌두교나 불교의 대안적인 해답들을 자기화하는데 개방하도록 해왔다. 그 해답들은 더 이상 명백한 오류들로 간주되지도 않으며, 서양의 인격성을 향해 발전해야 하는 원시적 단계로 간주되지도 않는다. 오히려 그 해답들은 우리 자신의 미래를 위해 중요하고 매력적인 대안들인 것 같아 보인다.

이런 이유로 인해 불교의 해답을 보다 상세히 알아보는 것도 매우 가치 있는 일이 아닐 수 없다. 불교도들이 주장하듯이, 그들은 현(現) 자아의 참된 본성이 명확해 지도록 존재가 현재 속에 있는 방식을 식별해 왔는가? 불교도들이 말하듯이, 그런 식별이 서양인들이 두려워하는 무의미함의 질곡이나 허무주의가 아니라 축복으로 가도록 만드는가? 그렇다면, 불교는 서양인들이 자기의 역사 속에서 찾았지만 헛수고에 그쳤던 (구원의) 완성을 제공할 수 있는가? 가치와 중요성을 겸비한 실재는 서양이 불교의 깨달음에 호응하여 자신의 유산을 포기하게 된다면 같이 잃어버려지는 것은 아닌가?

불교는 주로 조사(祖師)들이 자기들의 참된 상황과 조건을 깨닫는 훈련들의 체계를 제공한다. 불교도들의 믿음에 따르면, 오로지 그런 깨달음을 통해서만 불교의 신념들은 철저하게 명료해 지고 신뢰를 받게 된다. 따라서 깨달음이나 그 깨달음을 향하게 하는 명상 훈련들을 경험해 보지 못한 사람들이 관련 사항들을 정확히 이해하기는 어려운 일이 아닐 수 없다. 그럼에도 불구하고, 불교 사상가들의 노력은 은밀한 비밀들을 지키는 것이 아니라 자기들이 이해하게 된 것을 남들에게 도움이 되도록 설명하는 것이다. 그리고 기존의 서양 사상의 관습들이 문제가 되고 있는 이 시대에 서양인들은 불교 사상가들이 말하는 많은 것들을 파악할 수 있을 것이다.

불교가 우리에게 우선적으로 보여주는 것은 각 순간의 경험적 주체 외에는 다른 실재가 없다는 것이다. 주체는 많은 다른 주체들도 포함하고 있는 공간과 시간으로 펼쳐져 세계 속에 있는 자로 스스로에 대해 생각할 것이다. 그러나 이런 생각은 주체 자신의 구성에 의한 것이다. 자신의 직접성 속에서의 한 순간 한 순간의 직접성 속에서는 절대적으로 혼자이다. 조금이라도 존재한다는 것은 이런 방식으로 존재하는 것이다. 주체적 직접성 속에서의 이런 몰입 외에는 다른 존재가 없다. 이런 몰입 외에 밖에서 주체를 조망하는 관점은 존재하지 않는다. 이런 몰입 자체가 유일하고 보편적인 관점이다. 경험 중인 주체의 세계가 존재하는 유일한 세계이다.

그러나 이미 주목했듯이, 불교가 부정하는 주체나 자아는 이런 주체의 세계 속에서는 주어져 있지 않다. 이런 주체의 세계는 대상들의 세계이며 이런 대상들에 의해서만 말할 수 있는 세계이다. 이런 대상들 외에 주체라고 할 만한 다른 어떤 것도 존재하지 않는다. 따라서 주체만이 있다고 말하는 것이 참인 것처럼 대상들만이 있다고 말하는 것도 참이다. 그리고 주체가 없다고 말하는 것이 참인 것처럼 대상들도 없다고 말하는 것도 참이다.

이 역설들의 핵심은 우리의 변증법적 역량들을 실행하는 것이 아니다. 그 핵심은 대상들과 별개의 것으로 존재하는 임의의 주체는 없다는 것이며, 또한 임의의 주체와 별개로 존재하는 대상들도 없다는 것을 보여주는 것이다. 이것은 우리가 일상 속에 반영되어 있는 주체와 객체에 관한 관념들이 우리를 혼란스럽게 하고 있음을 의미한다. 이런 관념들은 객체와 주체가 구별되는 존재가 있다는 것을 의미하는데, 그런 관념들은 주체와 객체를 상호 외적이며 상호 독립된 실체들로 보고 있다. 그러나 우리가 실제로 가지고 있는 더욱 향상된 입장은 주체들을 생성시키고 있는 객체들이고, 이 주체들은 새로운 다른 주체들을 구성하게 될 객체들이 된다는 것이다. 이런 과정은 하나의 작용자에 의해서만 수행되는 것이 아니다. 그리고 그 과정은 어떠한 사람이나 사물에게서 발생하는 것이 아니며, 어떠한 것에 근거를 두고 있는 것도 아니며, 어떤 다른 실재와 대비될 수 있는 것도 아니다. 이런 과정이 존재하는 유일한 자아이다. 따라서 참된 자아는 동시에 참된 실재인 것이다.[132] 단순한 개념적 인식과는 달리, 이런 참된 실재의 현실적 구현은 동시에 실재이자 지복이 된다. 이 실재가 열반이다.

3. 궁극적 실재: 공(空, Emptiness)

열반은 불교가 지향하는 목표를 지시하는 이름이다. 이런 방식으로 열반은 기독교적으로는 예수가 선포한 하느님의 나라에 대응될 수도 있는 것이다. 그러나 하느님의 나라를 내면화하고 그 나라를 '영원한 실재'로 보려는 경향이 없는 것은 아니지만, 하느님의 나라는 미래적인 것으로 남게 된다. 하느님의 나라가 현재 이곳에 존재한다면, 그것이 완전한 것이냐의 의미에서는 시기를 잘못 잡은 것이다. 하느님의 나라는 하느님이 주실 최종적 정점으로 기대되는 것이다. 그에 반해 열반은 비시간적인 것이다. 열반은 개인들에 의해 실현되거나 달성되는 것으로는 미래적인 것일 수도 있지만, 달성된 것과 실현된 것 자체는 이런 시점의 영향을 받지 않는다. 열반은 모든 시간과 변화를 벗어나 있는 원초적이고 궁극적인 것이다.

이런 관점에선 열반이 서양의 하느님과 더욱 밀접하게 유사해 보인다. 특히 아리스토텔레스가 생각했던 하느님 말이다. 아리스토

---

132) 나의 이런 식의 설명은 다음 논고의 지도를 받은 것이다. Yoshifumi Ueda, "The Status of the Individual in Mahayana Buddhist Philosophy," in *The Japanese Mind: Essentials of Japanese Philosophy and Culture,* ed. Charles A. Moore (Honolulu: University of Hawaii Press, 1967).

텔레스의 하느님은 모든 사물들을 종국적으로 자신을 향해 빨아들이는 하느님이지만, 사물들의 운동에 의해서는 영향을 받지 않는다. 그러나 바로 이 점에서 역시 열반과 아리스토텔레스의 하느님은 그 차이도 크다고 할 수 있다. 아리스토텔레스에게 가장 고상한 인간적 성취는 하느님을 관상하는 것이지만, 하느님은 관상하는 자와는 전적으로 구별되는 하나의 실재로 남아있기 때문이다. 열반은 실현되거나 달성되는 것이지만 아리스토텔레스의 하느님은 실현되지도 달성되지도 않는다.

또한 기독교인들이 하느님과 동일시하기도 했었던 존재(Esse or being)가 사실상 열반에 더욱 근접하는 것이다. 열반처럼 존재도 창조되지도 파괴되지도 않는다. 존재는 존재하는 모든 사물들이 조금이라도 존재하려면 이 존재의 덕을 보아야 하는 그런 것이기 때문이다.

존재와 열반의 관계가 정확히 무엇이든, 존재가 서양 전통과 동양 전통의 가치 있는 특수한 가교가 된다는 점은 의문의 여지가 없다. 그러므로 존재의 개념이 많은 서양인들(특히 영어권 서양인들)에게 희미해져 버린 것은 매우 불행한 일이다. 본서의 제3장은 존재 물음을 새롭게 부활시켰던 마틴 하이데거의 노작에 주목한 바 있다. 서양의 존재 전통을 열반을 이해하는 가교로 활용하려는 하이데거 이후의 시도는 이런 새로운 부활에 힘입은 것이다. 비록 하이데거 이후의 시도들이 하이데거의 정식화들을 그대로 재생시킨 것이라고 주장할 수는 없지만 말이다.

당신의 주변 세계의 하나의 대상에 대해 고찰해보자. 의자도 적절할 것이다. 만일 우리가 그것이 무엇인지를 말하려고 한다면, 우리는 그 형태, 조직, 색깔, 용도, 그리고 기타 등등에 대해 기술하게 될 것이다. 그러나 우리가 기술을 완성했을 때에도, 우리는 여전히 실제의 의자와 가상의 의자의 구별에 대해서는 아무 것도 말하지 못했다. 우리는 특성들, 속성들, 보편자들, 형상들, 또는 본질들의 목록만을 나열한 것이다. 이 모든 것들은 추상적인 것들이고 추상적인 것들의 조합은 더 복잡한 추상들만을 구성시킬 뿐이다. 그 조합이 하나의 존재자나 현실적 의자를 구성시키지는 못한다. 이 경우에 우리는 추상들의 조합이 실제 의자에서 현실화되어 왔다고 말할 수 있을 뿐이다.

추상들의 조합이 현실화 되어 왔다는 것은 무엇을 말하는 것인가? 우리는 이미 열거한 추상들에다 우리가 존재자, 현실태, 실재, 또는 존재라고 부르는 하나를 더 추가해야 하는가? 결코 아니다. 만일 존재가 하나의 특성이나 본질이라면, 그것은 우리의 목적을 이루어 주지 못한다. 가상의 의자와 실제의 의자 사이의 차이는 그 중 어느 것 하나가 다른 것에는 없는 속성을 하나 더 가지는 것이 아니다. 오히려 그 차이는 존재와 비존재의 차이인데, 이것은 전적으로 다른 종류의 차이이다. 존재는 다른 추상들 곁에서 열거되는 하나의 추상이 아니다. 그 차이는 모든 추상들과 구체적인 것의 차이이다. 다른 모든 보편자들은 추상이지만, 이 것(this one)이라고 할만한 것은 구체적인 무엇이다(비록 우리가 그것을 조금이라도 보편자라고 부르려고 하더라도 말이다). 보다 정확히 말해, 존재는 현실적인 것은 무엇이든지 거기에 구체성을 부여할 수 있게 하는 것이다.

물론 존재는 다른 것들 곁에 있는 하나의 대상이나 존재자가 아니다. 그것은 그 어떠한 것이든 모든 대상들이나 존재자들의 존재이다. 대상들은 바로 그 존재에 힘입어 임의의 대상들이 된 것이다. 우리는 그 존재가 어디에 있는지 말할 수 없다. 왜냐하면 존재는 모든 곳에 동등하게 있고, 대상들이 어떤 곳에 있다는 의미라면 존재는 아무 곳에도 없기 때문이다. 우리는 존재가 무엇인지도 말할 수 없다. 왜냐하면 모든 기술은 어떤 형식의 속성이고, 존재는 모든 형식들과 관련해서는 중립적이기 때문이다. 존재는 하나의 사물이 아니다. 그리고 그런 의미라면 존재는 아무 것도 아니다. 그럼에도 불구하고 존재는 모든 존재자들이 힘입고 있는 존재의 행위(act of being)이다.

이제 이 모든 것이 열반에 관해 유사한 방식으로 언급될 수도 있다. 존재와 열반은 모두 이런 의미로 궁극적 실재를 위한 이름들이다. 그러나 이런 동일시가 인식되더라도, 보다 정교한 물음이 가능하다. 첫째, 존재도 열반처럼 구원을 실현하거나 달성하는 기능을 하는가? 이 물음은 대답하기가 쉽지 않다. 왜냐하면 서양의 기독교에서 구원은 통상적으로 이런 관점에서 생각되지 않았기 때문이다. 그래서 하느님의 뜻이 수행되는 사람들의 미래 공동체라는 의미에서의 하느님의 나라는 존재와 동일시되지 않는다. 그렇지만, 이 질문에 대한 대답은 하나의 조건이 붙는다면 긍정적이라고 할 수도 있다. 왜냐하면 서양의 신비주의자들도 존재와의 합일을 추구하였고, 결국 달성하였기 때문이다. 예를 들면, 성(st.) 토마스 아퀴나스를 바싹 따랐던 마이스트 에크하르트(Meister Eckhart)에 따르면,

존재(being or Esse)는 신성(Godhead)과 동일시될 수 있으며, 신비적 경험의 최고 정점은 신성과의 합일을 실현하는 것이다.

두 번째 질문은 열반의 부정적 특징이 존재를 특징짓는 비사물성과 형상의 부재 속에서 충분히 파악되느냐? 하는 점이다. 스즈키는 이 문제에 의해 조금도 난처해하지 않았는데, 그 이유는 스즈키가 마이스트 에크하르트의 신성과의 합일이 불교의 열반의 실현과 동일한 것처럼 에크하르트를 자주 인용하였기 때문이다. 하지만 문제는 그렇게 쉽게 풀리지 않는다. 루돌프 오토는 서양 용어에서의 존재가 힌두교 사상의 브라만과 아주 유사하다는 점을 자신 있게 제시하였다.133) 이미 제3장에서 주목했듯이, 오토는 에크하르트와 상카라(Sankara)가 신비주의 경험들과 그 해석에서 아주 유사하다는 점을 보여주었다. 에크하르트의 경험이 불교적 경험과도 동일시될 수 있다는 것은 브라만과 열반의 경험들이 동일시될 수 있다는 것을 의미할 것이다. 힌두교와 서양의 신비주의자들은 자신들의 경험들이 동일하다고 보는 경향이 있지만, 불교가 자신은 힌두교와 다르다고 주장하는 한, 불교와 서양 신비주의의 함축적인 차이가 주장될 수밖에 없다. 그러나 불교도에게서 열반은 브라만과 동일한 것이 아니다. 불교는 브라만을 부정한다. 열반은 서양에서의 존재나 힌두교에서의 브라만에 일반적으로 귀속되는 비사물성보다 더욱 근원적 의미에서 절대무(絶對無) 이다.

서양 사상에서 존재는 모든 형식들, 속성들, 또는 특성들과 대조된다. 이것들이 현실화되기 위해서는 존재에 힘입어야만 하는 것들

133) Otto, *Mysticism East and West.*

이다. 그래서 존재는 모든 사물들의 기저에 있으며, 근거가 되며, 그것들을 유지시키는 것이다. 이런 의미에서 존재는 보편적인 실체 같은 것으로 조명되기도 한다. 그러나 모든 변화의 기저에 있으며 변화하지 않는 실체로서의 이런 존재의 의미는 서양에서도 의문시 되어 왔다. 특히 하이데거는 자신이 존재에 대해 존재-신학적 (onto-theo-logical)인 것이라고 불렀던 것에 의문을 제기해 왔다. 그래서 우리는 존재를 사물들의 실체적 근거가 아니라 사물들의 발생 속에서 생각해야만 한다.

불교도들이 열반에 호응하여 브라만을 거부할 때, 그들은 모든 사물들의 실체적 존재와 함께 하는 것으로 우리에게서 발견될 수 있는, 근거나 실체성을 향한 추구를 거부했던 것이다. 불교도들에게 그런 실체는 존재하지 않는다. 따라서 실체적 존재나 브라만은 없다. 궁극적 실재를 열반이라 하는 것은 그 궁극적 실재가 실체임을 부정하는 것이다. 그러므로 불교의 명상은 근거를 찾는 것이 아니라 모든 근거들을 허무는 것이다.

불교의 역사가 진행되면서, 어떤 불교도들은 삼사라(Samsara, 일상의 사물들의 세계)와의 대비로 인해 열반에 여전히 실체성의 의미가 남아 있지 않을까 두려워하였다. 모든 불교도들은 삼사라에서 실체적 실재를 부정한 바 있다. 삼사라의 세계는 윤회의 세계이며, 상대주의적 유동의 세계이며, 연기(pratitya-samutpada)나 의존적 발생의 세계였다. 모든 사물들은 다른 사물들에 참여함으로써만 존재한다. 홀로 존재하는 것은 어떠한 것도 없다. 하지만 열반이 반대편에서 삼사라와 대구를 이루는 것이라면, 궁극적 실재로서의 열반에게 독자적이고 독립적인 존재성이 귀속되는 것 같았다. 비록 열반이 세계의 실체로 개념화되지는 않았다고 하더라도, 자기 존재(자성, sva-bhava)가 있는 것처럼 이해될 위험에 처해질 수 있다는 말이다.

독립적 열반과 상대주의적 유동의 이런 이원성은 열반의 참된 이해를 달성하기에는 불충분하다. 그래서 대승 불교는 그런 이원성을 부정하였다. 열반과 삼사라는 두 가지 다른 영역들이나 상태들이 아니다. 그것들은 하나이다. 열반도 삼사라 처럼 공(sunya)이고, 비어 있는 것이다. 열반이 삼사라이고 삼사라가 열반이다. 하나의 실현은 동시에 다른 하나의 실현이다. 실현된 것은 순야타나 공(空)인데, 공은 궁극적 실재를 지칭하기 위해 많은 대승 사상이 더욱 선호하는 방식이 되었다.

공(空)은 주변의 충만한 공간으로부터 면밀하게 차단된 진공(vacuum)으로 이해될 수 없다. 정확히 그 반대다. 진공에 관한 생각은 정확히 전적인 허상에 불과한 자기-존재를 제안한다. 공(空)하다는 것은 경계선이 없다는 것이고, 특수하게 결정된 내용이 없다는 것이며, 세계를 경험시키는 여과기가 없다는 것이다. 공하다는 것은 존재하는 것에는 무엇이든지 그 존재하는 것에 완전히 개방된다는 것이다. 공은 완전히 무방비적인 것이며 방어할 것이 없는 것이다. 깨달은 자는 완전히 충만해진다. 왜냐하면 그는 전체 세계의 연기(緣起)에 의해 구성되기 때문이다. 이 과정이 궁극적 실재이고 동시에 열반이자 삼사라이다. 이 점은 서양의 일반적인 존재 이해와 아주 완전히 다르다.

그러나 존재에 관한 서구의 반성은 열반에 관한 개념적 이해로 건너갈 수 있는 가교를 제공한다. 심지어 열반의 부정적 요소, 즉 궁극적 실재를 모든 실체적 개념들과 완전히 상반된 것으로 보게 만드는 요소를 파악할 수 있는 가교도 제공한다. 그러나 그 가교를 건너가는 사람은 실재에 대한 경험을 근원적으로 변화시키게 된다. 하느님은 더 이상 궁극적 실재가 아니다. 공의 실현은 영혼과 하느님의 합일이 아니고, 아트만과 브라만이 하나로 실현되는 것도 아니다. 불교도들에게는 합일될 영혼이나 하느님이 존재하지 않으며, 하나로 달성될 수 있는 아트만이나 브라만도 존재하지 않는다. 오로지 공(空) 뿐이며, 그 공의 실현은 완전한 평화이다.

4. 시간과 역사의 폐지

열반을 이해하는 세 번째 접근은 다른 접근들과 중복되고 동일한 결론으로 모아지지만, 그 과정에서 열반을 더욱 상세하게 밝힐 수 있는 동시에 서양의 일반적인 사유에 추가적인 도전들을 제기한다. 열반이 시간 의식, 즉 과거, 현재, 미래에 대한 감각에 의미하는 바는 무엇인가? 그리고 열반은 역사의 사건들을 묘사하며 삶을 정향지우는 서양의 관습과 어떻게 연관되는가?

기독교의 지배적인 시간에 관한 경험은 초월의 경험이다. 우리는 특별히 현재의 순간 속에 있음으로써 행위 하는 자아나 책임적인 행위자로 시간 안에 있다. 그러나 또한 우리는 '여기-지금' 있다는 자각 속에서 다른 시점으로부터 그것을 객관화하여 현재의 순간을 벗어나게 된다. 우리는 그런 객관화 순간을 예상했음을 기억해내고, 또한 그 순간을 기억하게 될 것을 예상하기도 한다. 우리는 현재까지 있었던 것과 미래를 위해 유산으로 남기게 될 프로젝트에 책임적이기 위해 현재의 순간으로 책임 의식을 가져온다. 현재 순간의 의미는 과거의 사건들과 미래에 있을 사건들 모두에게서 비롯된다.

여행 중 우연히 만난 길동무와 대화하는 경우들에서는, 계승의 순간들에 의미를 부여하는 우선적 상황인 과거와 미래가 지극히 제한적일 것이다. 그럼에도 불구하고, 그 우선적 상황은 전체 여행과 전체 남은 인생으로 보다 확대되는 상황 속에서 설정된 것이다. 그 순간 말을 하는 자아는 전체 생애와 미래의 경험을 예상하며 형성되어온 자아이다. 나아가 한 개인의 인격적 생애와 운명만으로는 하나의 충분한 상황을 제공할 수가 없는 것이다. 이것들은 가족들과 친구들과 보다 드넓은 사회와 긴밀히 연관되어 있다. 한 개인의 행위는 그 개인의 생애뿐 아니라 역사로부터도 의미를 받아들이는 것이다. 자신의 역사적 과거와 미래를 받아들이는 방식은 하나하나의 무상한 순간의 의미를 위한 가장 일반적이고 근원적인 근거들을 결정하게 된다. 따라서 해당 순간의 의미와 상황은 정확히 그 순간 속에서 그 순간을 초월하는 것에서 비롯된다. 다시 말해 순간적 경험의 결정적인 측면은 광대한 시간 영역의 한 부분으로서 상상력과 함께 자기를 객관화한 것이다.

시간 속에서 스스로의 방향을 잡는 이와 같은 태도는 기독교의 경험을 근본적으로 역사적인 것으로 만들었다. 20세기 후반의 한

미국 시민에게 가능하고 바랄만한 것은 14세기 독일의 기사(knight)에게 가능하고 바랄만한 것과는 근본적으로 다르다. 책임적이라는 것은 스스로를 역사적 지형 속에서 적절히 방향을 잡아가도록 하는 것이다. 정확한 역사 해석은 윤리적 행위와 개인적 의미의 기반이 된다. 이것이 기독교 문명에게 과거에 관한 지식과 가능한 미래의 계획들을 근본적으로 중요하게 만든다. 이것은 또한 과학의 지식을 포함하여 사실에 입각한 지식을 종교적으로 중요하게 만든다.

불교는 인간이 이런 방식으로 자신을 초월해가는 경향이 있다는 점을 결코 부정하지 않는다. 우리는 초월한다. 그런데 이것이 고통의 근본적인 원천이다. 우리는 자신들을 지금까지의 행위와 과거의 모습과 동일시하며 죄의식에 번민하게 된다. 우리의 미래의 악들을 예상하고는, 불안에 떤다. 이런 것들은 본래적인 경험을 허용하지 못하고 그런 경험에 임의의 구조들을 부과한다. 그래서 자기를 초월시키는 이런 전체 과정은 우리로 하여금 해당 순간을 진실 되게 살지 못하게 하며, 신뢰할만한 경험도 갖지 못하게 한다.

더욱이 진실 하고 신뢰할만한 성취가 발생할 수 있는 다른 시간은 존재하지 않는다. 오직 '지금과 여기' 뿐이다. 과거는 지나갔고 미래는 아직 오지 않았다. 과거가 현재였을 때, 그 과거는 생생한 경험의 순간들을 구성시켰다. 그리고 현재가 지나갈 때, 추가적인 생생한 경험의 순간들만이 있을 것이다. 과거로부터 현재를 산다는 것은 과거를 위해서는 아무 것도 할 수 없는 것이다. 현재를 미래에 종속시키는 것은 구원을 영원히 보류하는 것이다. 왜냐하면 그렇게 되면 미래는 결코 존재하지 않게 될 것이고 새로운 현재만이 존재할 것이기 때문이다. 새로운 현재에서 가능하게 될 것은 이미 현재에서 가능한 것이다.

불교도들은 역사의 방향에 관한 서양인들의 관습이 역사에는 모종의 의미가 있음을 전제한 것이라는 점을 지적해낸다. 즉 우리 시대와 14세기(또는 B.C. 5세기)의 차이들이 인간 존재의 의미와 목적과 관련될 때에만 그 차이들은 진정으로 중요해진다. 그러나 그런 차이들은 역사가 목표와 행선지를 가질 때에만 이런 근본적인 문제들과 관련될 수 있을 것이다. 만약 역사가 그런 것들을 가지지 않았다면, 모든 순간들은 "영원으로부터 동일한 거리"(equidistant from eternity)에 있으며 인간의 목표와 관련해 시간적인 위치는 관심의 대상이 될 수 없다.

우리 서양인들의 시간 의식의 기층에는 운명에 대한 신념이 놓여 있다는 점은 의심의 여지가 없다. 이 신념은 유대교에서도 기독교에서도 모두 핵심적이다. 18세기 이후로 유대인들의 메시아 도래에 대한 대망과 기독교인들의 그리스도 재림에 대한 기대는 시들시들해 졌지만, 세속적인 희망들이 그런 기대들을 대신해 왔다. 계급 없는 사회에 대한 비전과 마찬가지로 보편적인 민주주의, 교육, 번영, 그리고 평화 등에 관한 비전이 진보된 많은 서양 사상가들에게 역사의 완성이 임박했다는 감각을 회복시켜 주었다.

불교도들은 유대-기독교의 비전과 세속화된 비전이 모두 똑같이 허상임을 지각한다. 사건들의 외관상의 진로 속에서의 변화들만이 있을 뿐이지만, 사건들은 어느 곳으로든 지향해 나간다고 할 수 없다. 완성이란 것은 있을 수 없을 것이다. 따라서 우리는 스스로 '시작과 마지막'과 관련하여 방향을 잡을 수 있는 것이 아니다. 6천년이라는 서양인들의 역사에 대한 감각에 맞서서 불교도들은 인간의 사건들이 억겁의 세월을 지속한 것으로 생각한다. 심지어 영원하다고까지 생각한다. 역사의 시원이나 결론은 존재하지 않는다. 서양인들이 짧은 역사 속에서 발견하는 패턴들은 불교적 비전의 광대한 시간의 길이 속에서는 하찮은 것으로 전락한다. 나아가 서양인들의 상상력이 모든 사물들의 중심으로 간주해온 우리의 이 행성은 불교도들에게는 헤아릴 수 없는 많은 세계들 중 하나에 불과하다. 따라서 우리의 삶을 이 행성에서의 인간의 사건들의 진로로만 정향시키는 것도 허상일 뿐이다.

현대 과학은 서양의 견해와 불교의 견해를 모두 과장된 것으로 다룬다. 과학의 핵심적 견해에서 보면, 기독교의 시간 도식은 익살맞게 단축된 것이다; 그러나 과학의 일반적 견해에서 보면, 인간의 고향인 지구의 시간과 변화와 특이성도 불교적 비전과도 동일한 긴장 관계에 놓여 있다는 점도 중요하다.

그럼에도 불구하고, 기독교와 불교의 비전들이 실제로 정확한 것이냐 하는 것은 시간의 문제로 따질 수 있는 것이 아니다. 기독교인들은 우주가 보다 초기에 추정했던 것보다 훨씬 오래되었으며, 우리의 삶을 정향시킨 6천년의 시간이란 문명이 발전되어온 시간으로 인식할 수 있다. 불교도들도 자기 전통이 진화론적 변화의 정도를 과소평가해 왔음을 인식하게 될 수도 있다. 그 변화는 인간의 근원적 의미를 사건들의 외관상의 진로에서는 얻을 수 없다는 불교도들의 확신을 뒤흔들 정도의 사건의 발생을 보여준다. 굳이 과학의 생생한 묘사 속에서 찾아보지 않더라도 말이다.

불교도들은 3세기의 『헤르메스 문서』(Corpus Hermeticum)에서 최초로 비롯된 격언, 즉 '모든 곳이 중심이며 주변은 어디에도 존재하지 않는다'134)는 취지의 격언을 인용하기를 좋아한다. 시작도 없고 끝도 없고 공간적 경계도 없기 때문에 공간과 시간 속의 어느 지점도 동등하게 전체의 중심이 될 수 있다. 모든 다른 점들은 그 점과 관련되어 위치가 정해진다. 무한한 흐름에 질서를 주려는 시도가 포기될 때, '지금-여기'는 유일하게 가능한 방향의 원리로 수용된다.

자기를 초월시키는 습관은 다른 허상에 의해서도 부양된다. 우리가 말로는 시간 속에 몰입해 있다는 것을 인정할 때조차, 우리가 마치 시간의 밖에서 이런 몰입을 관찰하고 있는 것처럼 자신을 초월시킨다. 이런 습관은 서양에서도 인식된다. 예를 들어 릴케는 다음처럼 말했다. "우리는 관찰자들로서 언제나 모든 곳에서 모든 것들을 직접 바라보고 있다."135) 이 외부적 관점은 우리가 시간 속에 몰입한다는 서양의 최초의 승인이 지닌 의미의 온전한 실현을 저해시켰다. 우리는 우리가 시간 속에 몰입하더라도 그렇지 않은 가능성도 함께 가지고 있는 것인 양 생각한다. 즉 그런 몰입과 함께 어느 정도는 벗어나 있는 것처럼 말이다.

---

134) 다음을 참조. The Preface by André Maurois to Jorge Luis Borges, *Labyrinths* (New York: New Directions, 1962), pp. ix-x.

135) 다음에서 재인용. Thomas Merton, *Mystics and Zen Masters* (New York: Dell Publishing Co., 1967), p. 245.

이런 방식들로, 사람들은 실재가 순간적 존재나 생성의 직접성이라는 궁극적 진리를 외면한다. 그 직접성 속의 각 요소는 순간적인 생성 속의 요소 바로 그것 자체일 뿐이다. 이 생성의 요소 속에서만 과거에 대한 기억들이 있고, 미래에 대한 기대들이 있으며, 현재의 창안들이 있을 것이다. 그러나 이것들(기억들, 기대들, 창안들)은 정서들, 감각들, 그리고 직관들처럼 순간적인 생성의 특징들이다. 이것들은 해당 생성 순간으로부터 우리를 제거하지 않는다. 이 점이 깨달아질 때, 경험의 다른 측면들을 구조화하는 저 특징들의 능력은 깨져버린다.

불교도들에게 비시간적인 몰입의 결과는 서구인들이 두려워하는 황폐한 공이 아니라 완전한 받아들임과 자발적인 공이다. 경험의 유기화를 상실하게 되면 생성의 각 요소는 자기에게 감금당한다. 즉 자기에게만 적합한 반응을 불러일으킨다. 공한 순간은 그 공성에 의해 충만한 순간이 되며, 본래적으로 완전해지며, 과거든 미래든 어느 것과의 관련성에서든 자유로워진다.

불교의 분석은 우리 서양인들의 시간 의식을 한 단계 더 깊이 공격한다. 지금-여기는 포괄적인 역사를 스스로 지향할 수 없지만, 자신의 고유한 발생의 순간에는 전혀 시간적이지 않다. 그 안에는 과거도 없고 미래도 없으며, 이미 된 것도 없고 아직 안된 것도 없다. 지금-여기는 스스로 완전하고 완성적이다. 나아가 이 비시간적인 지금-여기와 대비되는 다른 어떤 시간적인 실재도 존재하지 않는다. 실재는 항상 존재하는데, 그것은 필연적으로 지금-여기이다. 시간이란 것은 지금-여기를 객체화하는 관점에서만 존재하며, 순간적인 계승들을 바깥에서 바라다본 것이다. 하지만 궁극적인 의미에서는 그런 관점은 존재하지 않는다. 시간의 이런 허상이 경험적으로 깨달아지면, 시간은 실존적으로 해체된다. 과거와 미래의 구분과 그것들과 현재의 구분은 지금-여기로부터의 허상적인 초월에 의해 주어진 현실일 뿐이다. 모든 그런 구분은 완전한 성취의 순간인 열반에서는 사라진다.

제 5 장
기독교로 되돌아가기

제4장에서 나는 불교의 열반 이해를 요약하였다. 나는 내가 제공한 열반에 관한 관념들을 확신하였기 때문에, 할 수 있는 한, 설득적으로 그 관념들을 제공했던 것이다. 그러면서도 나는 또한 비교 가능한 문제들에 관해서도 기독교의 특징적 사유 방식들과 예리하게 대조되도록 제공하였다. 우리가 그 차이들에 너무 태만한 것 같아 보였기 때문이었다. 실제로 불교의 가르침과 기독교의 가르침을 대비시키는 것은 사실상 하나의 모순을 드러내는 것 같아 보인다. 불교의 비전을 받아들이는 것은 기독교의 비전을 거부하는 것과 연관된 것처럼 보인다는 말이다. 즉 마치 우리가 불교와 기독교 가운데 하나를 선택해야 하는 것처럼 말이다. 어느 쪽으로든 한번 건너가면 되돌아갈 수 없을 것처럼 보인다는 말이기도 하다.

이번 장은 하나를 선택하는 것이 필연적인 것으로 입증되지는 않다는 점을 논증한다. 기독교인들은 기독교인임을 포기하지 않으면서 불교로부터 배울 수 있다. 윌리엄 존스톤의 말로 하면, 기독교는 "동양과의 만남이 그리스-로마 사상과 만난 것보다 자신을 더 풍성하게 만들어준다는 것을 알게 될 것이다."136) 기독교는 동양과의 만남을 통해 자신을 변형시켜 불교와의 관계를 '표면적 모순'에서 '보충적 대비'로 전환시킬 수 있다. 모든 차이들 속에서도 불교의 진리와 기독교의 진리는 공생할 수 있다.

그러나 불교의 실재 이해를 자기화하여 통합해내는 기독교는 서양에서의 오랜 경험을 통해 형성된 기독교로 계속 남지는 않을 것이다. 이번 장의 과제는 다룰만한 필요성이 있는 몇 가지 새로운 형태를 제시하는 것이다.

불교의 지혜를 기독교 신앙에 통합하는 문제는 단순히 이론만의 문제일 수는 없다. 실천적인 차원으로도 나아가고 있다. 머튼의 지원과 귀감은 미국의 가톨릭 수도원에서 선불교 수행을 장려하였다. 에노미야 라잘레(Enomiya LaSalle) 신부는 동경 부근에 가톨릭 선(禪) 센터를 설립하였다. 동경은 선이 기독교적으로 광범위하게 응용되어 온 곳이다. 일본 가톨릭(가령, 카도와키 신부)은 깊은 선 수행에 들어갔고, 탁월한 경지까지 접근해 들어갔다. 그러면서도 그들은 명치 시대의 일본 기독교인들의 전통을 지속시켜 나갔다. 명치 시대의 기독교인들은 불교 지도자들이 기독교에 강력한 적대감을 가졌던 시대에 기독교 신앙으로 불교를 존속시키고 심화시키려 했었다.

---

136) William Johnston, *The Still Point: Reflections on Zen and Christian Mysticism* (New York: Fordham University Press, 1970), p. 187.

개신교 측에서는 카추미 타키자와(Katsumi Takizawa)가 칼 바르트 밑에서 공부하고 기독교인으로 세례도 받았지만, 오래 전부터 훈련받았던 심오한 불교 철학을 거부하지 않았다. 보다 최근에 기독교 신약 성서 학자인 야기 세이이치(Yagi Seiichi)는 불교의 지혜에 능력과 진리가 있음을 발견하여 그 지혜로써 자신의 기독교적 이해를 변형시켰다. 타키자와와 야기는 기독교와 불교에 관해 폭넓게 읽히는 주요한 저서들을 출판하였다. 그들의 저서들은 불교적 기독교의 가능성과 본성에 관한 토론을 강화해 왔다.

그러나 이런 실험들이 일어나고 있다는 사실은 문제가 해결되었다는 것을 의미하지 않는다. 해결과는 별개의 문제이다. 선의 명상 수행은 강력한 효과를 발휘하기 때문에 머튼과 존스톤이 희망해 온대로 기독교를 심화하는데 공헌하는 것이 아니라 오히려 기독교를 해체시키는 곳으로 나아갈 수도 있다. 참으로, 불교적 해방의 전적인 능력을 경험한 사람이 기독교 신앙의 핵심적 주제들에 관한 관심을 다시 다룰 수 있을지에 대해서는 진지하게 의혹을 제기할 수 있어야 한다. 이런 경우로 불교로 건너간다면, 기독교로 복귀하는 길은 없을 것이다.

실제로, 가장 강력한 경고들이 건너간 자들에게서 왔다. 프랜시스 쿡(Francis Cook)은 다음과 같이 전한다. "공(空)의 근본적 본성은 우리가 공마저 공하게 하여 우리의 주관과 경험 세계 사이의 개념적 중개 물을 전혀 남기지 않을 때 명쾌해진다. 결과적으로, 경험으로서 신뢰할 수 있는 공이란 공 자체를 포함하여 여하한 개념적 여지도 남기지 않는다. 이것은 역사, 자아, 하느님, 그리고 기타 등등에 대해 얼마만큼 까지 해당될 수 있는 것일까? … 공이 실제로 극도로 중요해지는 경험의 차원에서, 공은 여하한 기독교의 관심들과도 아주 조금도 양립할 수 없는 것이다."137)

이런 양립 불가능성이 최종 결론인지, 아니면 존스톤이 제안했듯이, "우리가 선(禪)을 통해 그리스도에게 새롭게 접근할 수 있는지, 즉 이원론을 탈피하여 보다 동양적으로 그리스도에게 접근할 수 있는지"138)는 아직 결정될 수 없다. 존스톤이 주목했듯이, 불교의 선 전문가의 경험과 기독교의 선 전문가의 경험은 동일하지 않다. 가장 순수한 형태에서조차 경험은 전문가들이 가지고 있는 신념과 관념과 전적으로 온전히 독립될 수는 없었던 것이다. 이것은 훈련된 실제를 위한 역할이 있는 것처럼 개념적 반성을 위한 역할도 있다는 점을 의미한다. 이번 장은 그런 개념적 차원에서 작용한다. 이번 장은 기독교가 실존적으로 공의 실현과 공의 공함(emptiness of Emptiness)과 양립할 수 있는지를 묻는 것을 넘어서, 기독교 교리가 모든 사물들이 공하다는 점을 설명하기 위해 다시 정식화될 수 있는지를 묻고자 한다. 다시 정식화 될 수 있다면, 선을 수행하는 기독교인들의 경험은 선 수행하여 변형된 신념들에 의해 섬세하게 영향을 받을 것이다. 신뢰할 수 있는 불교적 경험으로 건너가서 기독교 신앙으로 복귀할 가능성은 높아질 것이다. 하지만 이런 일이 일어나든 안 일어나든, 불교로부터 개념적으로 배운 것을 기독교 신념의 새로운 정식화로 통합해야 한다는 점은 기독교인들을 위해 본래적

---

137) 쿡과의 개인적 대화로부터.

138) William Johnston, *Christian Zen* (New York: Harper & Row, 1971), p. 48.

인 중요성을 가지는 것이다.

이번 장은 대승불교와 대화하면서 배우게 된 것에 신학적으로 반응한다. 대화를 넘어간다는 것이 의미하는 바에 대해서도 밝힌다. 이번 장도 앞 장과 똑같이 네 개의 절들로 조직되었다. 각 절은 불교의 통찰이 제공하는 진리와 비교되어 기독교가 반응할 수 있는 가능성이 있는지를 고찰한다. 따라서 네 절들은 다음의 질문들에 대한 임시적인 반응들일 뿐이다. (1) 기독교인은 모든 집착, 갈망, 심지어 그리스도에 대한 애착 까지 포기할 수 있는가? (2) 기독교인은 인격적 존재의 소멸을 하나의 목표로 받아들일 수 있는가? (3) 기독교인은 궁극적 실재를 공(空)으로 보는 비전을 자기화할 수 있는가? (4) 기독교인은 임의의 순간의 완전한 내재에 온전히 들어갈 수 있는가?

1. 집착 없는 신앙

앞 장은 모든 욕망과 집착을 끊어버리라는 불교의 소명에 대해 기술하였다. 속세의 즐거움과 성공에 적용된다면, 이런 불교의 소명은 기독교인들도 어렵지 않게 이해할 수 있다. 비록 그렇게 하기는 쉬운 일이 아니지만 말이다. 하지만 불교는 이 정도에 머무는 것이 아니다. 그들은 우리가 그리스도에 집착하는 것마저 버려야 한다고 말한다. 바로 이 점에서 기독교 신앙에 대한 우리의 핵심적 이해가 도전을 받는다. 우리는 그리스도를 갈망하라는 소명을 받지 않았던가? 그리스도를 위해 모든 것을 버려야 한다는 소명을 받지 않았던가? 그리스도만 신뢰하라는 소명을 받지 않았던가? 간단히, 그리스도도 집착해서는 안 되는 것이란 말인가? 기독교 신앙 자체가 그리스도를 신앙하는 것이 아니던가?

실제로 불교의 관점에서는, 신앙에 관한 기독교의 일반적 설명이 집착의 한 형태를 제공하는 것처럼 보인다. 불교의 가르침에 따르면, 이런 집착도 정확히 우리를 속박 안에 가두는 것에 불과하다. 불교의 학설은 고타마로부터 줄기차게 고통에서 해방되기 위해 모든 집착을 어떻게 버릴 수 있는지를 설명하는 것이었다. 우리가 집착의 예속적 성격을 실재로 평가하기 위해 살펴본 후에도 기독교 신앙으로 다시 되돌아갈 수 있을까?

비록 집착과 애착이 기독교인들이 신앙으로 경험한 대부분의 특징들을 설명한다고 하더라도, 기독교 내에는 저 판단으로부터 벗어나 역류할 수 있는 중요한 물줄기가 있다. 더구나, 신앙의 관념은 기독교에서처럼 불교에서도 중요하고 가능한 역할을 하는 것이 사실이다. 불교와 기독교의 만남은 기독교인들에게 보다 심오한 신앙의 이해에 도달하도록 도움을 줄 수 있을 것이다.

신앙의 관념은 모든 형태들의 불교에도 주어져 있다. 예를 들어 만약 우리가 선불교 대가의 지도하에 깨달음을 추구한다면, 우리는 그 대가를 믿어야만 한다. 우리는 그 대가에게 감히 설명해 달라는 요구조차 못하고 지시사항들만을 따를 준비를 해야만 한다. 그 지시사항들이 불합리한 것처럼 보여도 어쩔 수 없다. 심지어 우리는 불교가 실재의 본성을 참되게 증언하는 종교라는 신앙과, 열반이 실재의 본성을 참되게 가르치기 위해 올바르게 지적돼야 한다는 신앙과,

그리고 깨달음이 인간에게 하나의 가능성이 된다는 신앙도 가져야만 한다. 이처럼 근본적으로 신뢰하고 믿으려는 태도와 분리된다면, 선(禪)의 강렬한 훈련을 진행시켜 나갈 수 있는 사람은 없다.

여전히 보다 심층적 차원에서, 궁극적 실재 자체에 대한 신앙도 반드시 있어야만 한다. 우리가 깨달음에 이르기 위해 특수한 훈련들과 열악한 조건들을 극복한다고 하더라도, 깨달음은 그런 인간의 노력들에 의해서가 아니라 궁극적 실재 자체에 의해서 이르게 되는 것이다. 그리고 우리는 그 실재만이 오직 깨달음에 이르게 해줄 수 있다는 것을 믿도록 그 실재를 신뢰해야만 한다. 깨달음은 마치 저 너머에서 오는 것처럼 우리에게 침입해 들어온다. 그것은 개인의 노력 여하에 의해 세워지는 것이 아니다. 자아가 지배하고 있는 한, 깨달음은 존재할 수 없다.

그럼에도 불구하고, 기독교인들은 이런 불교적 신앙의 의미가 기독교 신앙의 의미와 아주 다르다는 점을 잘 알고 있다. 기독교 신앙에서 우리가 믿는 대상은 온전히 실현되었을 때조차 타자적인 것이기를 결코 멈추지 않는다(기독교 신앙의 대상은 본래적으로 전적인 타자라는 의미이며, 이는 '주-객 이원화'나 불교적 용어로 '능소의 구도' 문제와 관련될 것이다-- 옮긴이 주). 하느님의 직접성은 너무도 분명한 것이어서 바울은 그리스도와 함께 십자가에 못 박힌 후의 새로운 생명을 그리스도 안에 있는 그리스도의 생명으로 기술할 수 있었다. 그럼에도 불구하고, 믿는 자들과 그 믿는 자들 안에서 살아가는 그들의 신앙의 대상 사이의 구별은 계속 남아 있다(갈라디아서 2: 20). 나는 하느님이 아니며, 하느님도 내가 아니다. 이와 달리 선불교에서는 우리가 우리의 신앙의 지위에 두는 것은 동시에 우리의 고유한 참된 자아이다. 불자가 추구하는 것은 언제나 그 자신으로 있어왔던 것이라는 점을 깨치는 것이 깨달음이다.

선 수행의 목표가 달성됨으로써 불자가 신봉하는 궁극적 실재의 타자성은 극복되며, 신앙에 대한 태도도 본질적으로 바뀌어버린다. 신앙은 우리를 깨달음을 향한 도상에 두며 그 깨달음에 개방시키기 위해선 필요하지만, 깨달음 자체에서는 신앙이 사라진다. 진리가 실현될 때에, 우리는 더 이상 스승이나 가르침을 신뢰할 필요가 없다. 왜냐하면 우리가 우리 자신을 잘 알게 되었기 때문이다. 사실, 깨달은 사람은 그 깨달은 지식 자체이다. 그래서 그 위대한 중요성에도 불구하고, 신앙은 구원 자체에는 본래적인 것이 아니다.

하지만 모든 불교도들이 신앙의 대상이 타자적임을 거부하는데 공감하는 것은 아니며, 신앙이 최종적으로 버려져야 한다는 생각에 공감하는 것도 아니다. 실제로 정토 불교는 자력(self-power)에 의지한다는 이유로 선불교를 비판하며, 붓다 즉 아미타의 타력(other-power)에 대한 신앙을 요구한다.[139] 12세기 일본의 승려 호넨(Honen)은 타락한 시대에서는 깨달음을 향한 유일한 성공의 길이 아미타에 완전히 귀의하는 것뿐이라는 점에 설득되었다. 따라서 호넨은 모든 사람들에게 유일한 실천으로 아미타의 이름을 염불할 것을 추천하였다. 물론 그 이름은 신실한 신앙의 자세로 음송되어

139) 다음을 참조. Paul C. Ingram, *The Dharma of Faith: An Introduction to Classical Pure Land Buddhism* (Washington, D. C.: University Press of America, 1977). 인그램은 유용한 참고문헌 목록을 갖춘 정확하면서도 포괄적인 정토불교 학파의 역사를 제공하였다.

야만 한다.

많은 기독교인들도 신앙을 호넨의 것과 다르지 않게 이해한다. 기독교인들은 자신들이 기독교의 실제, 즉 성례전, 기도, 그리고 성서 읽기, 또는 기도서 음송 같은 실제들을 신실한 신앙의 자세로 참여한다면, 구원받게 된다고 믿는다. 이들은 하느님의 은총을 구원의 수단이 된다는 의미로 하느님의 선물로 이해한다. 이 하느님의 선물은 고된 수행들과 완전한 덕을 통해 구원을 추구하는 것에서 인간을 자유롭게 해준다는 것이다. 정토불교와 기독교에 걸쳐 있는 이와 같은 문제는 염불의 암송이나 가독교의 그런 실제들(성례전, 기도, 성경 읽기, 등등)이 정말로 구원의 최선의 수단이 될 수 있느냐에 있다.

그럼에도 불구하고, 기독교와 정토 불교에는 모두 이 두 전통 속의 유사한 문제들에 반응하는, 보다 심오한 신앙에 대한 이해가 존재한다. 루터는 자신의 구원이 자기 편에서의 올바른 정신적 영적 자세에 의존해 있는 한, 구원은 영원히 불확실하다는 점을 알게 되었던 것이다. 루터는 자신의 신실함과 신앙에 대해 확신을 가질 수가 없었다. 이런 필요한 점들을 감안한다면, 인간이 구원을 보장할 수는 없는 것이다. 루터는 성서 연구를 통해 우리가 우리의 올바른 자세에 의해 구원을 받는 것이 아니라 예수 그리스도 안에서 무제약적이고 완전히 자유로운 하느님의 선물에 의해 구원을 받는다는 점에 설득되었던 것이다. 그래서 신앙이란 자신 안에서 만들어내기 위해 노력해야 하는 마음의 상태가 아니다. 그것은 하느님의 선물의 일부이다. 복음은 우리가 우리 자신 편에서의 어떤 성취와 별개로 구원을 받는다는 것이다. 심지어 신실함과 신앙과도 별개로 말이다.

호넨의 제자들 가운데 하나인 신란(Shinran)은 루터와 현저히 유사한 통찰에 도달하였다.140) 신란은 호된 훈련들을 통해 구원을 추구했지만, 결국 자신이 전적으로 실패했다고 느꼈다. 그래서 그는 호넨의 메시지를 열정적으로 들으면서, 호넨이 스스로를 이해한 것보다 더욱 근원적으로 호넨을 이해하게 되었다.

호넨의 제자들 몇 명은 죽음이라는 결정적 순간에 신실한 신앙에 걸맞는 자세가 사라질지 모른다는 두려움을 느꼈다. 이것은 그들에게 정토 불교의 가르침이 여전히 구원의 필요조건들만을 충족시키는 하나의 손쉬운 길에 지나지 않았음을 보여준다. 이와 대조적으로, 신란은 구원이 인간의 올바른 자세의 성취가 아닌, 아미타의 은혜라고 가르쳤다. 죄 많은 인간은 인간의 장점 때문이 아니라 아미타가 발휘하는 효력으로만 구원을 확신할 수 있는 것이다.141)

그러나 신란과 루터 간에 현저하고 종종 주목되는 이런 유사점들에도 불구하고, 그들 사이에는 또한 신앙의 의미에 대해 명백한 차이점들도 존재한다. 루터에게 신앙이란 거의 믿음과 동일한 말이지만, 영어로 "신앙"으로 번역된 신란의 용어 신심(信心, shinjin)은 믿으려는 심정이나 마음 자체를 의미한다. 어떤 관점들에서 이 용어와

---

140) 다음을 참조. Alfred Bloom, *Shinran's Gospel of Pure Grace* (Tucson: University of Arizona Press, 1965). 신란에 관한 탁월하고 간결한 서문은 다음에서 발견 된다: *Letters to Shinran: a Translation of the Mattosho,* ed. Yoshifumi Ueda (Kyoto: Hongwanji International Center, 1978). 이 저서는 Shin Buddhism Translation Series의 첫 저서이다.

141) 다음을 참조. *The Tanni Sho: Notes Lamenting Differences,* trans. and ed. Ryusetsu Fujiwara (Kyoto: Ryukoku Translation Center, 1962), p. 60.

신란 사상의 불교적 정황은 신란의 신앙 이해를 기독교의 일반적 견해로부터 멀어지게 만든다.

비록 신란이 아미타에 대한 믿음을 강조하였지만, 강조점은 인격들 상호간의 관계에 있던 것이 아니라 존재나 의식의 상태에 있었다. 인간을 구원하는 타력은 최종적으로 우리와 다른 인격(즉 하느님--옮긴이 주)의 관계에서처럼 우리 밖에서 오는 것으로 이미지화되지 않고, 우리의 고유한 존재의 참된 원리나 깊이로 이미지화 된 것이다. 신앙은 순수한 선물일 뿐 아니라 한 가지 중요한 의미에서 이 타력의 실현이기도 하였던 것이다. 그러나 선물은 주는 자에게서 오는 것이다. 그래서 최초로 제시되고 수용된 강조점은 타력과의 관계에 있었지만, 보다 심화된 이해는 그 타력이 약속하고 부여하는 존재의 상태를 그 타력과 동일시하는 것을 지향한다.

기독교에서의 지배적 이미지는 확실히 인격들 상호 간의 관계적인 것이며, 그래서 친구를 믿는 것이 그리스도에 관한 신앙에 강력한 유비로 활용될 수 있다. 만약 이 이미지가 그리스도에 관한 신앙을 가장 심오하게 파악한 것이라면, 신란의 신앙은 다른 것으로 인식되어야만 한다. 그러나 그것은 꼭 그렇다고만 할 수도 없을 것이다. 우리의 마음에서 신앙으로 역사하는 은총은 동시에 타자적인 것이고 타자가 현존하는 것이다. 우리의 신앙은 은총의 원천과 관계할 뿐 아니라 믿으려는 마음과도 관계한다. 이 마음은 타자의 현존을 통해 은총의 효력이 끼쳐지는 마음이다. 신앙을 심화시킬 때 그 이미지는 종종 나와 당신의 관계 이미지에서 그리스도나 성령의 내주하심의 이미지로 옮겨져 간다. 비록 최종적인 입장에서는 자아와 타자를 동일시하지 않는다고 하더라도, 타자는 자아를 구성시키는 것이다.

우리는 인격들 상호 간의 관계 이미지가 신란이 창설한 교단인 정토진종(Jodoshinshu)의 신앙 이해나 루터주의 신앙 이해 가운데 어느 하나에는 부적절하다고 결론지을 필요는 없다. 오히려 우리는 '인격적 타자를 믿는 것'과 '존재의 상태에 참여'하는 양 극들이 양 전통들 모두에서 발견된다고 결론지을 수는 있다. 이 양 극들 자체는 두 전통들이 가진 신앙의 공통적 의미를 인식하는데 장애가 되지 않는다. 각 전통은 이 양 극들이 가장 풍성한 결실을 맺게 하는 관계 방식을 명확히 해둘 필요성을 남겨두었다. 명확히 해두는 시도 속에서 각 전통은 상대방 전통을 도울 수 있을 것이다.

선불교 전통 속의 불교 사상가들은, 기독교든 정토 불교든, 신앙이 집착과 매달림의 어떤 요소를 수반하다는 점에 여전히 반대할 것이다. 지극히 기독교적 이미지의 특징인 신앙인과 하느님의 이원론이 극복될 때에도 그들은 이런 반대를 철회하지 않을 것이다. 이런 신앙은 여전히 어떤 것을 단단히 움켜잡는 것, 선택적으로 주목하는 것, 희망과 욕망에 초점을 두는 것에 몰두하는 것에 지나지 않는다. 그리고 의심할 바 없이 이런 것이 일상적인 신앙행위를 잘 설명해 준다. 그와 유사한 요소들이 선불교에서도 거의 최종적 깨달음에 도달되기 까지 발견된다. 그러나 그런 요소들은 신앙의 본래적 본성이 아니며 불완전한 신앙만을 표현할 뿐이다.

완전한 신앙은 단단히 붙잡는 것이 아니라 완전히 놓아버리는 것이다. 완전한 신앙은 주목을 통제하고 그 방향을 지시하는 것이 아니라, 발생하는 것은 무엇에든지 개방하는 것이다. 그런데 이런 신앙의 희망(완전히 개방적이고 완전히 놓아버리려는 희망-- 옮긴이 주)도 자아가 품고 부양시킨 후 하느님에게 근거짓는 희망이 아니라, 특정한 순간 하느님에 의해 주어지는 희망이기도 하다.

기독교가 개방성으로서의 신앙을 통해 집착으로서의 신앙을 거부하는 불교를 만나서 배움을 얻게 되더라도, 기독교는 선불교와 같아질 수는 없을 것이다. 그런 기독교는 정토 불교에 보다 친화적일 것이다. 하지만 정토 불교와의 관계에서도 차이들은 존재한다. 이 차이들이 기독교의 "매달리는" 신앙(타력 신앙-- 옮긴이 주)을 둘러싸고 발생할 필요는 없다. 정토 불교도 그런 신앙을 가지고 있기 때문이다. 대신에 그 차이들은 자아, 하느님, 그리고 역사에 관한 서로 다른 견해로부터 발생한다. 이번 장의 나머지는 이런 차이들을 밝히는데 바쳐진다.

2. 인격적 존재의 소멸과 초월

불교의 분석은 실체적 자아를 소멸시킨다. 그 분석은 대상과 분리되는 주체도 없으며 주체와 분리되는 대상도 없다는 점을 보여준다. 주체는 대상들의 연합이며, 대상들도 그런 연합 속에서만 존재한다. 그 자체로서 세계와 마주해 존재하는 자아의 자리는 존재하지 않는다.

일반적으로 불교의 분석에서 부정된 것이 기독교와 서양의 인문

사상에서는 긍정되었다는 점은 의심의 여지가 없다. 행위 하는 자와 행위를 받는 자로서의 자아는 행위들과 사건들의 흐름과는 구별되어 왔다. 자아는 시간을 거듭하면서도 동일한 것으로 생각되어 왔다. 간단히, 자아는 일반적으로 실체적으로 생각되어 왔다. 만약 기독교인들이 실체적 자아를 주장할 필요가 있다면, 기독교와 불교는 화해할 수 없으며 서로를 반대하게 된다.

그럼에도 불구하고, 기독교가 이런 실체 철학적 관념과 깊숙이 연결되어 있다는 것은 분명한 것이 아니다. 확실한 것은 이런 실체적 관념이 성서에서는 발견되지 않는다는 점이다. 그리고 현재 널리 인정되는 바는 일반적으로 우리의 많은 성서적 유산이 정적이고 실체적인 범주들에 의해 애매모호해져 버렸다는 것이다. 그리스 철학의 영향력이 우리로 하여금 성서를 그렇게 실체적 범주들을 통해 읽도록 해버린 것이다. 서양의 최근 철학들은 전체적으로 실체주의 사상 양태로부터 떠나 왔으며 이전보다 훨씬 더 불교적 사유 방식에 적합해졌다.

그러나 스즈키가 주목한대로, 기독교가 자아나 에고를 강화해 온 것은 사실이다. 우리는 우리의 행위와 심지어 우리의 동기(motivations)에 대하여도 개인의 책임성을 전제하도록 고무되어 왔다. 우리는 자유에 대한 감각을 불러일으키고 우리를 집단의 안심상태에서 끄집어내 인격적 개체를 자각시키는 책임감을 향한 소명을 경험해왔다. 우리가 사건들을 단지 수동적으로 수용하고 기계적으로 반응하는 것이 아니라는 점은 우리에게 매우 중요했던 것이었다. 오히려 우리는 우리의 상황들을 분석하고, 그 상황 속의 악(惡)

들을 확인하고, 개선을 계획하며, 적절한 대안들과 프로그램에 스스로를 투자하기를 바란다. 이 모든 것과 관련된 자아가 실체적일 필요까지는 없더라도, 그 자아는 실재적인 것이며 강력한 것이어야만 했다. 그런데 확실히 이런 존재 양태의 불교적 소멸은 기독교적 자아의 발전을 고무시키지 못하게 한다. 기독교적 자아는 실체적인 것으로 인식되지 않을 때에도 불교적 무아나 불교적 진정한 자아와 동일시 될 수가 없다.

우리는 이 점에서 두 가지 문제에 직면한다. 첫째, 우리는 허상적인 실체적 자아의 불교적 소멸의 조명하에서도 기독교적 자아를 실재적인 것으로 이해할 수 있는가? 아니면, 기독교적 자아도 역시 허상임을 인정해야 하는가? 둘째, 기독교는 자기의 자아의 달성을 버리지 않으면서 불교의 자아 소멸의 실존적 의미를 자기화할 수 있는가?

불교의 기본적인 실재 비전으로 돌아가 보자. 각각의 순간적인 인간의 경험은 연기, 즉 객체들이 주체와 뗄 수 없이 굳게 연합되어 있는 하나의 사례이다. 이런 연합이나 이 연합의 기저에는 자아가 존재하지 않는다. 자아가 조금이라도 있다면, 그런 연합 가운데 나타나는 것일 뿐이다. 불교도에게 진정한 자아란 그런 연합 자체이지만, 이것은 기독교를 위해서는 만족할만한 것이 못된다. 왜냐하면 전체로서의 연합이란 기독교적 자아를 정의해주는 일개인의 책임적 자유를 가질 수가 없기 때문이다.

책임적 자유의 문제는 불교의 전통적인 문제는 아니다. 불교도들이 철학적 문제들을 섬세하게 논의했음에도 불구하고, 그들은 자유와 결정(freedom and determinism)에 관한 서구의 오래된 문제를 취급하지는 않았다. 그리고 연기에 관한 그들의 담론은 서구인들의 귀에 결정론적인 것처럼 들린다. 그러나 현대의 불교도들이 이런 서구의 문제에 직면할 때, 그들은 일관되게 완고한 결정론은 거부한다. 그럼에도 불구하고, 불교도들은 조만간 연기의 한 사례가 어떻게 책임적 자유의 요소와 연관될 수 있는지를 명확히 하는데 주목해야만 한다. 그들에게 현재 이 문제는 중요한 문제는 아니다.

불교의 기본적 분석을 수용하는 기독교인은 이 문제에 대해 화급하게 토론해야할 압박을 받는다. 만약 우리가 연합된 요소들을 모두 한결 같이 현실적인 것으로만 생각한다면, 자유를 위한 여지는 존재하지 않는다. 연합은 합성물(현실적인 것과 가능적인 것의 합성물 -- 옮긴이 주)일 수도 있다. 비록 우연의 요소가 합성물의 정확한 형태 속에서 허용된다고 하더라도, 이것은 도움이 되지 않을 것이다. 자유는 우연의 문제가 아니라 자기가 결정해야할 문제이다. 자유는 완전한 우연과 양립할 수 있지만, 우연에 의해서 손쉬워 지거나 설명되거나 하지는 않는다. 결정은 의미 있는 여러 가능성들 가운데 선택하는 문제이고, 이런 선택은 가능성들 자체가 연합 속의 요소들이 되고 있을 때에만 발생할 수 있다. 가능성들이 주어져 있다는 것은 연합이 단순히 현실적 세계의 산물만은 아니라는 점을 의미할 것이다. 그런 가능성의 주어짐은 현실 세계가 파생시키지 않은 요소들을 도입하거나, 도입할 수 있는 것이다. 그런 요소들이 포함되는지 그리고 포함된다면 어떤 것이 포함되는지는 연합 자체 속에서만 결정된다. 결정은 그 연합을 인도하는 어떤 내재적 의도, 목표, 또는 지향을 표현해야만 한다. 이런 방식으로 우리는 연합을 구성하는 요소들을 통합해내는 그 고유의 양태 속에서 연기를 자유롭고 책임적인 결정으로도 생각할 수 있다.

인간의 경험에서 우리는 자유의 느낌이 연합 속에서 현실적인 것과는 두드러지게 구별되는 가능성들과 관계가 있다는 점을 이해할 수 있다. 실현되지 않은 가능성들에 주목하지 않는 문화 속에서는 책임적 자유가 강조되지는 않을 것이다. 그러나 사람들이 새로운 더 나은 미래를 향해 과거를 초월하고 자신들이 항상 새로운 삶의 가능성들에 직면하는 방식에 책임성을 전제하도록 계속적으로 충동질 당하는 곳에서, 책임적 자유는 반성과 현실적 존재의 두드러진 특징들이 된다. 기독교적 자아는 그런 연합 속에서 결정을 해야 하는 요소인 것이다.

불교도들은 모든 일상의 경험들에서 이 순간적인 연기의 실례들이 특히 그 계승을 통해 인격적 삶을 구성시키는 과거의 실례들에 의존되어 있다는 점을 알고 있다. 카르마(karma, 업) 학설의 일반적 정식화는 현재 경험의 한 순간 속에서 발생하는 것이 불교도들에 의해서는 해당 인격의 과거만의 산물로 간주되는 범위를 증언한다. 과거로부터 계승된 느낌의 특성과 사상과 반응의 습관들은 현재적 경험의 연기의 실례를 지배한다. 이와 흡사하게 연합 속에서 결정을 내리는 요소는 일반적으로 이런 과거의 공헌에 의한 것이다.

불교도들은 선업(good karma)과 악업(bad karma)을 구분한다. 그러면서도 그들은 모든 카르마로부터 해방될 것을 추구한다. 다시 말해, 그들은 현재적 연기의 사례가 과거의 인격적 존재의 속박에서 자유롭게 되기를 원한다. 그렇게 될 때에만, 차별이나 왜곡 없이 인격적 존재는 존재하는 모든 전체적인 것들에게 개방될 수 있게 된다. 따라서 인격적 경험을 통해 계승된 결정하는 요소인 자아의 연속성은 극복되어야 하는 한계로 간주된다. 비록 불교도들이 자아를 각 순간의 연합 속의 결정의 요소로 주장할 수 있다고 하더라도, 그들은 순간적 자아들이 시간을 통해 존속하여 사슬처럼 연결되는 인격적 자아는 거부하고자 한다.

기독교인들에게도 우리의 과거에서 파생된 지배적 지향들에 의해서만 우리가 결정된다는 것은 만족할만한 것이 아니라는 감각이 존재한다. 우리는 우리의 최선의 목적들이 효력을 갖도록 추구해야 할 뿐 아니라 우리의 목적들 자체가 그리스도에 의해 변형되는 것을 허용하도록 배운다. 그래서 우리를 특징짓는 강력한 인격적 자아가 순간마다 그리스도의 부르심에 반응하기를 거절한다는 점에서 우리는 죄인이다. 우리의 과거 목적들의 지배는 우리가 그리스도가 주시는 새로운 가능성들에 개방하는 것을 제약한다. 따라서 과거의 지배로부터 자유로워지려는 불교적 시도를 이해하고 승인하는 것은 어려운 일이 아니다. 우리가 스스로 그리스도에게 개방할 때, 우리도 역시 그런 자유를 추구하는 것이기 때문이다.

그럼에도 불구하고, 우리는 인격적 과거와 갖는 관계를 다른 방식으로도 평가한다. 우리에게 그 관계는 그 과거로부터 계승하는 새로운 경험들이 전체 경험에 독특하게 공헌하도록 하는 하나의 특수하고 독특한 경험의 축적을 대표한다. 그런 인격적 삶의 공헌을 현재의 경험에만 국한시키는 것(과거의 속박에서 자유롭게 된다는 것의 다른 표현-- 옮긴이 주)은 풍요롭고 의미 있는 경험의 기회를 현재에만 국한시키는 것이다. 심지어는 나의 과거 경험 속의 악(惡)과 파괴적 요소마저도 무엇인가를 공헌할 수 있는 것이다. 단, 그 악과 파괴적 요소들이 치유되고 뉘우침을 통해 변화되는 한 그렇다. 그러므로 우리의 목표는 인격적 과거로부터 계승되는 것을 축소할 것이 아니라 계승된 것을 정돈하기 위해 현재 그리스도가 주시는 가능성들을 허용하는 것이다. 그러므로 기독교의 목표는 인격적 자아의 소멸이 아니라 항상 새롭게 오는 하느님의 목적들을 통해 지속적으로 과거를 초월해 가는 것이다.

지금껏 나는 두 개의 질문들 가운데 첫째 것에 긍정적인 답변을 제시하였다. 기독교적 자아의 가능한 실재를 부정하는 것과는 별개로, 실체적 자아에 대해 불교적 분석이 이론적으로 정확히 제시한 소멸은 기독교적 자아의 진일보된 이해를 가능케 한다. 하지만 기독교의 목표는 불교의 목표와 아주 다르다. 이제 두 번째 문제를 다룰 차례가 되었다. 기독교인은 인격적 자아의 실제적 소멸(실체적 자아의 이론적 소멸에 대한 불교적 반응)의 실존적 의미를 자기화할 수 있는가?

비록 기독교인들이 종종 인격적 자아에 집착하더라도, 우리가 그런 자아가 안고 있는 문제들을 망각하고 있는 것은 아니다. 인격적 자아는 다른 인격적 자아들에 대립해 맞선 개별성 속에서 자신을 구성한다. 상호 간 외면적이라는 강력한 경험이 존재한다. 상호 간의 고립은 기독교 공동체 내에서 거의 극복되지 못하였다. 더구나 다른 사람을 우리 자신처럼 사랑하라는 소명은 멀고도 거의 관련성이 없는 하나의 이상, 즉 너무 무겁고 죄 의식만을 일으키는 율법으로 경험되든가, 아니면 초자연적인 선물을 통해서만 가능한 것으로 경험된다. 다른 사람들과의 관련성은 우리가 스스로와 맺는 관련성과 아주 다르기 때문에 평등한 사랑이란 사실 생각도 할 수 없이 힘든 것이다. 잘해봤자 우리는 일반적으로 선한 의지 정도를 가질 수 있으며, 그것도 자신을 보호하기 위한 행동 속에서만 실천할 수 있거나, 그게 아니면 거부해 버린다. 심지어 이런 것조차도 지킴으로써가 아니라 지키지 못함으로써 더욱 명예로운 것으로 부각되는 원리인 것이다.

우리는 불교에서 이 문제에 대해 근원적으로 다른 해결책, 즉 우리 자신의 많은 이상들을 성취하는 해결책을 본다. 각각의 순간적 경험이 인격적 과거로부터의 속박과 인격적 미래로의 특수한 정향 등 양자로부터 자유로워진다면, 경험은 전체 세계에 개방 된다. 경험은 자기-관심으로 왜곡되지 않고 그런 전체 세계에 적절하게 반응할 수 있게 된다. 그리고 경험은 특수한 인격적 미래에 몰두하지 않고 모든 것들의 유익을 지향하는 관점으로 스스로를 구성할 수 있다. 사람들 사이의 장벽, 즉 상호 외부적이라는 장벽은 사라진다. 각자는 본래적인 것으로서 다른 사람에게 참여한다. 이웃을 자기처럼 사랑하라는 기독교의 계명은 깨달음을 얻은 자들에게서 타자와의 실제적인 관계를 기술할 수 있는 것으로 변형된다.

이 모든 것들은 기독교인들에게도 심히 매혹적인 것이지만, 우리 기독교인들이 매우 소중히 여기는 인격적 자아성을 소멸시키는 희생을 치러야만 달성된다. 우리는 이런 희생을 치르지 않고 불교의 성취를 통합해 낼 수 있는 방식은 없는지를 묻지 않을 수 없다. 우리는 계속 책임적인 인격적 자아이면서, 깨달은 불교도의 공평한 사랑을 달성할 수는 없는 것인가?

이런 방향을 지향하는 첫 번째 단계는 불교 본래의 분석을 수용함으로써 주어진다. '상호 외면성', '상호 고립', 그리고 '이웃과의 관계와 과거의 자아와의 관계의 근원적 차이'에 대한 감각의 문제들은 모두 과거의 서양 실체주의 개념성에서 강조되어 왔다. 우리 각자가 실제로 하나하나의 실체들이라면, 우리와 타자와의 관계가 전적으로 외면적인 반면에 우리가 자기 자아와 맺는 관계는 전적으로 내면적일 것이다. 그렇다면, 사랑의 계명은 이런 형이상학에 거슬리는 것이기에 급히 사라질 것이다! 공동체는 여러 가지 실체들 곁에 있는 것이 될 뿐이다. 이 실체들 각각은 타자와의 실재적 관계로부터 고립된다. 이것은 자아에 관한 실체주의 견해들에서 실제로 이끌어낸 결론들을 희화화(戱畵化)한 것이다. 그러나 그런 희화화도 자기만의 진리는 가지고 있다. 우리가 우리 스스로들과 우리들 사이의 외면적 관계들에 관해 생각하는 방식은 사랑과 상호 참여라는 신약 성서의 가르침과 뿌리 깊은 긴장 관계에 있어 왔다.

실체주의 견해는 잘못된 것이다. 순간에서 순간으로 각 자아는 자신의 인격적 과거뿐만 아니라 타자들을 포함하는 요소들의 연합으로부터도 생겨난다. 과거의 인격이 그런 연합을 지배하겠지만, 과거의 인격 속의 실례들과 갖는 연기적 실례가 제시하는 관계의 양태는 그 연기가 도처의 다른 실례들에 대해 갖는 관계의 양태와 조금도 다르지 않다. 자아를 이런 방식으로 생각하고 상호간 참여하는 실재를 경험적으로 실현하는 것은 기독교인들로 하여금 불교의 성취로 나아가게 할 수 있다.

이런 나아감은 인격적 실존 구조의 소멸을 지향하는 것이 아니라, 초월을 지향하는 것이다. 이 차이는 기독교인들에게 중요하다. 인격적 자아의 소멸은 과거 인격의 강력하고 지배적인 영향력을 끊어버리는 것이다. 인격적 자아의 초월은 자신의 과거로부터 계승하는 것처럼 타자의 과거로부터도 계승하는 방식들로 타자와의 관계를 발전시키는 것이다. 만일 우리가 자신의 과거에 대해 거의 완전히 공감적이라면, 우리는 다른 사람들에 대해서도 공감의 강도를 증가시켜 갈 수 있다. 만일 우리가 우리의 과거의 생각들이 우리 자신의 것이었고 다른 사람들에 대해 방어적인 것들이기 때문에 그것들에 개방적이었다면, 우리는 점차 다른 사람들에게서 온 생각들에는 개방적이면서 우리 자신의 생각들에는 비판적일 수 있게 될 것이다. 만일 우리가 우리 자신의 미래의 행복에 관심을 갖고 있고 그 행복에 공헌하기 위해 우리의 현재 실재를 구성하려 든다면, 우리는 또한 다른 사람들의 행복에 관심을 가질 수 있고 그들의 행복에도 동일하게 공헌하기 위해 우리의 현재 실재를 구성시킬 수 있을 것이다.

경험의 불교적 변형은 심오하며 개념으로 포착할 수 없을 지경이다. 나는 기독교적 경험의 변형을 지향하는 온건하고 임시적으로만 비교될 수 있는 단계들을 제안해 왔다. 아마도 소멸의 방향을 지향하는 불교적 변형처럼, 기독교적 변형도 인격적 존재를 초월하는 방향에서 이루어질 수 있을 것이다. 그렇다면, 기독교적 경험은 기독교인 되기를 중단하지 않으면서도 자신의 경험 내에 불교적 경험을 적용시킬 수도 있을 것이다.

3. 하느님과 공(God and Emptiness)

만일 궁극적 실재가 공(空)이라면, 하느님을 공이라고 하던가, 아니면 하느님에 대해서는 일체 부정하든가, 하나를 선택할 수밖에 없다. 만약 그렇다면, 기독교인들은 궁극적 실재가 공이라는 인식에 저항해야만 한다. 왜냐하면 공이 더욱 철저히 이해될수록, 공이 성서가 의미하는 하느님을 지시하지 않는다는 점을 명확히 알게 되기 때문이다.

다른 반응도 가능하다. 서양 전통 속의 존재에 관한 개념을 공으로 융해시키는 것은 하느님과 존재의 동일시에 항상 주어져 있었던 긴장들을 노출시켜준다. 존재가 하느님이 되기 위해서는 이 존재는 존재의 원천, 원인, 깊이, 또는 근거가 되어야 한다. 순수하고 완전한 존재는 이런 존재나 존재의 근거로 귀속되어야 한다. 따라서 만일 하느님이 존재와 동일시된다면, 존재는 동시에 존재자들의 근거, 존재의 근거, 그리고 최상의 존재자 모두가 되어야 한다. 이것은 개념적인 혼동을 초래한다.

하느님과 존재 사이의 긴장은 우리가 힌두교에서 유사한 비전을 고찰하게 될 때 분명해진다. 이 긴장이 힌두교에서는 보다 쉽사리 해결된다. 브라만으로서 존재 자체는 스스로를 주님, 이슈바라(Isvara), 최상의 존재자를 통해 명시화 된다. 브라만의 궁극적 우위성을 부정하고 이슈바라에 헌신하는 자들과 이슈바라의 실재는 브라만의 실재에 종속되어 있다고 주장하거나 이슈바라의 궁극적 실재됨을 부정하는 자들 사이의 긴장들이 있었다. 어느 경우든, 브라만과 이슈바라는 구별되며, 인도에서는 궁극적 실재와 헌신의 대상인 인격적 하느님 간의 이런 구별은 당혹감 없이 인정될 수 있다. 서양에서도 동일한 구별이 때때로 신성과 하느님 사이에서 나타났지만, 서양은 하느님을 종속시키는 경향에 철저히 저항해 왔었다.

다음 장에서 중요하게 다루어지는 예외들에도 불구하고, 그런 구별이 이루어진 곳마다, 특수한 표현(기독교의 경우, 성서의 인격적 하느님-- 옮긴이 주)을 그것이 드러내는 궁극적 실재에 종속시키는 경향이 강력히 존재해 왔다. 이런 종속이 불교에서도 두드러졌다. 각각의 붓다는 붓다 원리(buddha-principle, 불종성[佛種性]), 불성, 궁극적 실재, 또는 공(空)을 명시화한다. 특수한 표현들(불교의 경우, 각각의 붓다들-- 옮긴이 주)은 숭앙되고 심지어 예배를 받아왔다. 그러나 대부분의 불교도들의 목표는 임의의 붓다와의 올바른 관계가 아니라, 붓다들이 실현한 것, 즉 궁극적 실재를 실현하는 것이다.

궁극적 실재와 그것이 신적으로 표현된 것 사이의 구별은 기독교 신앙을 위해 하나의 방향을 암시하고 경고의 소리를 내기도 한다. 그 방향이란 주저하거나 당황해하지 않고 궁극적 실재와 하느님 간의 구별을 수용하는 것이며, 성서의 하느님을 이슈바라나 붓다들처럼 궁극적 실재의 특수한 하나의 표현으로 인식하는 것이다. 하느님이나 이슈바라나 붓다들은 단지 궁극적 실재의 다양한 이름들에 불과한 것이 아니다. 그리고 경고의 소리란 인격적 존재를 궁극적 실재에 종속시키거나 궁극적 실재를 인격적 존재 "위에"나 "너머에"에 있는 것으로 조명하지 않도록 저 구별 관계를 매우 조심스럽게 정식화해야만 한다는 것이다.

문제의 일부는 특수한 인격들 속에서 '명시화'되는 것에 대한 관념과 연결되어 있다. 명시화된 것(궁극적 실재-- 옮긴이 주)은 거의 분명히 그 명시화를 표현하는 것들(신적인 인격들-- 옮긴이 주)보다 앞선 것이거나 탁월한 것이 되는 듯싶다. 그렇다면 "명시화"는 하느님과 궁극적 실재의 관계를 기술하는가? 확실히 하느님은 궁극적 실재를 명시화해 주지만, 하느님 또한 그 실재를 현실화해 주고 구현시켜 주는 것이기도 하다. 기독교의 관점에서 보면, 궁극적 실재를 최상으로 충분히 실현하는 것은 우리 피조물들도 그 궁극적 실재를 실현하고 있다는 가능성의 근거가 된다. "명시화" 자체만으로는 하느님과 피조물 사이의 실현 자체에 있어서의 상하 관계를 표현해 주지 않는다.

궁극적 실재가 존재가 아니라 공이라는 견해를 수용하는 것은 공의 특수한 현실화들에 존재론적으로 종속적인 역할들을 부과하여 위계 체계의 꼭대기에 공을 두는 경향성으로부터 우리를 자유롭게 할 수 있다. 우리가 서양과 인도에서 각각 존재와 브라만에 대해 생각할 때, 비록 혼동이 있기는 하지만 궁극적 실재와 더불어 그 최상의 현실화(가령, 하느님-- 옮긴이 주)에도 주목하고 있는 것이다. 하지만 불교도들에게 최상의 실재인 공 자체만으로는 현실화를 전적으로 결여하고 있다. 사람들은 존재와 브라만을 예배해 왔고,

예배를 뛰어넘어 그것들과 합일하려고 까지 하였다. 불교 내에서는 붓다 원리와 불성으로 서양과 힌두교의 존재와 브라만과 유사한 관계를 채택하려는 경향들이 있어 왔지만, 불교도들이 붓다 원리나 불성이 공이라는 점을 분명히 할 때, 이런 경향성은 깨져 버린다. 공 자체는 예배 받을 수 있는 특징을 지니는 현실화를 결여하고 있기 때문이다. 또한 공과의 합일을 지향하지는 않지만 그것의 실현을 지향한다. 그 실현이란 아주 단순히 공하게 되거나 공한 것을 깨닫는 것이다.

공한 것(문맥상 하느님으로 이해해야 함-- 옮긴이 주)을 공 자체에 종속시키는 것은 예배를 깨달음에 종속시키는 것이다. 그러나 만일 기독교인에게 그런 종교적 종속이 존재하지 않는다면, 종속 자체는 전혀 존재하지 않는다. 만일 하느님이 모든 덧없는 실현들이 의존하는 궁극적 실재의 우주적이고 영속적인 실현이라면, 하느님을 궁극적 실재와 동일시하지 않는 것은 하느님을 그것에 종속시키는 것이 전혀 아니다. 왜냐하면 하느님도 '궁극적 현실태'(ultimate actuality)이기 때문이다. 궁극적 현실태로서의 하느님은 공이 궁극적 실재(ultimate reality)인 것만큼이나 궁극적이다. 공과 하느님은 같은 것이 아니다. 그리고 공과 별개의 것이 된다면, 하느님은 존재하지 않는다. 그러나 역시 공도 하느님과 별개의 것이 된다면 있을 수 없다고 말해야 한다. 공은 하느님의 "위에"나 "너머에" 있지 않다.

그러나 궁극적 현실태로서 하느님을 주장하는 것은 궁극적 실재로서의 공에 관한 비전과 양립할 수 있는가? 이 물음에 대한 대답은 오늘날까지 하느님이 불교의 비전과 양립 가능하도록 기독교적으로 정식화된 이해를 성립시키지 못했다는 것이다. 그럼에도 불구하고, 기독교 신앙에 본래적인 것이 불교의 관점에서 다시 사유될 때 상실되어 버린다고 말하는 것은 의문의 여지가 있다. 핵심적 요구는 하느님이 전적으로 무제약적으로 공한 분으로 이해된다는 점이다. 이것은 기독교 신학에 새로운 특징은 아니지만, 일관된 성립은 실제로 새로운 것이라고 할 수 있다.

하느님은 실체성을 전적으로 결여하고 있음에 틀림없다. 하느님은 신적인 활동으로부터 분리된 행위자일 수도 없으며, 신적인 수용성과 구별되는 행위 수용자일 수도 없다. 하느님은 완전하고 무제약적이며 영속적인 연기(緣起), 즉 의존적 발생의 실현임에 틀림없다. 붓다처럼 하느님도 완전히 충만해지는 것은 완전히 공하게 됨으로서 가능한 것이다. 다시 말해 하느님은 존재하는 모든 것들에 개방적이며 그 모든 것들을 수용함으로써 구성되신다.

하느님에 대해 이런 방식으로 생각하는 것은 확실히 서양의 전체 역사에서 "하느님"이라는 용어가 의미했었던 많은 것들과 긴장관계에 놓인다. 그러나 조만간 기독교인들은 불교화된 비전의 하느님이 하느님을 존재나 최상의 존재자와 동일시하는 것보다 예수에게서 계시된 하느님에 더욱 훌륭하게 부합한다는 점을 발견하게 될 것이다.

그러나 이런 하느님에 관한 개념도 기독교의 신념과 불교의 신념 간의 벌어진 틈을 채워주지는 못한다. 붓다들은 신들이 아니다. 붓다들은 억겁의 시간에 걸쳐 깨달음에 도달한 자들일 뿐이다. 만약 불교로 건너갔다가 기독교로 복귀하는 것이 전통적 불교에는 아무것도 결여된 것이 없다는 믿음을 의미한다면, 그런 믿음은 우리가 하느님으로서 의미했던 대부분의 것들을 버려는 것을 수반한다. 그러나 더욱 합리적으로 그런 복귀가 기독교인들로 하여금 불교의 핵심적 통찰들과 실제들을 자기화하도록 만든다면, 이제까지의 우리의 대화 결과들은 매우 고무적인 것이 된다. 우리 기독교인들은 모든 사물들의 궁극적 실재가 공(空)이라는 불교의 통찰의 빛에서 우리의 하느님 신념들을 다시 생각할 수 있게 된다. 이렇게 다시 생각함으로써 우리 자신의 유산은 여러 방식으로 해명될 수 있게 된다. 그 결과는 기독교를 희석시키는 타협과는 거리가 멀게, 우리가 예수 그리스도를 통해 알게 된 하느님의 의미를 보다 풍성하고 순수하게 파악하는 것이 될 것이다.

하느님에 관한 우리의 개념들이 하느님을 영화롭게 한다는 봉사심 속에서 종종 '살아 활동하심'과 '관계 맺으심' 같은 하느님에 관한 우리의 근본적인 지식을 어둡게 만든 것이다. 하느님을 모든 인간적 공함이 파생된 영속적으로 공하신 분으로 생각하는 것은 우리로 하여금 정적이고 억압적인 범주들로부터 탈출시켜준다. 우리가 하느님에 대해 다르게 생각할수록 하느님에 관한 신념의 실존적 의미도 변화하지만, 축소되거나 약해지는 것은 아니다. 동시에 모든 것이 공하다는 인식은 기독교의 '하느님중심주의'로 하여금 실존적 실현이라는 불교의 방법에 의해 달성된 심리학적이고 종교적인 심오한 장점에 의해 보충되도록 한다. 하느님과 공의 상호 보충에 관한 이론적 인식은 하느님 신앙과 공의 실현이 살아 있는 인간 경험에서 서로를 풍성하게 할 수 있는 상황을 제공할 것이다.

4. 순수한 내재와 부분적 초월

나는 기독교 신앙이 반드시 집착을 수반할 필요는 없으며, 기독교인들이 인격적 자아의 불교적 소멸에 상응하는 방식으로 인격적 자아를 유지, 아니 초월시킬 수 있으며, 그리고 하느님에 대한 신앙을 약화시키지 않으면서 공으로서의 궁극적 실재에 관한 불교의 비전을 자기화할 수 있다고 논증하였다. 나의 논증들은 대담한 주장들로서 비록 정당화는 될 수 있다고 하더라도, 이 주장들의 중요성은 모든 것은 허상에 불과하다는 불교의 논증에 의해 지지되는 순수한 내재(pure immanence)가 요청됨으로써 도전을 받고 있다.

인격적 존재가 중요시되는 가장 주요한 부분은 우리를 보다 드넓은 역사적 의미 상황으로 정향시킨다는 점인데, 이것은 인격적 존재의 초월성 속에서 망각될 수 없는 요인이다. 하느님에 관한 신념이 매우 중요한 이유는 그 신념이 현재의 '여기-이곳'(here-now)의 전망이 왜곡될 수도 있고 타당할 수도 있는 많은 전망들 중 하나의 전망에 지나지 않는다는 느낌을 고조시켜 주기 때문이다. 모든 시공간적 전망들은 하느님의 보다 충분한 전망에 종속되어 있다. 만약 불교가 모든 전망들이 '이곳-여기'로부터의 허상적인 초월을 표현한 것에 지나지 않는다고 반드시 주장해야 한다면, 우리는 불교의 분석을 곧바로 거부해야 하거나, 아니면 우리 기독교의 많은 유산들을 버리지 않을 수 없다.

이런 딜레마를 피하기 위해 나는 불교적 의미의 순수한 내재가 연기(緣起)의 유일한 사례인 것처럼 유아론적으로 우리를 가둘 것이 아니라, 오히려 연합 자체 속으로 과거와 미래를 도입시키고 있다는 논증을 펼칠 것이다. 내재가 초월에 대한 증언을 묵살함으로써 우리가 얻을 수 있는 가치들이 존재한다는 것은 의심의 여지가 없다. 이런 가치들이 불교적 성취 속에서 대담하게 표현되어 왔던 것이다. 그러나 현재로부터 과거와 미래를 떼어내는 것을 고무시켜 활용되는 불교적 분석도 과거와 미래에 대한 신뢰할만한 이해와 관심의 발전을 막지는 못한다. 기독교인들에게는 과거와 미래에 대한 이해가 매우 중요하다.

불교는 '여기-이곳' 외에는 세계에 관한 다른 관점이 없다는 점을 올바르게 지적하였고, 이 점에서 서양 사상을 특징짓는 자기-기만으로 귀착된 많은 시도들을 인식하지 않을 수 없도록 해주었다. 서양인들은 마치 '아르키메데스의 점' 밖에서 현재를 조명할 수 있을 것처럼 잘못 생각하고 잘못 말해왔던 것이다.

그러나 불교의 정식화는 타당함에도 불구하고 한쪽으로만 치우쳐 버렸다. '여기-이곳'이 다른 '여기-이곳'들(가령, 이제는 과거가 돼버린 수없이 많았던 현재의 순간들-- 옮긴이 주)의 요소들이 연합된 것이라는 점은 참이다. 그러나 이 요소들이 이제는 '여기-이곳'에 위치하지 않는다(더 이상 현재들이 아니기에-- 옮긴이 주)는 것도 참이다. 이 요소들은 '여기-이곳'에게 '그때-그곳'의 발생들을 증언한다. 다시 말해 내가 기억하는 과거와 밤하늘에서 내가 보는 별은 나의 현재의 경험들 속에서 '여기-이곳'이지만, 나는 나의 과거와 내가 본 별을 시간적으로 과거로, 공간적으로 떨어져 있는 '여기-이곳'이었던 것으로 느낀다. '여기-이곳'이 공(空)해지는 것은 그것에게 이제까지의 이력의 많은 요소들이 보전되도록 허용하는 것이다. 그 요소들은 '그때-그곳'이었던 것으로서의 '여기-이곳'인 것이다. 불교도들이 자기 자신에 대해 알게 될 때 깨달은 자는 모든 사물들을 알게 된다고 말할 수 있는 것도 바로 이런 점 때문이다. 그러나 그렇다면, '여기-이곳'의 연합 속에 지속적으로 들어왔던 '그때-그곳'의 요소들로서의 과거는 허상이 아닌 것이다. 나아가 미래는 '여기-이곳'의 연합과도 다르고, 단순히 아직 오지 않은 것으로서의 '그때-그곳'과도 다르다. 미래는 또한 요청과 희망으로서 그것의 고유한 독특한 본래적 모습으로 연합 속의 성분이 되고 있는 것이다.

보다 일반적으로, 모든 사물들의 연기에 대한 분석은 순수한 내재의 학설만을 요청하는 것은 아니다. 이런 비전 속에 내재하는 것은 방금 말한 초월하는 증거에 의해 가능했던 것이다. 왜냐하면 연합하는 것은 연합 자체가 아니라 독특하게 공헌하려는 하나하나의 요소들이기 때문이다.

만약 우리가 '여기-이곳'에서 연합하는 요소들이 주어져 있다는 점, 즉 이제까지의 보전된 것과 미래에 대한 예상으로부터 생기는 각 경험에 주의한다면, 우리는 '여기-이곳'을 절대적인 것으로 경험하는 것이 아니라, 상대적인 것으로, 즉 많은 것 가운데 하나로 경험하게 된다. 참으로, '여기-이곳'의 경험이 우리에게 존재하는 유일한 전망이지만, 그 경험을 많은 것들 가운데 하나로 깨닫든가, 아니면 (여기-이곳의) 현재만을 궁극적인 것으로 간주하도록 깨닫든가 양자 중 하나를 선택할 수 있다. 후자를 고르는 불교적 선택의 가치와 타당성은 의문시 되지 않는다. 하지만 자기를 상대화하는 이해인 전자의 기독교적 입장은, 불교의 분석을 수용한다고 배제될 수 있는 것은 아니다. 참으로, 불교도들도 이런 특성의 입장을 발견할 수 있다.

연합하는 요소들의 편에서 과거와 미래에 대한 내적인 증언은 또한 기억과 예상을 신뢰할 수 있도록 허용한다. 기독교인들이 이 점을 요청하는 이유는 역사가 폐지될 수 있다고 보지 않기 때문이다. 우리에게 있어 이 별(지구)에서의 삶과 특히 인간의 모험은 독특하고 소중한 것이다. 과거에 발생해온 것과 미래에 발생할 것과 지구와 우주와의 관계에 대한 우리의 이해는 학자들의 역사 연구와 자연에 관한 과학의 비전에 의해 심오한 변화를 겪어 왔다. 우리는 이제 그리스도를 통해 세계를 역사적인 것으로 보도록 스스로를 정향시키고, 자연 과학들은 우리로 하여금 그런 세계를 이해하도록 도와준다.

불교는 이러한 자기-정향의 양태에 하나의 심오한 도전을 구성한다. 불교는 우리에게 주변이란 없으며, 그래서 모든 지점이 중심이라는 점을 정확히 상기시킨다. 이런 통찰은 처음과 끝이 객관적으로 주어져 있는 것으로 보는 순진한 성서적 견해를 산산이 부수어 버린다. 우리 스스로를 정향시킬 고정적인 한계 점은 존재하지 않는다. 우리가 삶을 정돈하는 모든 의미 구조는 우리의 고유한 구성물에 지나지 않는다. 여러 전망들을 향한 의미 구조들의 상대성을 인식하는 것은 고정적인 안전이나 객관적 진리를 필요로 하는 자들을 위한 실존적 결과들을 산산이 부수어 버린다. 그러나 만일 기독교인으로서 우리가 삶을 모험으로 받아들인다면, 우리는 계속 우리 스스로를 어느 곳으로 정향시킬 수 있다. 우리가 활용하는 패턴들 속에서 구성물의 요소들을 인식할 때에조차 말이다.

모든 의미의 구조들이 구성물이라는 것은 그 구조들이 제멋대로라거나 특이-체질적이라거나 하는 것을 의미하지 않는다. 이 구조들은 조금이라도 빛을 비추어 줄 수 있는 것이고, 충분한 것이고, 정확한 것이다. 어떤 구조들은 생각이 깊은 사람들도 폭넓게 참여할 수 있는 것이 될 수 있는 반면, 다른 구조들은 검증에 견디지 못하고 빠르게 붕괴될 수도 있는 것들이다. 어떤 구조들은 관대함과 개방성을 고무시키고, 다른 구조들은 두려움과 방어만을 자극한다. 기독교인은 잘못된 확신에 사로잡히지 않고 오늘날의 세계의 끔찍한 위험들을 진지하게 취급하여 책임적 자유 의식을 상기시키는 희망을 제공하는 의미 구조를 추구한다. 그리고 그런 구조는 불교 같은 다른 전통들이 공헌하도록 우리를 자발적으로 개방시키게 한다. 이러한 의미 구조는 모든 역사의 고정적인 한계를 표현하지 않으며, 하물며 그런 구조가 모든 사건들을 모조리 표현할 수 있겠는가. 그러나 그런 구조는 '여기-이곳'의 중심으로부터는 적합한 구성물이 될 수 있을 것이다.

그럼에도 불구하고, 역사 속에서 의미를 찾으며, 그래서 미래적 삶을 지향하려는 모험을 지속하는 것은 궁극적 차원에서 희망 자체가 단순한 구성물만은 아니라는 확신을 표현한다. 만일 직접 향유할 역량 속에서 현재를 뛰어넘는 미래의 가능성이 존재하지 않는다면, 미래로 정향하려는 습관은 합리주의에 역행하는 것처럼 보인다. 불교의 분석은 그렇게 미래로 정향하려는 습관을 파기시키고 미래로부터 오는 에너지와 목적을 완전한 현재적 직접성으로 회수할 의도로 이루어져 있다. 그런 결과로서 도래하는 평온함(serenity)은 기독교인이 눈에도 아름답기 그지없다. 미래의 가능성들에 환멸을 느껴 위험에 처해진 기독교인은 불교의 분석에 탄복해 이런 평온함을 추구하게 된다. 하지만 인간의 전체 기획을 위해 가장 불확실한 위기를 맞이하는 이때에, 역사로부터 그런 방식으로 퇴각하는 것은 기독교인에게는 하나의 유혹으로만 간주될 뿐이다.

그럼에도 불구하고, 기독교인들이 '경험의 순수한 직접성'이라는 관념을 자기화할 수 있는 방식이 존재한다. 그 방식은 희망을 향한 비전인 새로운 의미 구조의 구성 속에서 활용될 수 있다. 하늘나라에 대한 기대는 기독교인들에게는 현재의 만족을 지연시키는 것과 관련이 있다. 그러나 하늘나라는 그러한 지연이 종식되는 미래에 관한 이미지이다. 이 이미지가 그동안 힘을 잃어온 것은 부분적으로 우리가 완성된 직접성의 조건을 믿는 것이 점차 어려워졌다는 것 때문에 일어났던 것이다. 그래서 불교의 열반과의 만남은 시간이 더 이상 중요시되지 않는 축복의 직접성을 생각하는 새로운 방식을 제공한다.

이런 방식으로 희망의 미래에 대해 생각하는 것은 만족을 단순히 지연시키는 것만은 아닌 것이다. 우리가 믿을 수 있는 미래를 향해 작용하는 직접적인 만족이 존재한다. 나아가 미래에 대한 확신을 담지한 모든 이미지는 미래에 대한 기대에 찬 참여를 고무시킨다. 미래의 하늘나라는 어느 정도 이미 예수의 목회에서 현실화되었다. 만약 기독교화 된 열반의 실현이 우리가 희망하는 미래라면, 우리는 이제 모든 이들을 위한 그런 미래로의 정향의 일부로서 임의의 순간에 순수하게 몰입하는 즐거움을 스스로에게 허락할 수 있을 것이다. 불교적 용어로 말하면, 기독교인은 모든 중생들이 구제되지 않으면 결단코 열반에 들지 않겠다던 보살의 이상을 수용할 수 있을 것이다.

제 6 장
불교를 향한 기독교의 증언

제2장 말미쯤에서 대화를 넘어가는 운동의 두 단계들이 제안되었다. 첫째는 기독교가 자기를 변형시키는 단계였다. 만일 기독교인들이 대화 속에서 진실되게 들은 후 스스로에겐 결여된 진리와 지혜를 알게 된다면, 우리는 그 진리와 지혜를 통합해내도록 우리의 유산을 다시 생각해야할 소명을 접한다. 다른 종교적 진리들의 대표자들과 대화를 하게 된다면, 그들의 진리와 지혜는 우리의 과거의 신념 창고에 넣어둘 수 있는 것이 아니다. 만일 우리가 문제의 핵심을 듣게 된다면, 우리를 심오하게 변형시킬 수 있는 실재에 대해 듣게 된 것이다. 따라서 다시 생각해야할 과제는 단순하지 않다.

제3장은 내가 대승불교도들로부터 들었던 불교의 진리와 지혜의 핵심을 제공하였다. 그 핵심은 우리 기독교 유산의 이차적 측면들은 물론이거니와 핵심적 측면에도 도전적이었기에 나에게는 하나의 충격으로 다가왔다. 무엇보다 불교적 의도의 과격성을 그대로 전하

는 것이 중요하다. 과격성이 불교의 메시지의 요점이다.

제4장은 대화를 넘어선 첫 단계로서 본인의 다년간의 성찰의 결과를 제공하였다. 이 장은 내가 불교도들로부터 들었던 지혜와 진리를 통합해 내어 기독교 신앙을 변형시키려는 시도 였다. 또한 이 장은 그리스도께서 오늘날 그런 시도를 하도록 우리를 부르신다는 신념으로 불교화된 기독교를 지향한 시도이기도 했다.

첫 단계는 기독교를 위한 것이었다. 기독교인들은 실재의 가장 심오한 차원들에 태만하거나 잘못 알고 있는 상태에 만족할 수 없다. 만약 불교가 이 점에 대해 우리에게 가르침을 주었다면, 우리는 감사한 마음으로 배우는 학생이 되어야 한다. 하지만 우리는 우리 자신만을 위해 대화에 착수하는 것은 아니다. 우리는 그리스도가 진리이심을 믿으며, 예수 안에서 이 진리를 희미하지만 결정적으로 파악했다고 믿으며, 예수 안에서 그리고 예수를 통하여 그 진리 안에 참여하고 있다고 믿는다. 우리는 우리의 대화파트너 역시 그리스도의 진리를 필요로 한다고 믿는다. 우리가 대화파트너의 진리를 이해하지 못한 채 그리스도 진리를 증언한다면, 우리 진리의 보편성 주장이 피할 길 없이 다른 진리를 부정하는 것처럼 비쳐진다는 점을 알고 있다. 따라서 우리의 진리를 표현하기 전에 우리가 들었던 진리들의 능력에 의해 변형되는 것이 중요하다. 이런 방식으로 우리는 우리의 제한된 진리를 온전한 진리인 양 잘못 제공하고 전달할 것이 아니라, 항상 새로운 진리를 향해 나아가는 진리를 구현할 수 있게 된다.

그러나 만일 우리의 대화파트너들이 우리에게 제공한 진리에 의해 우리가 변형되는 것으로는 결코 충분히 표현되지 않는 진리를 우리가 이미 구현해 왔다면, 그들도 우리 그리스도인들이 알고 있는 진리를 필요로 하지는 않는지에 대해 지적해줄 준비를 해야 한다. 이런 지적은 우리가 그들에게 그들의 전통을 버리고 교회로 합류하도록 요구하는 것을 의미하지 않는다. 우리는 많은 가톨릭 신학자들과 몇 사람의 개신교 신학자들이 다원주의 시대에 우리의 선교에 관한 제한된 이해를 넘어갔다는 점을 살핀 바 있다. 이런 넘어섬은 우리의 대화파트너들과 그들이 대표하는 진리와 전통 속에서 참된 진리가 현존하여 역사하고 있다는 점을 맹목적으로 승인하는 것을 의미하지 않는다. 그것이 진정으로 의미하는 것은 예수의 진리에 의해 파악되어왔던 우리가 예수를 자신들의 내적인 역사로 통합하지 않는 사람들에게 제공할 수 있는 극도로 중요한 실재를 소유하고 있는 방식으로 예수 안에서 진리가 구현되어 왔음을 믿는 것이다.

제5장 속의 논증은 기독교의 핵심적 확신들이 불교로부터 배운 것을 고려할 수 있도록 다시 정식화될 수 있다는 것이었다. 이 논증은 불교적 진리의 핵심이 기독교적 신념의 핵심에 모순적이지 않다는 것도 의미한다. 그런 의미에서 불교도는 자기 전통의 핵심적 지혜를 버릴 필요도 없이 몇 가지 주요한 기독교적 실행들을 자기화해 낼 수 있다는 점은 이미 제언되었다. 그러나 왜 불교도들이 그런 자기화의 길로 가야하는지를 제시하는 방식으로 논증이 이루어 진 것은 아니다.

이번 장은 아주 다른 접근을 시도한다. 이번 장은 불교에 있었던 문제들과 한계들을 불교 고유의 역사로부터 보여주려고 한다. 이것은 기독교인이 불교에게 공헌할 필요가 있다는 점을 지적하는 것에 다름 아니다. 제5장은 기독교가 완성되는데 불교가 공헌할 수 있다고 논증하였다. 이번 장은 불교가 완성되는데 기독교가 공헌할 수 있음을 지적한다. 몇 가지 중복은 어쩔 수 없는 일이다.

첫째 절은 대승불교에 아주 핵심적인 보편주의적 헌신이 지금까지는 정토 불교, 특히 신란이 창설한 정토진종에서 가장 충만하게 표현되었다는 주장을 전개한다. 둘째 절은 정토 불교에서 아미타(Amida)가 기독교인들의 그리스도가 될 수 있는 경우를 성립시켜 보겠다. 셋째 절은, 만일 그렇다면, 불교도들은 아미타의 몇 가지 중요한 특징들(그들이 관여해 보지 못한)에 대해 기독교로부터 배움을 얻을 수 있다는 점을 제시한다. 넷째 절은 아미타가 역사적 예수 안에서 결정적으로 성육했음을 인식할 때에만 불교가 최상으로 발전할 수 있다고 논증한다.

1. 불교적 보편주의

고타마는 모든 중생들의 구원을 추구하였다. 그는 고통의 원인을 설명하고 고통에서 해방될 수 있는 방식을 제공함으로써 구원을 추구하였다. 그는 초인적인 엄격함을 요구하지 않는 방식을 제안하였다. 하지만 그와 가장 가까웠던 대부분의 사람들을 포함해 다른 사람들은 고타마가 제시한 길이 극히 어려운 것임을 발견하였다.

소승 불교 전통의 표준적인 가르침은 구원에 이르는 길이 여러 번의 생애들을 요구할 만큼 길다고 기술한다. 수 천 년의 기간이

걸리고도 겨우 몇 사람만이 인간의 일반적 조건으로부터 모든 집착에서 해방된 성인의 삶의 경지로 나아갈 수 있었다. 그런 사람만이 열반에 들 수 있다.

다른 불교도들은 이 학설의 엘리트적 특성 때문에 혼란스러워 한다. 일반 불교도들에겐 그런 깨들음이 너무도 멀리 있는 것이 아닐 수 없기 때문이다. 그들은 이런 가르침을 소승, 즉 작은 수레로 이름 붙였고, 불교의 진정한 입장은 대승, 즉 큰 수레임을 제안하였다. 이 점에서 이승에서의 깨들음에 강조점을 두었으며, 그래서 깨달음이 이승에서 어떻게 얻어질 수 있는가에 강조점을 두게 되었다. 중국, 한국, 그리고 일본으로 이동했던 불교가 바로 이 대승적 형태의 불교였다.

대승의 주요한 관심은 명상자로 하여금 진리를 깨닫게 해주는 명상의 방법에 관한 것이었다. 이 방법들은 지극히 다양화되어 왔지만, 모든 것들이 아주 긴요한 것들이었다. 그것들은 시간과 개인의 훈련을 필요로 하는데, 이런 방법들을 시도한 많은 사람들은 여전히 깨달음을 얻지 못하였다.

아주 초창기부터 많은 불교도들은 자신들의 노력만으로는 깨달음에 도달할 수 없다고 느껴왔다. 그들은 붓다들에게서 도움을 구하였다. 그리고 보살들에 관한 전설들이 생겨났는데, 보살들이란 영적으로 붓다가 될 준비가 모두 되어 있지만 중생을 향한 위대한 자비심으로 모든 중생들이 구제되기 전까지는 결코 열반에 들지 않겠다고 서원한 자들이었다. 다른 세계들을 창조해냄으로써 보살들이 효력을 끼친 구원은 사람들이 죽었을 때 갈 수 있는 곳인 정토(Pure

Land)라고 불린다. 정토는 열반은 아니지만 이승의 현 세계와 달리 깨달음에 이르기가 보다 쉬운 곳이다. 그리고 이승에서는 깨달음에 이르기 위한 필수사항들을 성취하기란 여전히 매우 어려운 반면, 죽어 정토에 들어 갈 때 보살이 말해주는 사항들은 넉넉히 해낼 수 있는 것이었다. 그 사항들에는 추잡한 비도덕성을 피하는 것과 신실한 신앙으로 붓다의 이름을 부르는 것이 포함되었다.

그런 전설들 가운데 하나가 매우 현저하게 두드러진다. 다르마카라(Dharmakara, 법장)라는 이름의 한 인도 왕자가 모든 다른 사람들보다 뛰어난데, 그는 모든 사람들을 포괄할 수 있는 정토를 창조하였고 가장 폭넓은 가능성으로 정토에 들어가는 요구조건들을 단순화시켰다. 그 다음 이 왕자는 아미타불(Buddha Amida)이 되었다. 정토 불교 전통에서 이 아미타는 진정한 구원자였다.

중국에서의 일반적인 불교 이해는 사람들이 구원을 추구하는 가장 우선적이고 가장 적합한 방식이 명상의 훈련을 거듭 하는 수도원적 삶에 근거한다는 것이다. 그러나 이런 삶의 패턴을 감수할 수 없거나 감수 하려 들지 않는 자들을 위하여 하나의 이차적이고 보다 낮은 가능성이 인식되었다. 대다수의 일반적인 사람들이 유일한 희망으로 기대하였던 것은 바로 이런 가능성이었다. 따라서 대승 불교에서의 정토 불교 전통은 구원의 보편성을 향한 관심의 가장 중요한 표현이 되었다.

12세기 일본에서는 두 가지 발전들이 일어났다. 첫째, 호넨과 그의 제자들은 과거 시대에는 훈련을 통해 스스로를 구원하는 것이 가능했을지 모르나, 악한 시대에서는 그런 훈련이 불가능하다는 결론에 도달하였다. 아미타의 자비로운 서원(the merciful vow of Amida)은 구원의 유일한 가능성을 제공한 것인데, 이 서원은 자력 구원을 보면서 보다 열등한 것으로 이해되는 것이 전혀 아니다. 그리고 둘째, 특히 신란의 정식화들에서는 신앙이 유일하게 구원을 가져다주는 은혜를 받는 단 하나의 요구사항으로 선언되었다. 그리고 마찬가지로 이 신앙도 아미타의 선물로 이해되었다. 이런 관점에서 앞 장의 첫 절에서는 신란이 루터와 비교되기도 하였다. 신란은 위대한 통찰을 가지고 구원이 모든 사람들을 위한 것이라면 그것은 인간의 장점에 기댄 것이어서는 안 되고 오로지 아미타의 은혜에만 기댄 것이어야 한다고 이해하였다.

신란이 불교의 보편적 자비가 신앙에 의한 은혜를 통해서만 얻는다는 구원에 관한 자신의 학설을 통해 최상으로 표현될 수 있다고 본 점에서는 옳았지만, 다른 점들과 관련해서는 그리 총괄적이지 못했다. 이 점에서도 신란은 루터와 닮았다. 루터는 수도원의 훈련들이 칭의(justification)와 별로 상관이 없다고 이해하게 되었을 때, 수도원주의에 반대하게 되었다. 이와 유사하게, 호넨과 신란도 다른 불교 학파들의 훈련들과 명상의 실제들에 반대하게 되었던 것이다.

그러나 이런 식의 배타성이 필연적인 것은 아니다. 오늘날 기독교인들은 특수한 영적인 훈련들과 관계없이 자신들이 의로워졌다고 하더라도, 이런 훈련들을 실행할 자유를 가진다는 점을 알고 있다. 그들이 실천하는데 자유로운 훈련들은 전통적인 기독교의 훈련들은 물론이고 불교적 훈련들도 포함된다. 이들은 의로워지기 위해 이런 훈련들을 실천하는 것이 아니라 그런 훈련들이 제공하는 깊은 영적인 성숙을 원하는 것이다. 정토 불교에는 선불교 같은 다른 불교 학파들이 발전시킨 중요하고 효과적인 훈련들을 권장하는 것을 막을 수 있는 것이 아무 것도 없다. 중요한 것은 사람들이 이런 훈련들로 내몰리게 되는 방식으로 구원이 이해되지 않는다는 점이다. 정토 불교도나 기독교인이나 선불교의 명상을 실천하고 안하고는 그들의 자유에 달린 문제이다. 의무는 없다. 이렇게 이해된다면, 정토 불교 사상과 실제는 스스로를 보편성을 향한 불교적 추구의 성취로 적절히 이해할 수 있을 것이다.142)

2. 아미타, 즉 그리스도

때때로 기독교인들은 "그리스도"를 예수를 위한 적절한 이름으로 사용한다. 이것은 잘못 인도된 것이다. 이 그리스도란 용어는 예수의 구속적 활동으로 인해 그에게 부여된 이름으로서는 최소한 독특하게 다루어져야 한다. 기독교인들은 예수를 그리스도로 알고 있다. 이와 유사하게, "아미타"도 인도의 왕자 다르마카라(법장)를 위한 적절한 이름으로 사용되는 것이 가능하다. 그러나 이것도 역시 잘못 인도된 것이다. 다르마카라(법장)가 아미타란 이름을 얻게 된 것은 그가 오로지 하나의 붓다가 되었을 때였다. 이 점에서 어떤 유사한 구조가 존재하지만, 완전히 유사한 구조는 전혀 아니다. 이

142) 물론 이것은 정토진종 불교도들에 의해 이루어진 주장이다. 예를 들어 Yoshifumi Ueda 교수가 그런 주장을 편다.

런 용법에서는 "그리스도"와 "아미타"가 동일한 실재를 지시하지 않는다. 아미타는 이런 의미에서는 그리스도가 아니다.

그러나 아미타와 그리스도의 의미들은 위의 차원에만 묶여있지 않는다. 그리스도는 예수에게서 인간의 형태를 취한 후 아버지의 오른 편으로 복귀한 선재하는 존재로도 간주될 수 있다. 인간의 몸을 취하거나 안 취하는 것과는 상관없이 말이다. 아미타는 현재 열반에 든 붓다이다. 아미타와 그리스도는 신적인 존재들이다. 그러나 그들은 아주 다르다. 이런 그리스도는 하느님에게 종속된 초자연적 존재로서 아리안 계통을 통해 가장 자연스럽게 그 개념을 생각할 수 있는 존재이다. 그리고 이런 아미타는 아무리 위대하더라도 여러 붓다들 가운데 하나의 붓다에 불과할 뿐이다. 이런 그리스도와 아미타 사이에도 유사한 구조가 있다. 하지만 이런 그리스도는 아미타가 아니며, 이런 아미타도 그리스도가 아니다.

초대교회는 아리안 종속설을 거부하였다. 그리스도는 비록 고양되긴 했지만 피조물은 아니다. 그리스도는 하느님이다. 그러나 우리가 그리스도에 대해 말할 때, 우리는 일반적으로 하느님을 지칭할 뿐 아니라 하느님의 말씀, 즉 세계 속에서 창조적이고 구속적으로 활동하는 하느님의 영원하신 말씀으로도 지칭한다. 이것은 우리들을 모든 진리들에로 개방시키는 진리이다. 이와 유사하게, 정토 불교의 고찰에서 아미타는 여러 붓다들 가운데 하나의 붓다로만 남아있지 않았다. 대신에 아미타는 모든 붓다들 속에서 성육한 실재를 지칭하게 되었다(지혜와 자비의 관점에서-- 옮긴이 주). 이런 관점에서 모든 붓다들 속에 성육한 것으로서의 아미타와 세계 속에서의 하느님의 창조적이고 구속적인 활동이신 그리스도가 동일한 실재를 지칭하느냐 하는 문제가 제기될 수 있다. 나는 이런 의미라면 그들이 동일한 실재라고 믿는다. 하지만 설명이 제시되어야만 한다.

지적된 계통들(이번 절의 첫 두 단락들에서 지적된 계통들-- 옮긴이 주)을 따라 표현될 때, 정토 불교의 가르침은 그 독특성의 많은 것들을 잃어버릴 수 있다. 모든 붓다들에게 성육하는 것은 일반적으로 이해되기로는 공(空)이나 열반이다. 그렇다면 아미타는 공의 의미를 변경시키지 않는 방식으로 공을 위한 다른 이름이 될 수 있을 뿐이다. 우리가 이런 노선을 따른다면, 거듭 말해 아미타는 그리스도가 아니다.

그럼에도 불구하고, 정토 불교의 독특한 가르침을 보존하는 중요한 구분 방식이 있다. 그 구분은 붓다의 몸에 관한 불교의 전통적 가르침과 관련하여 최상으로 이루어질 수 있는 것이다. 이 가르침에서 하나하나의 붓다에 의해 구현된 것으로 이해되는 궁극적 실재는 법(Dharma)의 몸이나 법신(Dharmakaya)으로 불린다. 법신이 붓다가 된 개별적 인간 존재들에게서 취해질 수 있는 형태는 화신(化身, 또는 응신), 즉 니르마나카야(Nirmanakaya) 이다. 다르마카야가 정토들을 다스리는 붓다들에게서 취해질 수 있는 형태는 축복의 몸이나 보신(報身), 즉 삼보가카야(Sambhogakaya) 이다. 아미타는 법신 자체가 아니라 보신이다.

보신의 진정한 성격은 보살의 서원, 특히 다르마카라(법장)의 서원 속에서 명시화된다. 그러나 보다 심오한 이해에 따르면, 아미타는 정토를 다스릴 때 다르마카라가 새롭게 영광스럽게 변모한 형태가 아니다. 아미타는 다르마카라의 서원 속에 완전히 구현되었거나 성육하게 된 보신 자체였다. 거기서 명시화된 것은 보신의 본래적 특성들인 지혜와 자비이다.

아미타가 이런 방식으로 이해될 때에도, 불교 사상의 대다수의 학파들에서는 아미타가 법신에 종속된다. 그 이유는 궁극적 실재 자체인 법신이 붓다의 다른 몸들의 명시화된 표현들을 초월하거나 위에 있는 것이기 때문이다. 보신으로서의 아미타는 여전히 지혜와 자비라는 하나의 독특한 성격을 갖는다. 법신 자체는 모든 형태들을 초월해 있는 것이다. 궁극적 실재는 궁극적 실재 자체를 깨달을 수 없는 자들을 위해 보신의 형태를 취하게 된 것이다. 그러나 보신의 형태를 취하는 것은 인간의 연약함을 관용하기 때문이었지, 그 자체가 궁극적 진리인 것처럼 다루어져서는 안된다. 이런 견해에서는 가장 심오하고 가장 순수한 깨달음의 성취는 보신에 힘입어서 법신 자체를 실현할 수 있게 되는 것이다.

정토진종 신도들 사이에서마저, 아미타가 법신에 종속된 관계성이 이따금씩 받아들여졌다. 이런 점은 기독교인들도 쉽게 이해할 수 있는 것이다. 왜냐하면 기독교에서도 유사한 경향, 즉 로고스가 아버지 하느님에게 종속된 것으로 간주되고 심지어는 피조물로 여겨지기 까지 했던 경향이 초대교회에서 있었기 때문이다. 그러나 기독교인들은 그리스도가 진정한 하느님으로 인정될 때에만 그리스도 신앙이 실존적으로 궁극적이라고 인식한다. 유사하게 법신이 아미타보다 탁월하다면, 아미타는 불교도들에게 그리스도의 이름이 기독교인들에게 가지는 것만큼의 이름값을 할 수가 없다.

아미타가 법신에 종속되어 있음을 인식하라는 정토 불교도들에게 가해진 개념적이고 전통적인 압력은 그리스도를 성부에게 종속시키라고 기독교인들에게 가해진 유사한 압력보다 더욱 크다. 그러나 신란 자신은 이런 압력에 강력히 저항하였는데, 적어도 종교적 문제가 관련되어 있었기 때문이었다. 우리의 구체적 상황 속에서 아미타는 궁극적이다. 아미타는 우리를 위한 궁극적 실재이다. 왜냐하면 우리를 위한 궁극적 실재는 지혜롭고 자비로운 것이어야 하기 때문이다.

다른 점들에서처럼 이 점에서도 나는 불교를 이해하는데 알프레드 노드 화이트헤드의 개념적 체계가 매우 유용함을 발견한다. 제4장과 제5장에서 나는 궁극적 실재를 존재(esse, being, Sein)로 불렀다는 점에서 서양 전통을 따랐다. 존재는 화이트헤드의 용어로는 창조성(creativity) 이다. 화이트헤드도 역시 창조성으로서의 궁극적 실재가 모든 형상들을 초월한다는 점을 인식하였다. 궁극적 실재란 원리적으로 어떠한 형상이라도 취할 수 있는 것이기 때문이다. 많은 관점들에서 창조성에 관한 화이트헤드의 분석은 법신에 관한 불교의 설명에 상응한다. 특히 연기(緣起)의 관점에서 법신이 설명될 때 더욱 그러하다.

그러나 화이트헤드의 믿음에 따르면, 현실성 속에서 창조성은 형상들이나 순수한 가능성들의 무한한 정렬이라는 원초적 질서화를 떠난다면 경험될 수 없는 것이다. 비록 창조성이 자신의 고유한 어떠한 성격이 없이도 완전하다고 하더라도 말이다. 이 원초적 질서화는 창조성의 새로운 사례들(즉 우리 자신들과 같은 피조물들)에서 새로운 느낌의 강도의 실현을 지향하고 있다. 그래서 전적으로 그 자신의 성격을 갖지 않는 것은 모든 피조물들을 위해 가능한 것을 원초적으로 결정하는 것으로 그 특징이 부여된다. 화이트헤드는 창조성의 이와 같은 특성을 하느님의 원초적 본성으로 명명하였다.[143] 이런 본성에 의해 특성이 부여되지 않은 창조성은 존재할 수가 없는 것이다.

정토 불교는 아주 다른 방식으로 자기 정식화에 이르게 되었지만, 그 정식화들은 화이트헤드의 경우와 현저하게 유사하다. 아미타 속의 법신은 원초적 성격을 갖는다. 이 성격은 모든 중생을 구제하려는 목표인 다르마카라(법장)의 서원 속에서 철저히 계시된다. 신란에게서는 이런 원초적 서원에 의해 특징 지워지지 않는다면 궁극적 실재에 접근할 수가 없는 것이다.

이런 방식으로 전망된다면, '원초적으로 성격이 부여된 것으로서의 궁극적 실재'를 '어떠한 성격과도 무관한 궁극적 실재'에 종속시키는 경향은 아주 모호한 것처럼 보인다. 항상 현실적으로 경험되거나 실현될 수 있는 모든 것들은 그 '원초적 성격을 갖춘 궁극적 실재'다. 이런 성격으로부터 추상해 낸 궁극적 실재를 성격이 부여된 궁극적 실재보다 탁월하다고 간주하는 것은 불필요한 편견만을 드러내는 것 같다.

내가 제시하는 이와 같은 견해에 반대하는 불교적 근거는 적어도 두 가지가 존재한다. 첫째는 우리가 깨달음을 보다 앞서는 개념으로

---

143) "하느님의 원초적 본성은 창조성에 의한 원초적 성격의 습득이다." Alfred North Whitehead, *Process and Reality,* corrected edition, eds. David Ray Griffin and Donald W. Sherburne, (New York: Free Press, 1978), p. 344.

가질 수 없게 된다는 것이다. 깨달음만으로도 지혜와 자비를 실현할 수 있다고 까지 한다. 깨달음이 지혜와 자비를 실현하는 방식으로 특징지워 진다는 단언은 깨달음이 어떤 미리 설정된 패턴에 순응해야 한다는 것을 의미하는 것이다. 그러나 이런 순응도 정확히 깨달음이 달성될 수 있다면 즉각 버려져야만 하는 사고방식의 지배를 받는다.

그럼에도 불구하고, 이런 반대는 화이트헤드의 이해와 관련되어서는 적용되지 않는다. 피조물 속의 강도를 증진시키기 위한 형상들의 원초적 질서화는 어떤 특정 형상들이 관련될지를 예측할 가능성이 없다. 역으로 세계 속에 창조적 새로움과 적합한 자발성의 근거는 정확히 이런 원초적 질서화이다. 깨달은 자가 실행하는 행위가 지혜로운 자비를 표현한다는 것은 그 행위가 수행될 때에 인식될 수 있다. 그러나 그 행위가 지혜로운 자비의 행위일 것이라고 기대하는 것만으로는 그 행위의 특정한 형태를 예측할 수 있는 어떠한 방식도 제공하지 않는다. 지혜로운 자비는 언제나 자발적인 것이다.

나의 견해에 반대하는 두 번째 불교적 근거는 사람들이 모든 형상들과 별개로 법신 자체를 실현할 수 있다는 주장이다. 그러나 이런 주장은 역사나 현재의 경험에 의해 명백히 확정적인 것이 아니다. 모든 불교도들은 붓다들이 지혜롭고 자비로울 것이라고 기대한다. 불교의 표준적 가르침 속에서 이런 지혜와 자비는 궁극적 실재의 완전한 실현을 표현하고 있다. 지혜와 자비가 더 고차적 상태(법신 자체가 구현된 상태-- 옮긴이 주)에서 밀려나고 있다는 명백한 증거는 없다. 따라서 궁극적 실재의 완전한 달성이 '법신 자체'가 그것들에 의해 그 성격이 부여된 '법신'(즉 보신이나 아미타)보다 더욱 우수하다는 것을 논증하는데 어떻게 활용될 수 있을지는 요원하기만 하다.

이따금씩 보신으로서의 궁극적 실재의 지혜와 자비에 관한 가르침은 방편(方便, upaya)에 불과하다고 주장되기도 한다. 즉 그 가르침은 사람들로 하여금 어떠한 경우에도 자신의 성격을 갖지 않는 궁극적 실재를 실현하기 위한 능숙한 방편이라는 것이다. 그러나 그와 동등하게 궁극적 실재가 어떠한 성격과도 별개로 실현될 수 있다는 가르침 역시 모든 형상들(가장 매력적인 형상들을 포함하여)에 주목하는 것을 적극적으로 제거하는 능숙한 방편은 아닌가? 예를 들어, 선 수행을 통해 지혜와 자비를 갖춘 궁극적 실재를 실현하려는 사람들은 지혜와 자비에 대한 모든 관심으로부터 자신들을 완전히 분리시켜야만 할 것이다. 그러나 이런 점은 아미타를 법신 자체에 궁극적으로 종속시키는 것을 지지하지 않는다.

하느님의 원초적 본성에 관한 화이트헤드의 설명은 신란이 아미타의 원초적 서원이라고 말했던 실재의 동일한 특징을 전해준다. 이 양자는 그리스도로서의 하느님의 말씀이나 로고스나 진리에 대한 요한복음과 교부들의 설명들과 현저히 유사하다. 이것들(말씀, 로고스, 진리)은 자기 성격으로 아무 것도 갖지 않는 것과는 아주 거리가 멀게도 하나의 원초적 성격들이다. 그 원초적 성격은 창조하고 구속하는 성격이다.

지금까지의 설명의 결론을 말하자면 아미타가 그리스도라는 것이다. 다시 말해 정토 불교도들이 아미타에 대해 말하며 지적하려

했던 전체 실재의 특징은 기독교인들이 그리스도에 대해 말하며 지적하려 했던 것과 동일한 것이라는 말이다. 이것은 불교도들이 이 실재를 완벽하고도 정확하게 설명했다는 것을 의미하지 않으며, 기독교인들 또한 완벽하게 설명했다는 것을 의미하지 않는다. 그것이 정말로 의미하는 것은 기독교인들이 불교도들이 배워온 아미타를 연구함으로써 자신들의 그리스도에 관한 지식을 더욱 많이 얻을 수 있다는 점이다. 또한 불교도들도 기독교인들이 배워온 그리스도에 대해 연구함으로써 아미타에 관해 더욱 많은 지식을 얻을 수도 있게 될 것이다. 실제로 우리는 기독교와 정토 불교 모두를 향한 관심어린 다양한 질문들을 함께 고찰할 수 있어야 한다. 그러나 진정한 협력 작업은 여전히 우리의 미래로 넘겨진다. 현재로서 우리는 일부 떨어져 있는 상태로 각자가 타자로부터 배울 수 있다는 점에 대해서만 성찰할 필요가 있다.

3. 불교가 기독교에서 배울 점

앞 절은 기독교가 불교로부터 자기화할 수 있는 것을 일반적 관점에서 다루었고, 정토 불교도들의 특수한 공헌들에 대한 논의를 포함시켰다. 예를 들어 기독교인들은 그리스도께서는 단지 인간만이 아니라 모든 감각적 피조물들에게 관심을 갖고 있다는 점을 배울 수 있다. 또한 현재까지 우리가 그리스도 신앙으로 간주해왔던 것이 실은 우상 숭배적이었음에 대해 많은 것을 더욱 분명하게 지각할 수도 있다. 다시 말해 그리스도는 너무도 자주 특정한 시공간과만 관련된 실재의 특징으로 이해되었고, 여전히 그런 특정 시공간이 절대적인 것으로만 다루어진다. 그런 신앙은 아미타에 관한 성찰을 통해 우리가 자유로워져야 하는 집착의 한 형태에 불과하다. 그런 신앙은 기독교 정통이 아니라 이단인 아리안주의와 관련된 것이다. 그리스도는 하느님이지, 제약을 받는 어떠한 것도 아니다.

그리스도를 하느님으로 인식할 때조차, 그리스도 신앙은 여전히 집착의 한 형태가 될 수도 있다. 우리는 그리스도의 과거적 표현들에 집착할 수도 있으며 그리스도 신앙을 특정한 신념들과 실제들과 동일시해 버릴 수도 있다. 이에 반해 교회는 최선을 다해 그리스도는 진리 자체시지, 하나의 특수한 진리에 머무는 것이 아니라고 가르쳤다. 그리스도 신앙을 갖는다는 것은 모든 진리와 모든 실재에 개방될 수 있다는 것이지, 하나의 진리와 하나의 실재에 집착하는 것이 아니다. 그리스도를 신뢰하는 것은 모든 편견, 모든 변명을 버리는 것이며 받아들일 수 있는 것은 모두 받아들이는 것이다. 그리스도가 아미타라는 인식은 우리가 이런 신앙을 향할 수 있도록 도와줄 것이다.

그러나 이번 절에서 우리의 관심은 불교도들이 아미타가 그리스도임을 인식했을 때, 그들이 아미타로부터 배울 수 있는 점이 무엇일까에 있다. 두 개의 탐구 영역이 이 점에서 잠재적으로 효과적이다: 1. '아미타는 인격적이라는 의미.' 2. '아미타는 윤리적이라는 의미.'

1. 아미타를 지혜와 자비로 특징지워지는 궁극적 실재로 여기는 견해는 아미타를 신화로부터 가장 철저하게 탈피시킨 형태이다. 그

러나 이런 형태에서 아미타는 그리스도가 기독교 사상들의 지배적 형태들 속에서 인격적인 것만큼은 인격적이지 못하다. 하느님이 인격적이라는 의미에 관한 물음이 중요하기 때문에, 우리는 신란의 아미타 이해를 그리스도에 관한 기독교적 사고와 관련시켜 조금 더 고찰할 것이다.

한 가지 견해에서 보면, 인격적 요소는 기독교의 하느님에 대한 관념에서처럼 아미타와 관련된 가르침에서도 강력하다. 아미타는 후에 붓다가 되었던 전설 속의 인간인 다르마카라(법장) 이다. 하나의 붓다로서 그는 확실히 인격적 특성들을 보유하였다. 비록 그가 이제는 근본적으로 초인간적(trans-human) 존재라고 하더라도 말이다. 하지만 이점은 아미타가 다른 여러 붓다들 가운데 단지 하나의 붓다에 지나지 않기 때문에, 나는 앞에서 아미타를 그리스도나 하느님의 말씀으로 인식할 때 이 접근을 강조하지 않았다.

그럼에도 불구하고, 우리는 기독교에서처럼 정토불교에서도 신앙의 정향 속에서 보편적인 것과 인격적인 것을 함께 주장하려는 시도를 볼 수 있다. 아미타는 모든 붓다들의 의도를 성취한 붓다이다. 어느 의미로 아미타는 인격적 존재가 되는 것을 그치지 않으면서 모든 다른 붓다들을 포함한다. 법신이 취하는 축복의 몸이나 보신으로서 아미타는 또한 보신 자체이기도 하다.

그러나 여기서의 나의 핵심은 정토 불교가 아미타를 이해할 때 인격적 요소와 보편적 요소를 함께 주장하는 문제를 해결했다고 제안하는 것이 아니다. 정작 핵심인 것은 기독교에서처럼 두 요소들이 주어져 있으며 찬양되었다는 점이다. 기독교 신학이 정합적 방식으로 두 요소들을 바르게 평가하는 하느님에 관한 학설에 도달하는 데 어느 정도는 성공을 했다고 하더라도, 이 점은 정토 불교를 바르게 평가하는 데에도 도움을 줄 것이다.

그럼에도 불구하고, 인격적인 것에는 많은 기독교인들에게는 중요하지만 정토 불교의 주류 가르침에는 역행하는 또 다른 의미가 존재한다. 그 의미는 하느님과 인간 사이의 상호 작용의 요소이다. 기독교의 기도는 일반적으로 하느님이 우리의 기도를 "들으시는" 전제 속에서 경험된다. 이것은 하느님이 인간의 행위들이 발생할 때 그 우연적인 행위들을 고려한다는 것을 의미한다. 성서 언어는 죄인이 회개할 때 하느님이 기뻐하시며 참새가 죽을 때를 아신다고 제시한다. 우리가 우리의 형제와 자매 중 가장 작은 자에게 하는 것은 우리가 그리스도에게 하는 것이다. 이런 점들은 하느님의 활동이 변화하는 환경들에 적응한다는 것을 의미하는 것 같다.

이런 이미지는 하느님의 무변화(immutability)를 주장하는 정통 철학적 신학과 긴장 관계에 놓여져 왔다. 철학적 학설의 함의는 하느님은 우리에게 영향을 끼치지만 우리는 어떤 방식으로든 하느님의 경험에 영향을 주지 못한다는 것이다. 하느님의 행위는 완전한 사랑을 표현하지만, 이 사랑은 순수하게 능동적인 사랑일 뿐이며 수용적이거나 공감적인 사랑은 아니다. 20세기에는 하느님의 무변화에 대한 이와 같은 이해에 광범위한 신학적 비판이 제기되었다. 하느님과 인간의 인격적 상호 작용에 대해 성서의 이미지에 얽매이지 않은 주장들을 해온 시도가 있어왔다. 화이트헤드에게서 영향을 받은 철학적 신학자들은 하느님이 능동성과 수용성이라는 양극성

(dipolarity)을 갖는다는 점에 호응하여 전통 유신론의 단일-극성적 (monopolar) 편견에 맞서는 논증을 오랫동안 전개해 왔다.

이런 양극성에 관한 화이트헤드의 정식화는 하느님의 원초적 본성과 결과적 본성의 관점에서 말할 수 있는 것이다. 원초적 서원으로 법신을 제약하는 것과 아주 현저하게 유사한 방식으로 창조성을 제약하는 것은 하느님의 원초적 본성이다. 하느님의 원초적 본성이 모든 피조물을 위한 원초적 결정인 것처럼, 훨씬 분명하게 원초적 서원은 모든 감각적 존재들을 위해 이루어진다. 그러나 우리가 아미타에게 공헌할 수 있는 어떤 것을 지니고 있다는 것은 불교도들에게는 의미가 없다. 탄원 기도나 중재 기도를 격려하는 것도 없다. 아미타가 우리의 기도를 "듣는다는" 관념도 없다. 달리 말해, 정토 불교에는 화이트헤드가 하느님의 결과적 본성이라고 부른 것과 비교될 수 있는 것이 없다.

전통적인 기독교 신학의 많은 것들도 이런 요소를 결여하고 있다. 그러나 성서의 이미지와 기독교적 경험에 근거한 실제적인 기독교 경건에는, 하느님과의 인격적 상호 작용의 의미가 아주 강력하여, 불교도들이 자기들의 아미타 이해를 기독교인들이 그리스도에게서 발견해온 이런 측면으로 까지 확대할 것인지는 진지하게 고려해 볼만한 가치가 있다.

많은 불교도들에게는 연기의 세계로서의 삼사라와 깨달은 자의 완벽한 세계로서의 열반 사이에 날카로운 대비가 존재한다. 그런 대비를 고려한다면, 깨달은 자가 연기의 세계 속의 사건들에 의해 영향을 받을 수 있다는 점을 부정할 수 있는 강력한 근거가 있는 것 같다. 깨달은 자는 삼사라의 영역에서 은혜로운 영향력을 발휘할 수 있지만, 상호적인 영향력의 결과는 갖지 못할 것이다.

그럼에도 불구하고, 나가르주나(용수)와 그를 따르는 많은 대승불교도들은 이런 두 세계(즉 삼사라와 열반) 관념을 거부하였다. 연기의 세계를 넘어서는 다른 세계는 존재하지 않는다. 깨달음이 일어나는 것은 연기의 세계를 진정으로 실현하는 것을 통해서 이다. 이 경우 붓다들은 이 세계 밖에 존재하지 않는다. 그들은 이 세계의 완전한 실현이다. 그것은 붓다들이 우리가 그들로부터 영향을 받는 동시에 우리의 행위에 의해서도 그들도 완벽하게 영향을 받는다는 것을 의미한다. 붓다는 완전한 수용성을 완전한 능동성과 결합시킨다.

그렇다면, 하나하나의 붓다에게 성육한 보신에 관해서는 무엇을 말할 수 있는가? 보신은 방금 말한 삼사라와 열반의 연기적 관계들의 이원성을 가지지 말아야만 하는가? 적어도 기독교의 경험과 가르침에서는, 궁극적 실재에 은혜로운 성격을 입히는 자가 또한 세계에서 발생하는 모든 사건들에 완벽하게 반응할 수 있다고 믿는 것이 적합한 것 같았다. 만일 불교도들이 그리스도에 관한 기독교의 지식에서 우리의 삶이 이런 방식으로 아미타에게 중요하다는 확신을 융합시킨다고 하더라도, 불교도들은 어떠한 것도 잃어버리지 않을 것이라는 점을 이해하기는 어렵지 않다.

2. 기독교인들이 불교의 가장 아쉬운 점으로 여겨는 것은 윤리적인 것, 특히 불교가 사회 윤리를 강조하지 않는다는 점이다. 어떤

불교도들은 윤리 영역에서 자기들이 기독교에서 배울 것이 있다는 점을 인정해 왔다. 그리고 이미 일본 불교도들 사이에서는 이 공백을 메우기 위해 노력하는 운동들도 있다. 특별히 평화 활동의 영역에서 불교도들이 지도력을 발휘하고 있다.

그럼에도 불구하고 기독교와 불교의 기본적 차이는 아주 현격하게 남아 있다. 우리의 어려움은 이 차이를 정확하고 공정하게 진술하는 것이다. 왜냐하면 불교가 윤리적 종교가 아니라거나 사회 윤리가 없다는 취지의 일반적 진술은 지극히 잘못된 것일 수 있기 때문이다. 먼저, 부족하지 않은 것을 말하는 것이 보다 좋을 것이다.

요점은 불교문화들이 사회화를 해내는데 실패했다는 것이 아니다. 불교문화들은 사회적으로 바랄만한 행위 패턴을 명확히 이해하여 사회 구조들을 잘 발전시켰다. 그리고 그 구성원들은 사회적 요청과 기대에 거의 자발적으로 순응하였다. 전반적으로 불교 문화권의 사회들은 기독교 문화권의 사회들보다 더 잘 기능하고 더 도덕적이라고 말할 수도 있다.

둘째, 불교는 사회의 관행들을 더 인간적으로 만드는 경향이 있다. 불교는 폭력과 탐욕을 저지한다. 불교는 약자들에 대한 착취에 맞선다. 인도의 카스트 제도에 대한 불교의 반대는 이런 기본적인 휴머니즘을 반영한다. 불교 사회들은 또한 전체적으로 기독교 사회보다 더욱 평화적이어 왔다. 우리는 기독교인들이 그리스도를 위해 싸운다고 하는 것처럼 불교인들이 붓다를 위해 싸운다고 하는 것을 기대할 수가 없다. 불교 사회들은 종교적으로 더욱 관대한 경향이 두드러진다.

셋째, 불교 사회들에는 인간적 친절함이나 관대함이 부족하지 않다. 불교는 이런 가치들을 기독교만큼이나 격려한다. 아니, 모르긴 해도 기독교보다 더 격려한다고 할 수도 있다. 이 가치들은 깨달음을 향한 추구와 직접 관련되어 있으며, 특히 그것을 달성하는 것과 직접 관련되어 있다. 그리고 이 가치들은 과감한 방식들로 표현되기조차 한다. 불교도들은 기독교인들처럼 공동체의 이익을 위해 스스로를 희생시키려는 경향이 강하다.

넷째, 불교도들은 기독교인들처럼 많은 용기와 훈련을 갖추고 공동체 내에서 책임을 떠맡는다. 불교는 그 옹호자들에게 할당된 과제에 대해 인정받으려 하지 말고 보수를 바라지도 말고 충성스럽고 근면하게 일하도록 고무시킨다. 이런 관점에서 불교 사회 속의 도덕성의 수준은 높다.

그렇다면 기독교인들이 아쉬워 할 것이라고 했던 것은 가치도 아니고 선도 아니다. 그들에게 없는 것은 사회를 판단할 수 있는 초사회적(trans-social) 규범이다. 하지만 이 점에서도 신중하게 진술되어야만 한다. 불교의 휴머니즘은 사회적 역할이나 다른 사람들과의 관계의 관점에서만 사람들이 가치를 가질 것이라고 간주하는 경향에 실제적으로 제동을 걸 수 있다. 인간은 그 자체로서 중요할 수 있는 존재이다. 그래서 사람들의 행복은 기존의 사회적 구조나 행위에 반하는 하나의 규범으로 실제로 지속된다. 하지만 이런 잠재적인 지렛대 원리가 주제적으로 거의 발전되지 못하였다. 전체적으로 불교는 그 옹호자들로 하여금 사회적이고 정치적인 프로그램을 비판적으로 평가하도록 고무시키지 못했으며, 그들이 사회 저항운동의 중심에 서도록 권고되지도 못하였다. 이것은 개인들과 초사회적 실재와의 관계(즉 공이나 아미타와의 관계) 양태가 그들로 하여금 사회적 구조들과 그들의 역사적 역할들에 대해 판단하도록 정향되지 못했기 때문이다.

적어도 최초에는 이런 평가들이 규범적 비판이 아니라 기술적인 것으로 취급되어야 한다. 기독교인들은 우리의 유산에 대한 사회의 비판적 측면이 핵심적 중요성을 갖는지, 아니면 불교와 같이 기독교적 신앙도 주로 인간의 내면성과만 관련되는 것인지에 대해 나누어진다. 불교로 개종한 몇몇 사람들은 이런 선택의 어려움으로부터 그리고 그런 어려움과 관련되어 있는 죄책감으로부터 불교가 자유로운 것이 매우 매력적이고 만족할만한 것이라는 점을 발견한다. 불교는 역사를 형성하려는 기독교의 시도가 극단적으로 애매모호하다는 점을 지적할 것이고, 모든 사람들을 위한 결과는 그런 시도를 버릴 때에 더욱 좋아질 것이라고 논증할 것이다.

그러나 기독교의 입장에서 보면, 그것은 결점이라고 하지 않을 수 없다. 많은 기독교인들은 글로벌한 상황을 역사적으로 보면서 인간들 스스로가 토해낸 위험에 의해 소스라쳐 놀란다. 작금의 글로벌한 역사적 상황은 실제적 전멸은 아니지만 전대미문의 대재앙과 고통이라고 아니 할 수 없다. 비록 인간들이 이런 위협들을 그럭저럭 헤쳐나 갈 수 있다고 하더라도, 우리는 소위 "발전"이라는 잘못된 개념의 프로그램을 통해 세계의 가난한 사람들과 우리의 동료 피조물들에게 가해진 고통의 수준이 참을 수 없을 정도임을 발견한다. 인정 많은 사람들이 우리를 우리의 파괴적인 정치적 진로로부터 방향을 돌리도록 이끌어준다는 것은 너무나도 중요한 것 같다. 이런 사람들의 주목과 에너지를 다른 곳으로 돌려버리는 어떠한 형태의 기독교든 불교든 불충분한 것임에 틀림없다.

그렇다면, 문제는 불교도들이 기독교의 그리스도 경험으로부터 사회-역사적 세계로의 근본적인 방향의 전환을 강화시키는 아미타적 측면들을 발견할 수 있을 것인가에 있다. 이 문제는 사회-역사적인 방식으로 기능하는 성서적이고 서양적인 윤리적 특징에 대한 고찰을 통해 접근할 수 있다.

성서에서 하느님은 종종 입법자나 심판관으로 생각되었다. 비록 유대 사회가 부분적으로 그 법을 구현하고 하느님에 관한 이런 견해에 의해 승인되었다고 하더라도, 하느님의 명령은 그 사회를 심판하는 것으로 자주 경험되었다. 하느님은 확실히 규범들의 초사회적 원천으로 그 사회를 초월해 계시지만, 그 명령은 사회적 관련성을 지향하고 있는 것이었다. 이 때문에 사회가 올바르게 기능하는지의 문제가 지속적으로 새로워 질 수 있었던 것이다.

이런 성서적 견해가 사회 정의의 문제에 주목케 했다는 점은 의문의 여지가 없지만, 특수한 문제들도 함께 가질 수 있다. 첫째, 이 견해는 거의 모든 규칙을 하느님에게 귀속시킬 수 있는 신화론적 경향을 갖는다. 둘째, 이 견해는 생명과 생명의 자기 이해에 관한 법률적인 구조를 양산한다. 사실 이런 구조는 기독교가 지속적으로 싸우고 있는 것이지만, 가장 민감한 많은 젊은이들을 교회에서 쫓아내기도 하였다. 셋째, 이 견해는 창조적 상상력과 민감성을 질식시키는 작용을 할 수 있다. 이런 작용은 문제들이 법적으로 현명하게 처리될 때에도 아주 부당하게 요구되기도 한다.

첫째 것은 신화적인 신에서 온전히 합리적인 체계로 성립될 수 있는 범주적 규칙으로 옮겨감으로써 제거될 수 있다. 그러나 이런 처방은 다른 반대들을 거의 극복하지 못한다. 범주적 규칙에 의지해 사는 것은 신적인 명령에 복종하여 사는 것보다 훨씬 더 법률적이다. 자신의 원리들의 원천이 자신의 고유한 근거라는 사실은 문제에 오만함을 추가하는 것이다. 그리고 이런 원리들은 사람들과 제도들의 현실적 요청에 대한 지적인 응답에 간섭할 공산이 크다.

비록 기독교인들이 신적인 명령이나 범주적 규칙의 이론을 승인할 수 있다고 하더라도, 우리는 그것들을 불교 사상의 가능한 발전으로 추천할 수는 없다. 불교는 지나치게 구조화된 세계에서 자유와 자발성으로 피신하는 하나의 방식을 제공한다. 불교가 율법주의(legalism)를 일부 목표로 채택한다고 제안하는 것은 조금의 관련성을 지니기에도 너무도 임시적이고 싫증나는 것에 불과하다.

성서는 그리스도에게 더 적절한 것으로 하느님과 세계의 관계성의 다른 이미지들을 제공한다. 명령하는 자의 이미지보다 더욱 심오한 이미지는 권면하고 부르는 자의 이미지이다. 이 이미지는 아미타 이미지와 보다 위대한 연속성을 지니는 이미지로서 나에게 중요해 보이는 방향으로 아미타의 이미지를 확대시킨다.

그리스도의 부르심도 하느님의 명령만큼 신화적인 것으로 이해될 수 있다. 그러나 그 부르심은 그리스도의 실제적 역할을 축소하지 않고도 탈신화화될 수 있다. 그 부르심은 우리의 존재로 순간마다 우리의 자기-실현을 위한 가능성들을 도입시킨다. 이 가능성들은 우리와 다른 사람들을 위해 선으로 우리를 이끄는 것이다. 이 가능성들은 단순히 존재하는 것과 존재할 수도 있거나 존재해야만 하는 것 사이의 긴장과 관련된다. 이것들은 바랄만한 가능성들에 대한 어떤 충동이나 자극과 관련된다. 그렇게 할 때 그것들은 인간의 자유를 위한 여지를 도입시킨다. 우리는 우리가 있는 현실 세계와 우리의 존재를 위한 가능성의 세계 모두와 관계하면서 우리 자신을 자유롭게 창조 한다. 자유롭게 하고 도전을 제시하는 가능성들의 효과적인 작용은 창조적이고 구속적인 그리스도의 현존인 것이다. 그리스도는 우리가 우리와 다른 사람들 모두를 위해 해온 것보다 더 생명의 존재로 우리를 부르심으로써 현존한다.

전통적인 불교와 기독교의 관계는 다시 연기(緣起)에 주목함으로써 분명해질 수 있다. 이것은 세계를 새로운 경험과 결부시킨다. 그런 세계는 현실적인 것과 가능한 것을 모두 포괄한다. 기독교의 영성은 가능성을 식별하고, 어느 것이 하느님의 부르심인지를 결정하며, 그 부르심에 적절히 반응하는데 집중해 왔다. 불교의 훈련들은 발생하는 것이 단지 이런 결부(연기)라는 점을 깨닫는데 집중해 왔다. 이런 결부는 최종적으로 주체와 객체의 비이원론이다. 불교는 새로운 가능성들에 주목하는 것이 아니라 현실의 세계가 연기적이라는 점에 주목해 왔다.

불교의 훈련들은 기독교의 훈련보다 훨씬 정제되어 있고 효과적이기도 하다. 그 이유는 부분적으로 기독교의 훈련들이 실체와 이원론의 허상을 극복하지 못했다는 점에 있다. 더구나 불교가 달성한 개방성은 실제로 각 상황을 구성하는 현실적인 것들에 개방적이었던 것처럼 가능적인 것에도 개방적이었던 것이다. 그러나 불교는 가능성과 결부되는 것에 주목하는 것을 주제화해 내지 못하였기 때문에, 기독교인은 그리스도에 대한 핵심적 체험에서 발생하는 윤리가 불교에는 결여되어 있는 것을 아쉬워한다.

아미타가 그리스도임을 깨닫는 정토 불교인들에게는 아미타의 은혜에 대한 이해와 경험을 확대하는 것이 가능하다. 아미타의 서원은 우리를 자유롭게 하고, 매순간 자유로서 달성할 수 있는 것을 성취하도록 아주 특별히 초대하며, 이런 초대에 응답하는 것을 가능케 하는 것으로도 이해될 수 있을 것이다. 이런 방식으로 아미타에 대한 이해를 확대하는 것은 불교가 과거에 아미타 속에서 알게 되었던 것을 위반할 필요가 없다.

만일 아미타의 부르심이 직접적이고 사적인 것 이상으로 이해될 수 있다면, 즉 그 부르심이 사회적이고 세계-역사적인 의미로 경험될 수 있다면, 전통적 불교 속의 다른 변화들도 요청되게 될 것이다. 불교는 우리를 잘못된 개념들로부터 해방시키는데 집중해 왔다. 이 개념에는 우리가 사회와 역사에 대해 이해하고 그 속에 참여하는 것과 관련된 방식들도 포함된다. 우리는 그런 해방을 필요로 하는 절박한 요청에 직면해 있다. 그러나 이런 해방은 더 나은 개념들과 이론들에 도달하는데 활용되어야 한다. 만약 우리가 우리 자신은 물론이고 다른 사람들을 위해서도 살도록 부름을 받았다면, 우리는 또한 우리의 결정들이 다른 사람들을 진정으로 유익하게 만드는 방식으로 사고하도록 부름을 받은 것이다. 순수한 자발성은 직접적인 인간관계에서 잘 작용하지만, 공적인 정책을 위해서는 빈약한 근거에 머물 뿐이다. 하지만 만일 실체적 자아라는 허상에서 해방되고 그런 허상을 좇는 집착에서도 해방된 사람들이 사회적이고 경제적인 이론들과 뿌리 깊게 얽혀 있는 허상들을 바로 잡는데 도움을 줄 수 있다면, 공적인 정책은 많은 사람들을 널리 이롭게 할 수 있게 될 것이다. 기독교화된 불교는 이바지할 것을 많이 가지고 있다.

4. 그리스도 중심성

기독교인이 기독교의 명시적 신앙 밖에서 여하한 방식으로 그리스도를 알아보고 신뢰할 수 있는 점을 인식하기란 어려운 일만은 아니다. 실제로, 초기 교회에서 로고스 학설의 발전은 지혜롭고 덕망 있는 이교도들이 그들의 삶 속에서 기독교인들이 예수를 통해 알고 있는 바로 그 동일한 실재를 지향하는 방식을 이해하기 위한 것이었다. 따라서 어떤 불교도들도 자기들의 신앙을 기독교인들이 예수에게서 성육한 것으로 알고 있는 한 분 로고스 위에 두었었다는 점을 보여주기 위해 오늘날 이 로고스 학설을 활용하는 것은 고대의 기독교 전통을 여전히 지속시키는 것이다.

그러나 기독교인들은 또한 특정한 역사적 인물, 즉 나사렛 예수에게서 로고스가 성육하셨음도 인식한다. 예수에 관한 기독교의 이런 가르침을 주장할 수 있는 근거가 불교에도 내적으로 존재하는가?[144] 특별히 정토진종에는 자신의 충분한 발전을 위해 성서의

144) (옮긴이 주) 이하의 내용의 빛에서 보건데, 이 부분에서 예수는 '타력 신앙의

역사와 그 역사 속의 예수 중심성의 자기화를 추진할 수 있는 내적인 특징이 존재하는가? 이런 점들은 분명히 종교들의 역사 속에서 일어난 주요한 발전이었지만, 정토진종과 관련될 변화들은 앞 장에서 기독교를 위해 제안된 것보다 큰 폭은 아닐 것 같다. 정토진종에서 그런 발전이 어떻게 일어날 수도 있을지에 대해 고찰해 보자.

정토진종의 가르침에는 몇 가지 내적인 긴장들이 존재한다. 신란은 자신의 권위나 아미타의 은혜에 대한 분명한 경험적 증거에 호소하여 사람들에게 아미타를 전적으로 신뢰하도록 요구하지는 않았다. 신란은 먼 과거 속의 사건(한 인도 왕자 다르마카라의 서원과 그의 정토 창설)으로 전통 속에 주어져 있었던 것에 근거하여 신앙을 요구하였다. 신란은 한 보살이 실제로 다른 사람들을 구원하기 위해 그런 행동을 할 수 있는 능력과 자비를 가졌을 것이라는 불교의 일반적인 확신을 전제했던 것이다. 정토 불교 가르침의 많은 효과는 아미타 은혜에 대한 신념을 발생시키고 정토의 실재성을 확신시키는 이와 같은 이야기가 지닌 능력에서 파생되어져 왔다.

최근까지도 일본 불교도들은 역사적 사실에서 전설과 신화를 분리시켜야 한다는 압박을 거의 받지 않았다. 모든 이야기의 핵심은 현재 진리를 깨닫도록 하려는 것이지, 과거의 사건에 대한 사실적 정보를 제공하는 것은 아니었다. 다르마카라(법장)의 이야기는 서원의 구원하는 능력에 대한 확신을 제공하였다. 그 이야기는 역사적

역사적 근거'를 상징하는 것으로 도입되었고, 그런 근거가 요청되지 않을 수 없다는 논증을 정토진종과 관련시켜 전개한다. 그리고 저자는 그런 근거로서 정토진종에서 가능한 인물들로 다르마카라(법장), 고타마, 그리고 신란 등을 검토한다. 관련 내용 참조.

사실성에 명확한 초점을 둔 문제들을 제기하지는 않았지만, 여전히 많은 불교도들에게 진실된 것이다.

그럼에도 불구하고, 오늘날 역사적 의식과 역사 비판적 방법은 점차로 사려 깊은 일본인들의 정신적 특징이 되어 왔다. 참과 거짓의 문제가 전통 불교 이야기와 관련해 실제로 발생하고 있다. 마치 기독교의 성서 이야기들과 관련해 참과 거짓의 문제가 발생하는 것처럼 말이다. 이런 문제가 발생할 때, 일단 고타마는 역사적 인물이었던 것으로 보이며, 고타마의 본래 가르침에서 후대의 첨가물을 구별해 내려는 시도도 이루어질 수 있다. 그러나 다르마카라(법장)는 신화적 인물로만 이해될 수 있을 뿐이다.

정토 불교도들은 이에 대해 몇 가지 선택지들을 가질 수 있다. 그들은 신화 이야기는 역사적 이야기만큼 좋은 것으로 주장할 수 있을 것이다. 그 핵심이 현재의 신앙을 고무시키는데 있기 때문이다. 이런 주장이 선택될 때, '궁극적 실재의 자비(은혜)로운 성격'(gracious character of reality)에 대한 신념은 보살 서원의 구원하는 능력 같은 불교의 학설들에서는 근거를 잃어버린다. 혹자들은 아미타 이름의 암송과 관련된 마음의 신념 상태(궁극적 실재의 성격에 근거한 것이 아닌-- 옮긴이 주)가 현재 이곳의 깨달음을 달성하는 효과적인 방식이라고 계속 논증할 수도 있다. 그런데 그런 주장은 참일 수도 있고, 아닐 수도 있고, 그런 마음의 상태는 신앙을 통한 은혜로 구원에 이르는 세계와는 다른 종교적 세계이다.

두 번째 선택은 타력에 관한 확신의 근거로 역사적 고타마의 권위를 취하는 것이다. 그렇다면, 다르마카라(법장) 이야기는 고타마 자신의 본래 가르침의 특징들을 강조하는 방식으로 이해될 수 있다. 그러나 이 방식은 역사적 연구의 빛에서 볼 때 유지되기가 어려운 것이다.

세 번째 선택은 신란 자신에 대한 신뢰를 지향하는 것이다. 아마도 이것이 정토진종 추종자들이 할 수 있는 가장 일반적인 반응일 것이다. 그들이 가장 자주 무릎을 꿇고 간원하는 곳은 신란의 조상(彫像) 앞일 것이며, 그들이 가장 확신에 차서 듣길 원하는 가르침도 신란의 가르침일 것이다. 그들은 신란에게서 자기들의 신앙을 위한 확실한 역사적 근거를 찾을 수 있다.

그럼에도 불구하고, 이 선택 역시 문제가 없는 것이 아니다. 선불교 지도자의 권위는 그 자신의 경험 속에 둘 수 있는 것인 반면, 신란은 자신을 이런 방식으로 제시하지는 않았기 때문이다. 그는 사람들로 하여금 자신을 향하지 말도록 할 것이고 자신의 신앙도 권위 있는 전통의 근거 위에 올려놓는 타력을 지시할 것이다. 우리는 신란을 역사적 핵심 속에서 진지하게 다루기 위해 그가 호소했던 전통은 타당했는지, 그의 해석은 정확한 것이었는지를 검토해 보아야 한다. 이렇게 역사 비판적 탐구는 일반 신자들[145]을 위해서도

---

145) (옮긴이 주) 이 경우의 신자들은 정토진종 불교 신자들일 것이다. 이는 마치 평신도 기독교인들에게 복음서가 기술하는 예수와 역사적 예수의 관계성 문제를 제기하는 것과 같다고 하겠다. 실제로 저자는 이런 기독교의 경우를 염두하고 그것을 정토진종에 응용시키고 있는 것으로 생각되며, 그것이 이번 절의 제목, 즉 '그리스도 중심성'이라는 제목 속에 함축된 중요한 핵심 중 하나이다. 상설할 수는 없지만 저자는 그리스도를 특정 역사에 대해 창조적 변형을 가하는 존재로 규정하기 때문에 저자에 따르면 역사와 신앙의 문제는 이런 창조적 변형의 빛에서 해소된다. 자세한 논의는 저자의 그리스도론에 관한 저술 Christ in a

문제를 제기해야할 의무를 지고 있다.

일반적인 관점에서 문제를 고찰해 보자. 실재의 자비(은혜)로움(graciousness of reality)에 대한 신념은 사건들의 현실적 경로에 관한 신념들과 떨어질 수 없다. 동등하게, 사건들의 현실적 경로에 관한 신념들도 실재에 관한 신념과 떨어질 수 없다.146) 정토 불교 전통들에서는 실재에 관한 신념이 우선적인 역할을 할 것이다. 기독교에서는 사건들의 현실적 경로에 관한 신념이 우선적일 것이다. 그러나 우리는 정토진종과 기독교에서는 두 가지 측면들이 모두 필요한 하나의 원(circle)을 다루게 된다. 정토진종과 기독교는 모두 궁극적 실재를 특징지우는 자비로움(graciousness)으로 중심을 삼고, 자신들의 확신하는 힘을 위해서는 참된 것으로 믿어졌던 이야기들을 자세히 들려주는 것에 의존해 왔다.

지금부터 2백 년 전, 사건들에 관한 기독교의 설명은 매우 의심을 받게 되었다. 그 설명이 확신을 잃어버리자, 그 확신과 관련된 하느님과 세계에 관한 신념도 덩달아 붕괴되었다. 기독교인들은 다양한 방식으로 저항하였다. 가장 중요한 저항은 우리가 그동안 말해왔던

Pluralistic Age(Philadelphia: Westminster Press, 1975)를 참조바람.

146) (옮긴이 주) 여기서 저자는 불교를 위해 '실재'란 용어를 사용하며, 기독교를 위해서는 '사건들의 현실적 경로'란 어구를 사용한다. 이런 용어 사용은 여기까지의 이 저술의 내용을 반영한 것으로서 '실재'는 '공'이나 '연기' 또는 이것들에 상응하는 것들을 의미한 것이고, '사건들의 현실적 경로'는 기독교의 하느님에 의해 근거를 가지는 일반적 성격을 반영한 것이다. 이것은 역사에 대해 '내재'와 '초월'이라는 개념들로 동서양의 차이를 대비시켰던 본서의 제4장 4절과 제5장 4절의 내용을 배경으로 하고, 그것들과 긴밀한 상관관계를 가진다. 관련 내용 참조바람.

신화의 역사를 역사적인 정확한 사실을 발굴하여 대체해 보려는 시도를 끌어 들이는 것이었다. 이런 과제는 결코 끝을 볼 수 없는 과제이지만, 말할만한 하나의 역사적 이야기가 있으며 그 가장 심오한 의미가 하느님의 자비(은혜)로움(예전에는 신화적인 이야기들이 하고 있었던)을 정확히 지지하고 있음에 대해 남은 의혹이 거의 없을 정도의 성공을 거두어 왔다.

새로운 이야기는 새로운 방식들로써 세계의 전체 역사와 관련된다. 우리는 새로운 이야기로부터 배움으로써 우리가 현재 맞고 있는 '자연의 과정과 역사 과정의 총체'를 설명할 수 있으며, 또한 그런 총체에 의해 설명될 수 있다. 기독교가 점점 신화적이고 편협한 과거로부터 발을 온전히 빼내어 포괄적인 역사가 비추는 의미와 방향을 따라 삶을 확대한다면, 쇠퇴의 긴 역사는 끝날 수 있게 된다. 그 포괄적 역사 속에서 불교의 역사는 중요한 역할을 할 수밖에 없을 것이다. 앞 장에서 나는 기독교가 이런 방식으로 보편적 신앙으로 나아갈 때 요청되었던 몇 가지 근원적 변화들에 대해 지적한 바 있다.

정토진종은 아직도 역사와 신앙의 관계가 위기를 겪으면서 작용해오지는 않았다. 만약 이런 위기를 피할 수 없다면, 어떤 점들에서 몇 가지 문제들은 기독교가 직면했던 문제들보다 더욱 치명적일 것이다. 왜냐하면 불교의 (타력) 신앙의 근거가 현실의 역사의 경로로부터 더욱 철저히 분리되어 있기 때문이다. 그 근거는 고타마 자신에게서 이미 발견될 수 있으며 불교의 많은 역사 속에서도 발견될 수도 있지만, 불교 신앙에 관한 가장 독특한 가르침은 신란 자신이전의 전통에서는 아주 빈약하게만 지지되었을 뿐이다. 그럼에도 불구하고, 불교가 자기를 이해하기 위한 역사를 인도나 동아시아에서만 유일하고 필요한 것으로 찾아야할 필연성은 조금도 없다. 불교도 보편주의를 시도한다. 불교 역시 모든 사물들에 관한 포괄적인 견해를 필요로 한다. 그리고 오늘날에는 그런 견해에 세계 역사를 포함시켜야만 한다. 세계 역사는 이스라엘 역사와 예수 사건을 포함한다. 하느님의 은혜에 관한 기독교의 이해를 지지하는 역사는 동시에 궁극적 실재를 지혜와 자비의 특성을 지닌 것으로 이해하는 정토진종을 지지한다. 또한 그런 역사는 정토 불교의 아미타 이해를 확장할 희망의 근거들을 제공하기도 한다. 기독교와 불교가 서로를 의혹의 눈초리로 바라보고 자신들만을 방어하는 것을 철저히 극복할 때까지는, 정토진종이 자신을 지지하기 위해 기독교의 역사에 크게 호소할 것이라는 점은 생각조차 할 수 없을 것이다. 그러나 그런 태도가 진실로 바뀌어 진다면, 불교도들이 과거의 인도를 자기화시켰던 것처럼 원칙적으로 팔레스타인을 자기화하지 못할 이유도 없다고 본다. 역사가 예수에게 중심을 둔 것으로 읽혀질 때, 우리가 '신앙을 통한 은혜에 의해 구원을 받는다'는 점을 믿을 수 있는 가장 강력한 근거를 제공했던 것은 인도가 아닌, 팔레스타인이었다.

5. 결 론

본서의 처음 두 장은 대화로 가는 길과 기독교인들에 있어서 대화의 의미에 관한 현재의 분주한 반성을 기술하였다. 제2장 후반부에서 나는 신뢰할 수 있는 대화란 대화를 넘어서 대화 파트너들이 근원적으로 변형되는데 까지 가야만 한다고 논증하였다. 기독교인들은 우선 타자에게 진정으로 스스로를 깊이 드러내기 위해 그쪽으로 건너가야만 한다. 그런 다음 우리는 우리가 배운 것의 빛에서 우리의 유산을 다시 구조화해야 할 과제를 직시하며 복귀해야 한다. 이런 건너가고 돌아오는 과정은 제4장과 제5장에서 대승불교와의 관계를 통해 예시되었다.

기독교인들이 추가적인 책임을 떠맡아야 한다는 것이 나의 확신이기도 하였다. 우리는 진리를 발견하고 우리의 신학으로 통합해내야 할 고단한 작업과 관련될 때마다 진리에 전적으로 자신을 개방할 필요가 있으며, 우리의 고유한 역사를 통해 맡겨진 진리를 증언할 필요도 있다. 우리는 과거에 너무 자주 우연한 문화적 부착물과 진리를 혼동해 왔으며 진리를 우리 자신의 의견들과 우상적으로 일치시켜 생각해 왔음도 알고 있다. 또한 우리는 일반적으로 타자로부터 듣지는 않고 증언만 하려고 했다는 점에 대해서도 잘 알고 있다. 이 모든 일에 대해 우리는 회개해야만 한다. 그러나 과거의 실책을 회개하는 것은 우리의 증언을 폐지함을 수반하는 것은 아니다. 이것은 올바로 증언하기 위해서는 배워야 한다는 것을 의미한다. 그리고 그런 증언의 목표는 우리가 진리로 믿는 것과 그 진리로써 변형될 수 있음을 타자로 하여금 알게 하는 것이다.

이것이 복음주의이고, 이 점을 이해할 때 우리는 예수 그리스도의 복음을 선포하는 것이다. 이것은 고정된 정식화들을 암기하는 것이 아니다. 그것은 너무 종종 우리로부터 듣는 자들에게 좋지 않은 소식으로 경험되었다. 그것은 그들이 요구하는 정제되고 발전된 것을 내놓지 못한 채 모호하기 짝이 없는 주장들로 수용과 거부 중 하나를 강요하여 그들을 괴롭히기도 했고 때리기도 하였다. 우리의 말은 그들에게도 진실로 긍정적인 가능성들을 드러낼 수 있을 때에만 복음이 될 수 있을 것이다. 오늘날 우리가 먼저 듣고 배운 바를 따라 자신을 변형시키지 않는다면, 진정한 복음주의와 관련될 수는 없다. 그러나 우리가 타자들의 입장에서 우리에게 명쾌하지 못한 점들이 있음에 주목하게 되었을 때는, 즉 그들이 우리에게 가르쳐줄 수 있는 진리에 의해 우리가 변형되어질 수 있을 때, 예수 그리스도에 대한 신앙이 그들의 전통을 속박으로부터 해방시켜 창조적으로 변형되는 방식을 보여줄 시도를 할 수 있을 것이다. 이번 장은 이런 종류의 복음주의가 대승불교의 몇 가지 형태들과 관련될 수도 있을지 모르는 점을 예시하였다.

이제 우리의 질문은 어떻게 그렇게 변형된 불교가 앞 장에서 제안된 변형된 기독교와 어떻게 관련될 수 있겠는가 하는데 있다. 확실히 이렇게 변형된 기독교와 불교는 기존 형태의 기독교와 불교보다는 훨씬 더 서로 가까워지게 될 것이다. 그럼에도 불구하고, 자기들이 지나온 뿌리 깊은 다른 역사적 궤적들에 근거한 차이들도 또한 지속적으로 존재할 것이다. 어느 정도 이런 차이들은 각자가 타자의 역사와 진리를 보다 충분히 자기화할 수 있다면 사라지게 할 수도 있다. 이 점은 세월만이 말해줄 수 있을 것이다. 이런 점이 매우 많은 중요성을 가지게 될지 어떨지는 아직 분명하지 않다. 기독교의 입장에서 보면, 불교도들이 예수 그리스도에 대한 신앙의 풍성한 의미를 알게 된다고 하더라도, 그들이 여러 방식들, 즉 우리 서양의 지배적인 역사적 경험에 의해 결정되었던 방식들을 쫓아 우리와 같이 될 것으로 희망 할 수 있는 근거는 없다. 어째서 그들이 로마가톨릭이 되어야 하며, 남침례교도가 되어야 하며, 미주리 루터교주의자들이 되어야 하며, 일본의 연합그리스도교회 구성원들이 되어야 하며, 그곳의 무교회주의 운동과 결합되어야만 하겠는가? 이와 유사하게 기독교인이 불교의 열반 학설의 진리를 깨달을 수 있다면, 이런 기독교의 깨달음과 단순히 우연적으로만 관계하는 방식들로 기독교의 동양화에 도움을 줄 수 있는 불교의 본질적 관심은 없다. 불교화된 기독교와 기독교화된 불교는 지속적으로 서로를 풍성하게 할 것이고, 차이들에도 불구하고 인간 문화 전반을 풍성하게 만들어 줄 것이다.

이런 비전은 기독교 선교를 위해 함축적인 의미들을 확실히 내포한다. 나는 오늘날 다른 종교의 진리들과 관련하여 이 함축적 의미들이 두 가지 주요한 특징들을 함유한다고 제안한다. 이 주요한 특징들은 어느 것도 과거의 선교학(missiology)의 지배를 받지는 않았던 것들이다. 첫째, 타자들이 깨달은 이질적 진리들을 자신에게로 취한다는 의미에서 자신의 신앙을 보편적 신앙으로 성숙시키는 것이 바로 기독교 선교라는 것이다. 이것은 단순히 추가하는 문제가 아니라 창조적으로 변형되는 문제이다. 다시 말해 변형되지 않는 기독교, 즉 편협한 전통들에 제한된 기독교는 예수 그리스도의 보편적 의미를 실현하는 선교를 성취할 수 없다. 그런 기독교는 다른 전통들이 제공한 것들 옆에 놓이는 하나의 단편만을 계속 제공할 뿐이다. 그리스도에 관한 단편적인 것에만 전적으로 헌신하자고 호소할 때에는 그 호소가 우상적인 것이 되고 만다. 그런데 다른 단편적인 것을 요구하여 그런 우상숭배를 피하려는 것은 그리스도에 관한 궁극적 주장을 선포하지 못하게 하며 불가피하게 계속 쇠퇴할 수밖에 없다. 기독교는 그리스도에게 충실하고 그 충실함 속에서만 사람들에게 전심전력으로 참여하라고 요구하는 창조적 변형으로 자신도 개방시킬 수 있게 될 것이다. 그래서 가장 절박한 기독교 선교는 자기를 변형시키는 선교이다.

둘째, 다른 종교 전통들에 대하여 스스로 변형을 겪도록 초대하는 일도 자기를 변형시키는 기독교의 선교라고 할 수 있다. 그러나 다른 전통들의 개인적인 개종자들에게 우리 전통의 문호를 여는 것은 전혀 잘못이 아니다. 실제로 우리가 진지하게 자기-변형을 겪고자 한다면, 우리는 다른 전통들의 진리를 깊이 있게 알고 있는 자들의 도움도 필요로 한다. 그러나 개인적인 불교도들, 개인적인 힌두교도들, 개인적인 이슬람교도들의 개종 보다 더 중요한 것은 불교와 힌두교와 이슬람교 자체의 변형이다. 나는 이것이 대승불교의 경우에서 의미할 수 있는 바를 지적해 보려고 시도해 왔다. 불교에 대해서처럼 다른 경우들에서도 나의 이런 기술은 가능하다. 우리의 선교는 다른 전통들의 진리와 모순되었던 과거의 강요로부터 자유로워져 예수 그리스도의 보편적 의미를 보여주는 것이다. 우리가 그리스도를 다른 전통의 진리에 대적하는 자로 제시하는 한, 그들은 그리스도께서 자기들에게 말씀하시는 것에 귀를 기울이지 않을 것이다. 그러나 우리가 그들로부터 저항을 받지 않고 그리스도께서 말씀하시도록 한다면, 그리스도는 신뢰할만한 기독교 선교를 수행하실 것이다. 진리이신 그리스도는 우리가 변형될 때 그들도 그들의 모든 진리들을 변형시키도록 만드실 것이다.

후기
불교, 기독교, 그리고 화이트헤드 철학

나는 화이트헤드 철학의 개념적 성격이 기독교 신학의 정식화와 불교 사상을 이해하고 해석하는데 한결 같이 유용하다고 오랫동안 믿어왔다.147) 본서의 내용은 불교에 관하여 이런 유용함을 유지시킨 나의 첫 번째 시도이다. 나의 비판자들은 어느 정도의 성공을 부정하지는 않으면서도, 두 가지 문제들을 제기해 왔다. 나는 이 후기에서 그 문제들에 대해 간략히 대답하고자 한다.

우선, 내가 다른 전통으로부터의 배움의 중요성을 위해 우리 서양 전통에 새로운 것이 무엇인지를 논증하면서, 실제로는 나 자신이 이미 화이트헤드로부터 배운 것을 불교를 들먹이며 자기화하라는 것은 아닌가? 하는 점이다. 즉 내가 다른 사람들에게는 불교로부터 배우라고 해놓고 실제로는 다른 기독교인들에게 화이트헤드의 철학을 채택하도록 부르고 있는 것은 아닌가? 하는 점이다.

이 문제는 공정하게 대답하기가 어려운 문제이다. 의혹제기는 부분적으로 정당하다. 내가 다른 기독교인들에게 받아들이라고 초대

147) John B. Cobb, Jr., *A Christian Natural Theology* (Philadelphia Westminster Press, 1965), p. 282.

하는 불교의 진리는 나에게 화이트헤드의 철학과 절연할 것을 전혀 요구하지 않았다. 오히려 내가 실제로 믿고 있는 것은 화이트헤드의 철학이 기독교인들에게 실체주의적 이원론적 철학적 수행을 근원적으로 끊어버리라고 요구한다는 점이다. 나는 암묵적으로 화이트헤드의 철학적 개념들을 채택하는 것이 기독교인들로 하여금 불교를 이해하고 배우는데 도움을 줄 수 있다고 논증하고 있다. 그러나 이미 화이트헤드의 사고방식을 채택한 사람들이 불교에서 새롭게 배울 것을 가지고 있다는 점을 분명하게 제시하지는 않았다.

그럼에도 불구하고, 나는 화이트헤드주의자의 한 사람으로서 나 자신이 실제로 불교와의 만남을 통해 변화되고 있었음을 발견하였다. 비록 화이트헤드가 불교를 이해하는데 뛰어나게 유용한 교량을 제공했지만, 화이트헤드도 그에게서 영향 받은 우리들 대부분도 그 교량을 건너가지 않았거나 그가 제공한 가능성들의 온전한 이점들을 취하지는 못했었다. 나의 경우, 불교와의 만남은 우리 화이트헤드주의자들이 화이트헤드와 실체주의적 이원론적 사상 양태들과의 근원적 단절을 축소하도록 일관되게 그를 해석해온 방식을 보여주었으며, 그가 그 사용을 피할 수는 없었던 언어의 매력에 맞서서 자신의 고유한 의도를 수행하지는 않았던 방식도 보여주었다. 만약 내가 지금 화이트헤드 사상을 요약하여 쓰게 된다면, 그것은 내가 15년 전에 썼던 것과는 아주 다른 책이 될 것이고 이차 문헌들도 달라졌을 것이다. 나의 새로운 요약은 서양인들이 화이트헤드를 받아들이는 것을 더 어렵게 만들 것이다.

화이트헤드는 과정을 두 양태들로 구별하였다. 그는 그 과정들을 이행(transition)과 합생(concrescence)으로 명명하였다. 나는 불교 저술가들을 연구하면서 그들 가운데 어떤 사람들이 연기(緣起)라고 기술했던 것이 화이트헤드가 합생으로 규정했던 것이라는 결론에 도달하였다. 이것이 나에게 상호 간의 관계를 이해할 수 있는 교량을 제공했지만, 이미 있던 기존의 이해를 제공한 것은 아니었다. 화이트헤드에게서 발견되는 합생에 관한 상세한 분석은 불교도들이 말했던 바와는 아무 관계도 없지만, 불교는 화이트헤드와 그 추종자들의 관심을 거의 모두 흡수하고 있었다. 불교의 핵심은 어떠한 특정한 시간이라도 우리는 단지 합생 중에 있을 뿐임을 깨닫는 것이었다. 화이트헤드가 이런 점을 강조한 적이 있다거나 자기 독자들에게 그런 깨달음을 구원으로 생각하도록 고무시켰다는 암시는 없다. 화이트헤드의 개념은 그럴 수도 있다는 점을 이해할 수 있도록 허용할 수 있을 뿐이다. 그의 개념이 그나 그를 추종하는 자들에게 실제로 이런 가능성을 제공하지는 않았다는 말이다. 적어도 나는 이것을 불교로부터만 배웠을 뿐이다. 나는 가장 근원적인 이 실재에 대해 아직 불교도들로부터 더 많은 것을 배워야 한다고 믿고 있다. 이런 배움은 화이트헤드 본인에게도 새롭고 놀라운 것이 될 정도일 것이다. 그러므로 화이트헤드의 철학을 활용하자는 나의 주장은 그의 철학이 이미 불교의 진리를 포괄하고 있다는 것을 의미하지 않는다. 화이트헤드의 철학은 불교를 포괄하고 있지 않다. 다만 나의 주장은 그의 철학이 우리로 하여금 기독교의 유산을 포기하지 않으면서도 불교도들로부터 배울 수 있도록 도와준다는 것이다.

두 번째 비판적 질문은 내가 비성서적 종교 전통들이 주장하는 진리를 기독교화 하기 위해 화이트헤드 개념의 유용성이 대승불교에만 특수하게 한정되는 것인지, 아니면 화이트헤드가 다른 종교 전통들로의 접근에서도 우리를 도울 수 있다고 주장하는 것인지에 관한 질문이다. 이 질문 역시 어려운 문제이다. 나는 화이트헤드의 개념들이 불교 이외 다른 종교 전통들과 관련해서도 유용한 것으로 입증되리라고 확신하고 있다. 나는 잠재적인 결실들이 적어도 원리적으로는 보편적이라고 생각하고 싶지만, 명확한 것은 아니다.

내가 창설하고 지도하는 <과정 연구 센터>(Center for Process Studies)의 한 기능은 그런 잠재적 결실을 검토하는 것이다. <과정 연구 센터>는 대승불교 컨퍼런스와 중국 철학과 베단타(Vedanta) 철학에 관한 컨퍼런스를 모두 지원해 왔다. 이것들이 화이트헤드 철학이 실제로 중국의 지배적인 사상 양태들과 관련해서도 대승불교에서의 경우에서처럼 유사한 역할을 수행할 수 있음을 보여주고 있다는 것이 나의 신념이다.

가장 난해한 문제, 즉 베단타 진리의 자기화와 화이트헤드의 상관성이라는 난해한 문제로 가기 전에, 나는 대승불교나 신유학과 관련하여 주장되고 있지 않은 점에 대해 한 마디만 언급하겠다. 나는 모든 불교 사상가들이나 신유학 사상가들의 견해들이 화이트헤드의 견해와 양립한다고 주장하는 것이 아니다. 분명히 말해, 양립하고 있지 않다. 불교 사상가들 사이에서도 전면적인 모순이 존재하고, 신유학 사상가들 사이에서도 그런 모순이 존재하며, 이 사상가들의 임의의 주장들은 화이트헤드와도 마찬가지로 순수하게 모순적이다. 이 사상들의 전체 문헌들과 관련하여 화이트헤드주의자들은 그 문헌들의 중심에서 그리고 그 고전적이고 규범적인 정식 입장들로 고찰된 것에서 자신들의 견해에서 판단할 수 있는 입장들을 발견할 수 있다.

베단타의 경우에는 이런 점이 다른 경우들에서 보다 훨씬더 명확하지 않다. 상카라(Sankara)는 베단타 전통에서 핵심적 인물로 폭넓게 조명되는 인물이다. 비록 화이트헤드주의 입장에서 상카라로부터 명확하게 수용할만한 많은 것들이 있다고 하더라도, 상카라의 극단적인 결론들은 최종적인 견지에서 받아들일만한 것이 전혀 아니다. 상카라가 불교에 대해 의식적으로 반대하고 거부하는 점들에서 화이트헤드주의는 불교와 같은 입장의 편에 서야만 한다.

나의 근본적인 프로젝트 속의 좌절을 인식하려 하기 전에, 이 프로젝트 자체는 더 주도면밀하게 진술되어야만 한다. 화이트헤드 자신의 철학적 이상은 모든 유형의 인간 경험이 이해될 수 있는 하나의 개념성을 정식화하는 것이었다. 내가 주장하는 바는 다음과 같다: 비록 화이트헤드 본인은 대승 불교의 독특한 경험이 무엇인지에 대해서는 이해하고 있지 못했지만, 그가 제시한 개념성은 지속적인 확대를 전제하고 말한다면 대승 불교를 다루는 데에는 적합한 것으로 판명된다. 또한 화이트헤드가 믿었던 것에 따르면, 모든 사상가들이 크게 보면 근원적 통찰과 적극적 주장점에서 옳지만, 하나의 충분한 개념성은 그런 통찰과 주장까지도 적합하게 만들어 줄 수 있는 것이다. 그러나 화이트헤드는 과거와 현재의 모든 통찰의 체계가 과장된 진술, 간과하기, 그리고 왜곡하기에서 자유롭지 않다고 전제했었다. 그는 또한 우리가 데카르트, 스피노자, 흄, 그리고 칸트

등이 주장한 모든 것을 받아들일 수 있다고는 전제하지 않았다. 비록 화이트헤드가 그 사람들 하나하나로부터 고유한 통찰을 인식하고 배웠다고 하더라도 말이다.

만약 상카라 체계의 본래적 특징들이 화이트헤드 편에서 민감하게 자기화할 수 있는 것이 아니지만 베단타의 신비적 경험에서는 충분하고 필연적인 표현이라면, 화이트헤드는 자신의 목표를 성취하는데 심각하게 실패한 것이다. 이것은 화이트헤드의 개념성을 해석을 통해 수정하고 보충하더라도 파악되지 않는 인간 경험의 중요한 양태가 있음을 의미한다. 그럼에도 불구하고 베단타의 신비적 경험 자체가 개념적 정식화를 요청하지 않으며, 어차피 개념적 정식화란 것도 비판을 벗어날 수 없는 논증들에 힘입은 것이라면, 그리고 베단타 신비 경험이 개념적 정식화 외의 다른 방식으로 보다 훌륭히 설명될 수 있다면, 화이트헤드주의자가 거부하는 것은 특수한 철학적 논증들이지, 임의의 종교 전통이 아니다.

그런데 화이트헤드주의에게 심오하게 고무적인 것은 20세기의 위대한 신비주의자이자 사상가인 스리 아우로빈도(Sri Aurobindo Ghose)가 화이트헤드가 따르길 원하는 동일한 노선을 따라 상카라를 비판해 왔다는 점이다. 아우로빈도는 다양한 차원의 힌두교 신비 경험들을 설명하고 자신의 고유한 신비 경험과 밀접히 관련된 실재에 관한 포괄적인 비전을 계속 제공하였다. 이 비전은 놀라울 정도로 상세한 점들에 까지 화이트헤드의 우주론과 일치한다. 비록 분명한 차이들이 없다고는 할 수 없지만 말이다. 만약 아우로빈도가 힌두교의 근원적 종교 경험을 적절히 설명했다면, 어네스트 시몬즈(Ernest

Lee Simmons)가 보여준 것처럼, 화이트헤드의 개념 체계는 이 풍부한 힌두교의 세계를 이해하는 데에도 적합한 교량을 제공한다고 볼 수 있겠다.148)

그럼에도 불구하고, 비록 화이트헤드의 개념 체계가 베단타 종교 전통의 진리를 자기화 하는 교량으로 작용할 수 있다는 것이 나의 현재와 이후의 견해라고 하더라도, 나는 나의 견해가 의심의 여지가 있는 것임을 인정한다. 힌두교 사상은 그리스 철학과 상당히 동일한 방식으로 사물을 실체화하려는 경향성을 지녔다. 베다와 브라마나스가 덜 실체적이라는 점은 확실하다. 마치 히브리 성서들이 그리스 사상만큼은 실체화되지 않은 것처럼 말이다. 그럼에도 불구하고, 기독교인들에게는 힌두교의 실체화 경향이 베다의 가장 심오한 의미를 왜곡시켰다는 주장보다 서양에서 명시적이었던 실체화 경향이 성서를 왜곡시켰다는 주장이 훨씬더 확실한 주장이다.

만약 우리가 이와 같은 고도로 철학적인 전통들에서 원초적 비전(예를 들어, 아프리카와 북미 인디언들의 토착 종교들)으로 불리는 것으로 방향을 돌린다면, 대화의 결실을 향한 주장은 대부분 검증되기가 어렵다. 그럼에도 불구하고 인간과 자연 사이의 관계에 대한 화이트헤드의 이해에는 매우 유망한 측면들이 존재한다. 또한 화이트헤드의 사상은 원초적 비전에 의해 살아가는 사람들 사이에서 경험적으로 실현될 수 있는, 인간들 사이의 상호 관련성의 양태들을

148) Ernest Lee Simmons, Jr., "Process Pluralism and Integral Nondualism: A Comparative Study of the Nature of the Divine in the Thought of Alfred North Whitehead and Sri Aurobindo Ghose" (Ph. D. dissertation, Claremont Graduate School, 1981).

허용한다. 기독교인들은 이런 양태들로부터 배울 것이 많으며, 화이트헤드의 사상은 배움을 통해 결실이 있을 것임을 드러내 주어야만 한다.

나의 확신은 다른 전통들이 발전시킨 진리의 측면들을 자기화하여 출현하는 기독교는 현재 서양 세계가 알고 있는 기독교와는 달라질 것이라는 점이다. 그럼에도 불구하고, 나는 그 기독교가 현재의 서양 기독교보다 기독교적이지 않다고 믿지 않는다. 오히려 반대로 나의 논증은 우리가 그리스도에게 충실할 때 우리 스스로를 다중적인 변형들로 열어 젖혀야만 한다는 것이다.

동등하게 분명한 점은 진리의 이런 새로운 차원들에 접근하기 위해 우리가 사용하는 개념성이 그런 변형의 과정을 겪으며 수정될 것이고, 풍성해 질 것이라는 점이다. 그 결과로서 도래하는 철학이 여전히 화이트헤드주의적인 철학으로 남을 수 있을지는 두고 볼 일이다. 화이트헤드도 이런 점에 대해서는 염려하지 않았을 것이다. 그에게 친숙하지 않았던 경험적 차원들에 의해 검증되는 과정은 그가 조금의 예상조차 할 수 없었던 것이다. 만약 새롭게 출현하는 철학이 보다 폭넓은 경험의 범위를 망라해 유용하다면, 그 철학 사상은 기독교 신앙에 봉사하면서 전진하게 될 것이다.

찾아보기

ㅇ

ㅈ

ㅊ

ㅋ

<저자소개> 존 캅 John B. Cobb Jr.

현존하는 가장 창조적인 기독교 신학자 가운데 한 사람으로서 화이트헤드의 과정 철학에 근거해 과정 신학자로서 기독교 신학의 다양한 주제들(자연신학, 신론, 기독론, 종교간 대화, …)에 대해 오랜 기간에 걸쳐 수많은 역작들을 발표하고, 고전의 반열에 올렸으며, 특히 기독교 신학자의 시각에서 타분야(생물학, 경제학, …) 학자들과의 공동의 연구 성과를 내어 통전적인 유기체적 실재의 해명에 모범적으로 헌신해왔다. 대표적인 저술들로는:

- A Christian Natural Theology(1965, 2007)
- The Structure of Christian Existence(1967)
- Christ in a Pluralistic Age(1975)
- Process Theology(1976)
- Beyond Dialogue(1982),
- Process Theology as Political Theology(1982)
- For the Common Good(1989, 1994),
- The Liberation of life(1990),
- Matters of life and Death(1991),
- Becoming a Thinking Christian(1993),
- Transforming Christianity the World(1999) 등이 있다.

<역자소개> 이 경 호

서울 감리교 신학대학교와 대학원을 졸업하였으며(B.A., M.A., Th. D.) 감리교신학대학교 학부와 대학원에서 종교와 철학 분야의 과목을 강의하고 있다. 지은 글로는 「成唯識論에서 본 유식사상과 화이트헤드의 과정 사상의 비교연구」 및 「탈실체화 된 영혼들」 등이 있으며, 옮긴 글로는 『생각하는 기독교인이라야 산다』(한국기독교연구소, 2002), 『화이트헤드 철학 풀어 읽기』(이문출판사, 2003, 공역), 『과정신학과 자연주의』(이문출판사, 2003), 『화이트헤드 철학과 자연주의적 종교론』(동과서, 2004, 공역) 등이 있다.